高等职业教育教材

物流金融
操作实务

王阳军 袁 方 主编

化学工业出版社

·北京·

内容简介

本教材系统地介绍了物流金融的基本理论和业务模式,以物流金融业务模式为主线,共分为八个学习项目,包括物流金融认知、物流结算融资业务模式、质押融资业务模式、信用担保物流金融业务模式、物流金融综合业务模式、物流金融业务运作风险与防范、供应链金融服务和物流金融服务创新等。本教材结构新颖,知识全面,科学性、实用性和可读性较强,设有知识链接、案例、实训项目、技能训练、思考与练习和线上教学资源等内容,以开阔读者的视野。

本教材可供高等职业技术学院现代物流管理、金融服务与管理专业及其他相关专业使用,可作为中职、本科等层次相关专业人才培养的参考用书,也可作为物流金融行业从业人员的学习参考用书。

图书在版编目(CIP)数据

物流金融操作实务/王阳军,袁方主编. —北京:化学工业出版社,2023.8
ISBN 978-7-122-43431-9

Ⅰ.①物… Ⅱ.①王…②袁… Ⅲ.①物流-金融业务 Ⅳ.①F250②F830.4

中国国家版本馆 CIP 数据核字(2023)第 080365 号

责任编辑:王 可 旷英姿　　　　　　　　文字编辑:陈立媛
责任校对:王 静　　　　　　　　　　　　装帧设计:张 辉

出版发行:化学工业出版社(北京市东城区青年湖南街 13 号　邮政编码 100011)
印　　刷:北京云浩印刷有限责任公司
装　　订:三河市振勇印装有限公司
787mm×1092mm　1/16　印张 13½　字数 339 千字　2023 年 11 月北京第 1 版第 1 次印刷

购书咨询:010-64518888　　　　　　　　售后服务:010-64518899
网　　址:http://www.cip.com.cn
凡购买本书,如有缺损质量问题,本社销售中心负责调换。

定　价:39.00 元　　　　　　　　　　　　　　　版权所有　违者必究

编写人员名单

主　　　编　王阳军　袁　方
副 主 编　胡利利　唐艳红
编写人员名单（按姓氏笔画排序）

　　　　　　　王阳军　湖南工程职业技术学院
　　　　　　　罗　勇　长沙民政职业技术学院
　　　　　　　胡利利　湖南工程职业技术学院
　　　　　　　袁　方　湖南现代物流职业技术学院
　　　　　　　唐艳红　湖南工程职业技术学院
　　　　　　　黄　林　东莞职业技术学院
　　　　　　　颜浩龙　湖南工业职业技术学院

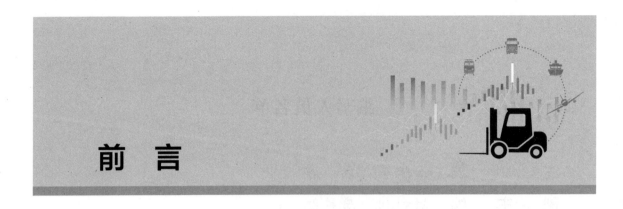

前 言

物流金融作为一种创新型的第三方物流服务产品，为金融机构、中小企业以及第三方物流服务商间的紧密合作提供了良好的平台。随着近年中小企业融资需求的增加，物流金融也得到了快速发展，对既懂物流又了解金融的复合型人才的需求呈现快速增长的势头。为了更好地适应并促进物流金融的发展及高等院校，特别是高职院校的教学需要，我们编写了《物流金融操作实务》一书。

本教材在编写思路上，强调以物流金融基本理论为指导，以物流金融业务模式为主线，以物流金融业务为出发点，以典型企业为核心，在岗位技能分析的基础上设置教学内容和实训环节。在内容的选择上，删繁就简，本着"必需""够用""精干"的原则对授课知识进行筛选与整合，同时融入国家、行业、团体和企业关于物流金融的新标准、新规范和新技术。

本教材采用项目—单元的教学形式，设计了可执行的详细实训方案，有利于高职高专校内实训及工学结合的开展。

在教材的编写过程中，编者走访了众多物流企业和金融企业，了解行业的特点和实际需求，并得到了中国外运股份有限公司湖南分公司、中国储运集团、中国建设银行和华夏银行等企业的支持，在此表示由衷的感谢。

本教材由王阳军、袁方担任主编，胡利利、唐艳红担任副主编，罗勇、颜浩龙、黄林参与编写，其中项目一由唐艳红、胡利利完成，项目二由黄林、颜浩龙完成，项目三、四、五由王阳军完成，项目六由罗勇完成，项目七、八由袁方完成。在编写过程中，我们参阅了大量同行专家的有关著作、教材及案例，在此表示感谢。物流金融理论、方法与实践，当前还在不断发展和创新中，虽然我们为编写《物流金融操作实务》一书付出了艰辛的努力，但由于编者自身水平有限，不妥之处在所难免，敬请各位专家和使用者批评指正，帮助我们不断完善教材的内容，做到与时俱进，保持其先进性与实用性。

编　者
2023 年 8 月

目 录

学习项目一　物流金融认知 / 1
学习单元一　物流金融含义与产生动因 …………………………………………………… 1
学习单元二　物流金融发展现状及问题分析 ……………………………………………… 10

学习项目二　物流结算融资业务模式 / 17
学习单元一　代收货款与垫付货款业务操作与管理 ……………………………………… 17
学习单元二　替代采购业务操作与管理 …………………………………………………… 24

学习项目三　质押融资业务模式 / 31
学习单元一　仓单质押融资业务操作与管理 ……………………………………………… 31
学习单元二　存货质押融资业务模式操作与管理 ………………………………………… 50
学习单元三　质押监管企业资质评估与监管作业规范 …………………………………… 62

学习项目四　信用担保物流金融业务模式 / 79
学习单元一　基于统一授信担保的物流金融业务模式操作与管理 ……………………… 79
学习单元二　信用证担保业务模式操作与管理 …………………………………………… 86

学习项目五　物流金融综合业务模式 / 93
学习单元一　综合化订单融资业务模式操作与管理 ……………………………………… 93
学习单元二　保兑仓业务模式操作与管理 ………………………………………………… 101
学习单元三　应收账款融资业务模式操作与管理 ………………………………………… 111
学习单元四　海陆仓业务模式操作与管理 ………………………………………………… 123

学习项目六　物流金融业务运作风险与防范 / 134

学习单元一　物流金融业务运作风险分析与产生原因……………………………… 134
学习单元二　物流金融风险防范……………………………………………………… 139
学习单元三　保险在物流金融风险管理中的应用…………………………………… 147

学习项目七　供应链金融服务 / 154

学习单元一　供应链金融服务认知…………………………………………………… 154
学习单元二　供应链金融的主要业务模式…………………………………………… 163
学习单元三　供应链金融风险管理…………………………………………………… 167
学习单元四　供应链融资担保………………………………………………………… 171

学习项目八　物流金融服务创新 / 176

学习单元一　快递企业融仓配一体化服务模式设计………………………………… 176
学习单元二　农产品物流金融服务模式操作与管理………………………………… 179
学习单元三　线上供应链金融操作…………………………………………………… 186
学习单元四　大数据及区块链技术在供应链金融中的应用………………………… 198

参考文献 / 207

学习项目一
物流金融认知

学习单元一 物流金融含义与产生动因

物流金融服务是物流衍生服务的重要组成部分，是物流与资金流结合的产物。近年来物流金融在我国发展迅速，成为物流企业和金融企业拓展发展空间、增强竞争力的重要领域，"物流、资金流和信息流结合"也从概念变成了现实。而物流金融真正被金融机构、贷款企业和供应链核心企业接受还只有十几年的时间。目前从事物流金融行业的金融机构、物流企业、供应链核心企业和贷款企业主要依靠借鉴国外的经验，来开展相关业务，在物流金融运营和管理方面还处于摸索和不断调整阶段。

一、物流的基本概念与作用

1. 物流的基本概念

中国国家标准 GB 18354—2021《物流术语》将物流定义为：根据实际需要，将运输、储存、装卸、搬运、包装、流通加工、配送、信息处理等基本功能实施有机结合，使物品从供应地向接收地进行实体流动的过程。

2. 物流的作用

物流的作用，概要地说，包括服务商流、保障生产和方便生活三个方面。

（1）服务商流　在商流活动中，商品所有权在购销合同签就的那一刻，便由供方转移到需方，而商品实体并没有因此而移动。除了非实物交割的期货交易，一般的商流都必须伴随相应的物流过程，即按照需方（购方）的需要将商品实体由供方（卖方）以适当方式、途径向需方转移。在整个流通过程中，物流实际上是以商流的后继者和服务者的姿态出现的。没有物流的作用，一般情况下，商流活动都会退化为一纸空文。电子商务的发展需要物流的支持，就是这个道理。

M1-1　物流术语

（2）保障生产 从原材料的采购开始，便要求有相应的物流活动，使所采购的原材料到位，否则，整个生产过程便成了无米之炊；在生产的各工艺流程之间，也需要原材料、半成品的物流过程，实现生产的流动性。就整个生产过程而言，实际上就是系列化的物流活动。合理化的物流，通过降低运输费用而降低成本，通过优化库存结构而减少资金占压，通过强化管理进而提高效率等，有效促进了整个社会经济水平的提高。

（3）方便生活 实际上，生活的每一个环节，都有物流的存在。通过国际运输，可以让世界名牌出现在不同肤色的人身上；通过先进的储藏技术，可以让新鲜的果蔬在任何季节亮相；搬家公司周到的服务，可以让人们轻松地乔迁新居；多种形式的行李托运业务，可以让人们在旅途中享受舒适。

二、金融的基本含义与作用

1. 金融的基本含义

金融是货币资金融通的总称，主要指与货币流通和银行信用相关的各种活动。主要内容包括：货币的发行、投放、流通和回笼，各种存款的吸收和提取，各项贷款的发放和收回，银行会计、出纳、转账、结算、保险、投资、信托、租赁、汇兑、贴现、抵押、证券买卖以及国际贸易和非贸易的结算等。

从事金融活动的机构主要有银行和非银行金融机构。非银行金融机构包括信托投资公司、保险公司、证券公司，还有信用合作社、财务公司、金融租赁公司以及证券、金银、外汇交易所等。我国现行金融体系如图1-1所示：

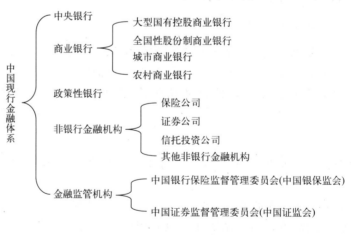

图1-1 我国现行金融体系

2. 金融的作用

金融隶属于第三产业，即服务业，在市场经济体制中具有非常重要的作用。

(1) 有利于提高社会资金使用效率　开放金融市场能有效地从社会各个角落吸收游资和闲散资金，形成根据货币供求状况在各部门、各地区之间重新分配资金的机制。另外，在资金市场上，资金在追逐利益中自由流动，因而必然流向经济效益高的部门。资金在市场上的融通，也有利于发挥资金的规模效益，而且资金融通能及时满足商品生产和商品流通变化的需要，有效地促进全社会生产要素的合理配置。

(2) 有利于企业成为自主经营、自负盈亏的商品生产者　资金是重要的生产要素，如果没有金融市场，企业就不可能具有对资金进行筹集和运用的权力，也就没有对生产要素进行选择和运用的权力；同时，金融市场还可以加强对企业的信用约束，增强企业的投资风险观念和时间价值观念，完善企业的自我约束机制，促进企业自主经营和自负盈亏。

(3) 有利于市场机制功能的发挥　完整的市场机制是以价值规律、供求规律等客观规律为基础，通过供求变动、价格变动、资金融通以及利率升降等要素作用的总和而形成的一种综合的客观调节过程。培育和完善金融市场，资金可以顺利流动，信贷机制才能发挥调节作用，利率对企业经济活动才能起自发的调节作用，才能使市场机制发挥作用。

(4) 有利于全国统一市场的形成和发育。金融市场是现代市场体系中最活跃、最有渗透力的因素。它是商品交易和生产要素交换的媒介，使资金在部门间、地区间、经济单位间流动，因而也是打破封闭、分割，促进全国统一市场形成和发展的有力工具。

三、物流金融的基本含义

物流和金融同属第三产业的核心内容，两者的结合可以更好地为客户提供一体化的服务解决方案，为我国经济的发展和转型提供有力的保障。物流金融是一个全新的概念，结合前文分析的物流和金融的基本概念，物流金融是指在物流运营过程中，与物流相关的企业通过金融市场和金融机构，运用金融工具使物流产生的价值得以增值的融资和结算的服务活动。物流金融的具体内容包括发生在物流过程中的各种贷款、投资、信托、租赁、抵押、贴现、保险、结算、有价证券的发行与交易，收购兼并与资产重组、咨询、担保以及金融机构所办理的各类涉及物流业的中间业务等。

物流金融是一种创新型的第三方物流服务产品，它为金融机构、供应链企业以及第三方物流服务的紧密合作提供了良好的平台，使得合作能达到"共赢"的效果。它为物流产业提供资金融通、结算、保险等服务的金融业务，伴随着物流产业的发展而产生。

对物流金融概念的理解应包含以下几点。

① 物流金融涉及金融机构、物流企业、资金需求客户等供应链上的经营主体，进行物流金融能够使物流企业、金融机构、资金需求商等各方受益，实现共赢，增强供应链整体竞争力。

② 物流金融是一个新兴的领域，涉及物流业、金融业及保险业等行业，

是运用金融工具使物流产生价值增值的融资活动。

③ 物流金融是金融资本与物流商业资本的结合，是物流业金融的表现形式，物流金融服务就是物流衍生服务的重要组成部分，是物流与资金流结合的产物。

四、物流金融的产生背景与动因

物流金融是物流与金融相结合的产品，其不仅能提高第三方物流企业的服务能力、经营利润，而且可以协助企业拓展融资渠道，降低融资成本，提高资本的使用效率。物流金融服务将开国内物流业界之先河，是第三方物流服务的一次革命。其产生的背景和动因有：

（一）中小企业的发展需求

1. 中小企业在供应链中的作用

（1）中小企业的灵活性和创新性是不可替代的　任何大型企业都是从中小企业发展、壮大起来的，而大型企业又会逐渐被新兴的中小企业所替代。中小企业存在的意义体现在以下几点：首先，为某一产业链不断输送新鲜血液，使我国的经济产业能持续保持创新动力。其次，中小企业虽然整体上的竞争能力不如大型企业，但部分中小企业有优势产品，在某一领域能够处于优势地位。在整个产业链中，大型企业和中小企业可根据不同优势，优化分工，精诚合作，扩大产业链效益，以实现最大的社会效益。最后，中小企业作为国民经济不可或缺的重要组成部分，在创造就业岗位、提高市场效率、开展科研创新等方面也发挥了重要作用。

（2）供应链竞争需要中小企业的参与　21世纪经济竞争的范围，不再局限于企业和企业之间的竞争，已经扩展到供应链与供应链之间的竞争。那些具有独特优势的中小型企业，将成为大型企业客户追逐的对象。供应链的竞争必须要提升中小企业的竞争力，而中小企业竞争力的提升又必须解决当前的融资难题。中小企业要在弱肉强食、劣者出局的动态稳定的供应链中树立比较竞争优势，稳固自身在供应链中既有的成员地位并不断强化进而把握主动权，必须以解决融资困难为前提。

2. 中小企业的融资困境

调查资料显示，我国中小企业长期以来保持健康、快速发展，并已成为我国国民经济保持平稳发展的重要基础及构建和谐社会的重要力量。随着世界经济发展处于下行阶段，我国经济进入转型时期，市场竞争的日益激烈以及中小企业数量的不断增加，融资困境成为我国中小企业的常态，也是阻碍其发展的最为重要的原因。中小企业，尤其是民营企业主要靠自有资金完成初始资本积累，大多数企业只能通过内部资金完成对外投资及偿还债务，难以获得流动资金和技术改造、基本建设所需的资金。企业规模扩大后，内部资金无法满足发展需求，从而只能依靠外部资金。中小企业融资难的问题影响和制约着其进一步发展，造成中小企业贷款融资难的原因主要有以下5点。

(1) 缺乏政策的扶持　一段时期以来，国家的扶持政策主要倾向大企业，虽然央行通过窗口指导，对全国性商业银行在原有信贷规模基础上调增5%，对地方性商业银行调增10%，并要求这部分额度必须用于中小企业、农业或地震灾区，但长期来看，仅靠增加贷款很难从根本上解决中小企业的融资难题。

(2) 缺乏专门服务于中小企业的金融机构　目前我国的中小企业分属于各级政府和主管部门，当前的金融体系尚没有成立针对中小企业的金融机构，从而导致针对中小企业的融资服务供给不足。

(3) 中小企业经营稳定性差　中小企业规模小，稳定性差，易受经济环境、税收政策、行业变化等的影响。这对于以营利和稳健为经营目的的银行来说，自然不会也不愿意承受较大的风险贷款给中小企业，这在一定程度上堵塞了中小企业的融资通道。

(4) 中小企业可供抵押的资产不足　金融机构可以从企业所提供的抵押品或者第三方担保中获得关于企业未来偿还能力的信息和保证，从而做出贷款决策，并且抵押有助于解决逆向选择问题。但由于中小企业规模小，缺乏可供担保的固定资产，能用于抵押的资产相对匮乏。因此商业银行不愿意对中小企业放贷，加大了中小企业的融资难度。

(5) 中小企业信用等级低　中小企业大多为私营企业或合伙企业，管理水平参差不齐，很多企业存在经营风险，部分中小企业利用虚置债务主体、假借破产之名、低估资产、逃避监督等各种方式逃、废、赖银行债务。这些行为进一步加大了银行贷款的风险，相应地也降低了银行向中小企业增加贷款投放的信心。

3. 中小企业质押融资需求机理分析

中小企业因购入存货而产生应付账款，而后因卖出存货而产生应收账款，然而因中小企业在供应链中的影响力和话语权较弱，其向上游供应商付款的时间点比其下游客户向其付款的时间点要早，导致企业在支付现金之后，有一段时间现金无法回流，产生现金缺乏的困境，而预付账款融资、现货质押融资（包括存货质押融资和仓单质押融资）、应收账款融资（包括应收账款质押融资和保理融资）等能有效地满足中小企业对于短期融资的需求，如图1-2所示。

(二) 第三方物流企业服务创新需求

我国物流企业提供服务的同质化越来越严重，靠低价来吸引客户，导致物流企业的利润越来越薄，使得企业缺乏可持续发展的能力。物流企业纷纷拓展服务内容，如物流咨询、物流规划、物流金融等增值服务，通过增值服务带动传统业务，如仓储、运输、配送业务量的提升。

1. 业务创新和利润增长点的需要

第三方物流企业通过与银行和核心企业合作，在提供运输、仓储和配

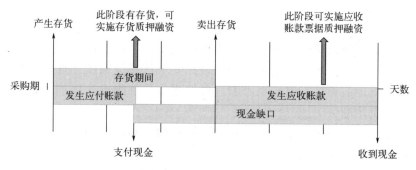

图 1-2 中小企业融资需求机理分析图

送等物流服务的同时,也为银行和中小企业提供监管和信用担保等附加服务,在扩大自身业务服务范围的同时通过收取监管费和担保费等,找到新利润增长点。此外,金融业与物流业的结合,使物流企业的资金实力增强。

2. 为中小企业融资问题和银行业务创新提供便利

中小企业通过核心企业和第三方物流企业作为担保,避免了企业信用机制、管理水平、企业能力等方面带来的融资难问题;银行通过物流企业和核心企业给中小企业做的担保,避免中小企业资金监管、资金安全和营运能力等风险问题,在解决中小企业融资问题的同时为银行自身业务创新创造了空间。第三方物流企业的物流金融服务可以帮助中小企业建立信用机制,也可以帮助银行实现业务扩展,使得其成为物流金融服务的关键一方。

M1-2 企业监管业务岗位设置及职责

【知识链接】第三方物流企业服务的创新

据统计,欧美国家第三方物流公司中,仅有 15% 的公司的服务项目低于 10 种,而 66% 以上的公司服务项目高于 20 种。另据美国科尔尼管理咨询公司的一份分析报告显示,单独提供运输服务的第三方物流企业的利润率为 5%,单独提供仓储服务的利润率为 3.9%,而提供综合性一体化服务的利润率可达 10.5%。这些物流企业除了提供传统的运输、仓储、装卸、搬运、包装、流通加工、配送、信息服务之外,还涉足了货品的采购、销售、结算、订单处理、数据传输、产品安装、分担风险、融资等诸多服务内容,其服务一体化的趋势已经十分明显。

传统的第三方物流企业的服务内容往往局限于运输、配送、仓管等领域,容易造成同质竞争,只有立足于服务创新才是第三方物流企业持续发展的根基。第三方物流企业需要找准自身的资源和能力优势,认真解读与供应链上下游企业的战略关系,并紧跟物流外包和信息技术发展的浪潮,从而为客户提供有价值的延伸服务、一体化服务、增值服务和特色服务,并获得持久性竞争优势。

(三)银行等金融机构的发展需求

我国金融体系对民营资本、外资银行的门槛越来越低,并且金融服务产品越来越丰富，对传统银行等金融机构冲击非常大，银行无法像过去一样简单靠"存贷差"获利生存，面对激烈的竞争，银行等金融机构也需要靠金融服务的创新拓展客户源，创造新的利润来源点，而数量庞大的中小企业就成为其追逐的主要目标客户源。而前面分析到，由于信用、规模和抵押物等问题，中小企业很难直接从银行贷款融资，所以以供应链中核心企业或物流企业为担保，以中小企业将要采购的、生产出的或准备销售的原材料或货物作为质押物进行质押融资的方式逐步普及开来。

银行的主营业务是金融服务，和中小企业对接不紧密导致信息不对称，不能对企业财务以外的其他行为做出有效的评价，同时也缺乏对质押物的市场分析、预测、评价能力，所以专门负责中小企业质押物流通作业的物流企业有必要参与进来，发挥各自的优势，由各方联合为供应链中的中小企业提供融资服务。

（四）供应链"共赢"目标实现的要求

现代物流金融业务是一个商业银行、物流企业和企业三方共同参与的过程，是一个"三赢"的过程，这也是物流金融业务发展的最直接动力。现代物流是多产业、多领域和多种技术的有机融合体，而供应链又是由许多"节点"组成的，其运作需要物流企业向它的上游和下游寻找服务对象，通过与它们建立战略合作伙伴关系，实现优势互补，提高其整体竞争力。物流水平低下的一个重要原因是没有推进物流、商流、资金流和信息流的一体化。企业大量的库存意味着流动资金被占用，资金运作效率降低，可能影响企业其他交易活动，因而供应链上的企业想尽办法降低库存。然而企业所采用的方法往往是让其上游或下游企业来承担，对于整个供应链来说库存并未减少，只是发生了转移。大量的资金搁置在供应链全过程的各个环节中，这既影响了供应链的顺利运转，又导致了物流运作的资金成本提高。物流金融就是将供应链的核心企业和上下游企业、银行及物流企业联系在一起，跳出了单个企业的传统局限，利用金融工具盘活这部分资金。对于供应链上其他企业、银行和物流企业来说均受益。

（1）对商业银行而言，可以渗透到企业的资金链，为企业提供全方位的金融服务，也扩大了商业银行的业务范围；物流金融业务为商业银行完善结算支付工具，提高中间业务的收入创造了机会。商业银行在发展该业务的同时，也开发了新的客户群，培育了潜在的优质客户。

（2）对于物流企业来讲，通过与银行合作，创造了一个跨行业、相互交叉发展的新业务领域，为同质化经营向差异化经营的转变提供了可能。物流企业通过物流金融业务深入金融业，提高了自身的盈利水平，通过物流金融业务，物流企业结识了新客户，拓展了新市场，延伸了服务链，拓展了服务内容。商业银行委托物流企业提供质押监管业务，一方面增加了物流企业高附加值产品，提升了物流企业综合价值，吸引众多客户；另一方面，物流企业作为银行和客户都相互信任的第三方，能够更好地融入客户的商品产销供应链中，加强了物流企业与银行的协作关系。

(3) 对于融资企业而言，物流企业以其专业的物流知识和丰富的实际操作经验，帮助融资企业策划物流方案和运作物流项目，提供海陆空多式联运、仓储、搬运、装卸、配送、集装箱运输等各种物流服务。物流公司全方位负责企业的供应、生产、销售及废弃物流，为其打造供应链一体化流程的业务有效降低企业的物流成本，发掘企业第三利润源，使企业专注于核心业务，提高核心竞争力。

因此，物流金融业务的开展使得参与业务的三方都获得各方切实的利益，真正达到"三赢"的效果。这种多方获益、相互促进、共同发展的模式，保证了该业务的持续发展和持久生命力。从整个社会流通的角度来看，极大地提高了全社会生产流通的效率，扩大了规模，促进了经济的发展。

五、物流金融作用

发展物流金融业务对中小企业、物流企业和银行等金融机构具有十分积极的作用，具体体现在以下几方面。

1. 拓展中小企业融资渠道

（1）开辟了中小企业融资新途径　在传统融资模式下，中小企业只能以固定资产作为抵押物来获得银行贷款。但大部分中小企业缺少固定资产，难以获得银行贷款。有了物流金融，企业可将原材料、半成品、产成品等作为融资的质押物和抵押物，盘活了大量的流动资产，将流动资产转变成可流动的资金。

（2）降低了中小企业的融资成本　成本决定了企业的效益和发展。一般中小企业很难获得银行的贷款，为了发展，往往只能选择担保贷款或者民间借贷。担保贷款需用贷款额的10%至20%作保证金存入银行，如果担保贷款100万元，实际可用资金只有80万元到90万元，另外还要收取3%至4%的担保费和其他费用，同时还要提供反担保保证，很多中小企业难以达到担保贷款的条件。而民间借贷的年利率在20%至30%之间，甚至更高，中小企业的产值利润率一般在8%至20%之间，民间借贷是非常不可取的借贷方式，同时存在巨大的法律风险。物流金融融资手续简便、速度快捷、风险可控、成本较低，年监管费仅在1%至2%之间。

（3）可促进中小企业可持续发展　中小企业要做大，就需要大量的资金支持。选择物流金融融资，发展所需的资金就可以得到保证。企业在发展壮大中，原材料、半成品、产成品等也在不断增加，企业则可持续不断地获得更多的融资。这一良性融资模式，能为企业可持续发展提供源源不断的动力。

2. 拓展物流企业服务空间

通过与银行合作，监管客户在银行质押贷款的商品，一方面增加了配套功能，增加了高附加值产品，提升了企业综合价值和竞争力，稳定和吸引了众多客户；另一方面，物流企业作为银行和客户都相互信任的第三方,可以更好地融入客户的商品产销供应链中,同时也加强了与银行的同盟关系。

3. 拓展银行等金融机构的利润空间

通过物流金融服务,银行等金融机构可以扩大和稳固客户群,树立自己的竞争优势,开辟新的利润来源,也有利于吸收由此业务引发的派生存款。银行在质押贷款业务中,物流企业作为第三方可以提供库存商品充分的信息和可靠的物资监管,降低了信息不对称带来的风险,并且帮助质押贷款双方良好地解决了质物价值的评估、拍卖等难题,降低了质物评估过程产生的费用,使银行有可能对中小企业发放频度高、数额小的贷款。

六、物流金融在企业经营过程中的三大职能

1. 物流融资职能

该项职能体现在物流工作整个过程中,包括采购、生产、加工、仓储、运输、装卸、配送直至到达需求方手中。由于物流业务地理范围广阔,需要巨大的基础设施投资,单个企业难以形成规模经济,必然需要银行、资本市场、政府财政的大量资金支持。而我国的统计数据表明,2021年中国物流固定资产投资额为3.5万亿元,同比增长3.1%。

研究高速发展的物流产业,总结物流融资运作的规律也有利于金融业提高绩效和物流业的稳健发展。物流融资业务主要包括:商业银行贷款融资,这是物流企业最主要的融资方式;证券市场融资,物流企业可以争取公司股票或债券的发行,也可通过参股、控股上市公司的方式实现融资;开拓实物型、技术型融资业务,实物型租赁和技术参股,特别是与物流经营相关的大型耐用设备租赁和关联技术合作,是物流企业可以优先考虑的项目;票据性融资收益,商业票据的贴现可以使物流企业获得必要的资金来源。另外,商业贷款以外的其他金融授信业务,如银行承兑汇票、支票、信用证、保函等也是适合现代物流企业发展的融资业务;物流发展基金和风险基金,可以是已经上市的、面向公众筹资的投资基金,也可以是未上市的投资基金,其资金来源主要由财政补贴和企业的多元化投资组成;争取境外资金和政府财政的战略投资亦为可取之策。

2. 物流结算功能

为物流业服务的金融机构面临大量的结算和支付等中间业务。为了实现 B to B、B to C 的流程,诞生了现代物流,物流的发展方向就是满足不同批量、不同规格、不同地区的需求。随着物流业的顾客扩展到全国乃至世界范围,金融服务也就随之延伸到全国和世界范围。如果没有金融结算及资金划转等服务措施的配套,物流企业的成本无法降低,中小企业就会对现代物流服务望而却步;大型物流企业会对订单较小、运输距离较远、服务要求较多的产品失去兴趣,物流的灵活性、多样化、个性化的发展优势就会丧失;对于客户而言,如果网上下单不能获得应有的服务,物流的价值

将大打折扣。我国现行的结算方式主要有支票、汇兑、委托收款、托收承付、银行汇票、商业汇票、银行本票和信用卡等八种代表性的结算工具，另外还有多种结算服务可供选择，如信用证、国际保理等。每一种方式都有自身的特点：银行承兑汇票由于有银行作为付款人，付款保证性强，具有融资功能，但同时票据的流转环节多，查询难度大；商业承兑汇票是由付款人或收款人签发，付款的保证程度视企业的信誉高低而定；本票是由出票银行签发，支票则由出票单位签发，都适合在同城使用；信用卡属于电子支付工具，方便、灵活、快捷，但是该结算方式受银行网络的限制；汇兑是异地结算的主要方式，适用于付款人主动付款；委托收款是收款人委托开户银行收款的结算，同城、异地结算都可以使用，属于商业信用，保付性较差；托收承付要求购销双方必须签订购销合同约定，现实中经常发生付款争议；国内信用证通过银行传递，手续严密，具有融资功能，但是手续繁琐，手续费用也比较高。物流企业选择这种方式的时候要兼顾安全性、时效性和经济性。

3. 物流保险职能

物流业的责任风险几乎伴随着业务范围的全程：运输过程、装卸搬运过程、仓储过程、流通加工过程、包装过程、配送过程和信息服务过程。物流保险作为物流金融的重要组成部分，提供一个涵盖物流链条各个环节的完整的保险解决方案，努力帮助物流公司防范风险。

针对这个具有巨大潜力的市场，保险公司应整合相关险种，为物流企业量身设计各种新的保险组合产品，如物流综合责任保险，使保险对象可以扩大到物流产业任何一个环节，如物流公司、货运代理公司、运输公司、承运人、码头和车站等。

物流公司的责任较传统的运输承运人大得多，服务的内涵和外延远比运输服务要广，物流保险作为针对物流企业定制和设计的金融产品，能极大地简化物流业的复杂环境，为物流业的业务和增值服务的拓展提供保障。

学习单元二　物流金融发展现状及问题分析

一、物流金融在我国的发展历程及现状

中国物流金融市场正处于需求旺盛时期，无论是国内企业，还是外资公司，都想抓住此业务的发展时机。作为发展中国家，中国国内的物流金融服务是伴随着现代第三方物流企业的发展而产生的。国内物流金融服务的推动者主要是第三方物流公司和银行等金融机构。

在国内的实践中，中国储运集团（简称"中储"从 1999 年开始从事金融物流部分业务。物流金融给中国储运集团带来了新的发展机遇，并在

集团所有子公司进行推广。其主要利用其遍布全国的仓储网络，为客户提供融资服务。货主把货物存储在仓库中，然后凭借仓储公司开具的货物仓储凭证——仓单向银行质押申请贷款，银行根据货物的价值向货主企业提供一定比例的贷款，同时由仓储公司代理监管货物。通过这一服务，中储不仅稳固了原有的客户关系，还吸引了许多新的客户。目前，这一业务已成为很多物流企业的利润增长点。

与中储主要利用仓库监管不同，中国外运股份有限公司开发了对运输途中货物的监管。不仅是仓库中的货物可以作为银行贷款抵押物，在运输途中的货物也可以作为抵押物，为生产制造企业资金周转提供最大程度的方便。中国工商银行与中国外运集团合作，共建物流金融服务平台，联合研发物流金融新产品。

2005年深圳发展银行（现为平安银行股份有限公司）先后与中国对外贸易运输集团总公司、中国物资储运总公司和中国远洋物流有限公司签署了战略合作协议，三大物流公司发挥在货物运输、仓储、质物监管等方面专长，平安银行基于货权控制、物流与资金流封闭运作给予企业授信支持，为广大中小企业提供创新性的物流金融服务。另外，平安银行目前还与大连、天津、深圳、青岛、湛江等港口以及多家第三方物流公司签约合作，并和多家担保公司建立战略合作关系，积极推动物流金融发展。此外国内其他银行，如中国工商银行、中国建设银行、中国交通银行等也纷纷与物流企业签署战略合作协议，共同推出各种形式的物流金融服务。

面对中国巨大的市场需求，一些国际金融机构和物流企业也纷纷瞄准这一市场，积极开展物流金融业务，如花旗银行通过与第三方物流企业的合作，向我国企业提供资金支持，解决了我国企业在海外市场进口原材料时遇到的融资困难问题。这表明花旗银行的这一金融服务不仅仅停留在抵押、贷款阶段，而是从整个供应链的角度帮助企业，从而实现多方共赢。2007年11月27日，第一家在我国开展物流金融业务的国际性物流快递公司——国际物流业巨头UPS（United Parcel Service，美国联合包裹运送服务公司）宣布，旗下的资本公司将与上海浦发银行、深圳发展银行和招商银行合作，共同开展物流金融业务。

但是物流金融在我国的发展也遇到了一些问题，如2014年、2016年发生的仓单重复质押骗贷事件给整个物流金融带来了非常大的打击，但是任何新生事物的发展难免会遇到问题，只有在不断解决问题和战胜困难的过程中，才会推动其向更加完善和高质量的方向发展。

总体看来，与国外相比，国内现阶段开展的物流金融业务流程还不够规范，覆盖范围较窄，没有建立起和银行、企业之间的战略联盟。因此，我国在今后开展物流金融服务业务过程中，对业务流程、服务体系构建、风险防范等的具体措施还需进一步研究和规范。

【知识链接】国内金融机构和大型第三方物流企业竞相开展物流金融业务

◆ **国内金融机构开展物流金融业务**

国内开展物流金融业务较早的是深圳发展银行（现为平安银行股份有限公司），其他银行也陆续推出相关服务产品，如表1-1所示。

表1-1　银行等金融机构推出的物流金融服务产品

序号	银行名称	物流金融服务产品
1	中国工商银行	财智融通、供应商融资、钢/油贸通
2	中国农业银行	仓单质押、出口退税贷
3	中国建设银行	保理、动产质押、收款/订单/仓单/保单融资、保兑/现货/海陆仓、融货通
4	中信银行	银贸通、保理、出口退税贷
5	光大银行	保理、保兑仓、应收/应付账款/阳光融资、1＋N链式
6	华夏银行	现金新干线、共赢链
7	广发银行	保理、收款/动产/仓单质押、动产抵押、厂商/厂厂银、厂商银储
8	平安银行	标准仓单/动产质押、保理、未来提货权/进口全程货权、池融资
9	招商银行	银关通、点金物流金融
10	民生银行	仓单/动产质押、保理

业务类型上，根据银行主要公开信息，主要有资产（替代采购、信用证担保）、资本（仓单、结算、授信）模式等。早期有物流金融初级产品，如信用证担保、代收垫付等，物流金融迅速发展后，这些业务被赋予了新的定义和活力，质押几乎是所有银行共有的业务。

业务层次上，大部分银行多是传统的贸易融资和代收垫付、质押监管业务。

业务特色上，各银行在业务特色化上为客户提供的融资服务逐步从"单一融资"向"全流程融资"转变，并辐射到企业的上下游客户和供、产、运、销各个环节。不同的银行主推业务和倾向区域都有不同，有些银行定位于发达新兴物流金融中心，如天津滨海新区；有些则着力于中西部。但大多数银行业务特色不是很明显，未来银行要考虑差异化策略，避免同质竞争。

业务管理上，各类物流金融业务管理与国外物流金融发展存在较大的差距，业务的规范化、标准化、统一化方面有待提高。

◆ **物流企业开展物流金融业务**

我国一些大型物流企业经过近三十年的发展，积累了一定的资金，也纷纷自行开展物流金融业务，如表1-2所示。

表1-2　物流企业推出的物流金融服务产品

序号	企业名称	物流金融服务产品
1	顺丰速运	订单类融资——丰易贷,存货类融资——库存融资(动态),预付款融资,应收类——丰单融资
2	满帮集团	提供全生态金融解决方案,满足用户在金融方面的需求,把普惠金融落到实处,建设平台交易闭环,升级信用体系;与多家高速公路公司合作,代理发行ETC卡,为货车通行提供便捷优惠的产品,成为全国领先的货车ETC合作发卡方之一;共挖车联数据"钻石矿",增加物流生态深度及广度;通过保险,深入融合各业务场景,解决货主、司机在车货匹配中存在的风险和信息不对称问题,为全平台业务保驾护航
3	中国物资储运集团有限公司	其于1999年在国内开展动产融资监管业务。业务品种涵盖黑色金属、有色金属、煤炭、木材、石油及制品、化工、农副产品、食品、家用电器等计十六大类,一百多个具体品种;与全国30多家银行总行签订了总对总战略合作协议,与20多家地方银行建立了合作关系;针对客户企业不同需求,开发了仓单质押监管、动产质押监管和动产抵押监管等模式
4	中国外运股份有限公司	进出口代理服务、供应链金融——采购服务、进出口代理服务
5	日日顺供应链科技股份有限公司	保单贷款、金融租赁、运输、货运和仓库保险代理
6	怡亚通供应链股份有限公司	结算商务服务、供应链金融服务
7	传化智联股份有限公司	依托传化智联智能物流平台的生态圈优势,打造支付、商业保理、融资租赁、保险经纪等业务体系。实现交易闭环与战略闭环,沉淀与积累物流行业交易大数据,采用平台化的模式开展金融增值服务

二、物流金融发展存在的主要问题

1. 物流金融中风险问题

(1) 质押物风险　主要是由质物价格波动所导致的质物变现能力的变化导致质物保值能力的风险。做好对质物价格的评估至关重要,只有做好评估才能控制好物流金融的风险。一般来说,商品的市价具有波动性。特别是在质押物价格大幅下跌时,借款人就会有无法按时还贷的风险,银行只能通过变卖质押物来收回自己的资金,但是一般这样银行都会遭受损失。

(2) 管理风险　目前,物流企业作为质押物的评估机构,如果产生不能按时还贷的风险,那么物流企业势必要承担评估不当的责任,其与相关银行的合作就一定会受到影响。而我国物流企业管理与监督机制不够完善,员工在操作中发生的失误与管理层决策发生的失误,势必会影响到对仓单与质押物进行客观准确的评估,进而给物流企业带来负面影响。

（3）运营风险　我国的物流金融推动者往往是物流企业，因此产销的供应链必须要多元化，扩大其服务范围，但是这也无形中增加了运营的风险。同时我国的物流企业发展尚不成熟，处于粗放型的阶段。物流企业还要与银行、客户供销商接触，并且还要进行仓储、运输，这些都会为物流企业带来运营风险。

（4）法律风险　相关法律对于质押物所有权与合同条款的规定还不完善，同时又没有其他文件可以参考，所以出现了问题也没有完善的法律可依靠，这就导致了问题常发但是不好解决。

（5）信用风险　包括货物合法性与客户的诚信，若货物的合法性不能得到保障，那么将来出现问题该货物就不能够变现，同时客户诚信度是个未知数，使得物流企业无法取得客户真实详细的信息，无法对客户做出准信的评估，增大自身的风险。

2. 物流金融的业务模式问题

我国物流金融现在开展最普遍的业务是现货质押，大多数物流企业是将质押物一经质押就不再变动，直到质押期满，但是在现实中这种静态的情况不常发生。因为现在的企业要不断地生产、采购原料、出货。由于生产、采购与出货是个动态的过程，质押物在进出库的时候很容易产生差错与损坏。另外，随着物流金融不断地发展，物流企业的仓储已经不够了，会出现窜货现象，这样会使得客户对企业的满意度下降，使得企业的信用度降低。

3. 物流金融的业务流程问题

物流金融参与主体多，环节多，步骤多，而其在我国是在不断发展创新的阶段，无固定模式和套路，业务运作过程中，如果流程设计不合理、不规范就很容易给各方带来风险。

4. 物流监管企业的监管问题

针对我国目前的情况，大部分的物流企业规模小、信用度低、管理与抗风险能力差，由于资本与规模的限制，大多数企业管理制度、员工素质、信息系统应用水平等尚未达到可以运作物流金融的水平。物流企业信息化程度相对较低，使得企业无法在最短的时间获得银企之间的可用信息，这就在无形之中加大了信息不对等的风险。同时，物流企业无法获得市场的准确信息，也会使得质押物的风险加大。甚至现在部分物流企业尚处于人工作业阶段，而人员素质尚不够高，不免会形成管理与操作的风险。只有有能力与条件的物流企业才可以成为第三方中介人，因为只有这些企业才能够做到公平公正，才能使得物流金融得到可靠保障，真正成为银企之间的桥梁与纽带。

目前，我国经济在加速恢复，世界经济也在逐步复苏过程中，而物流相关建设作为我国新阶段社会发展的基础建设，长期向好的态势不会改变。我国物流金融行业正处于发展的中期阶段，尚未形成成规模、成体量、标准化的行业运营模式。但随着我国经济的发展，物流需求也必定会水涨船高，而企业融资缺口的增加会进一步拉动物流金融行业的发展。

实训项目

1. 训练目标

通过查询各大银行和 3A 级以上物流企业官方网站，对其所推出的物流金融服务产品进行调查，进一步了解物流金融服务产品的业务内容及业务流程。

2. 训练内容

到各大银行和 3A 级以上物流企业官方网站，查找其所推出的有关物流金融的服务产品，就某一种物流金融服务产品进行详细调查，包括融资企业申请资质、融资额度、与银行合作的指定物流监管商或与物流企业合作的银行等金融机构、物流金融服务产品适用范围及业务流程等。

3. 实施步骤

（1）设计调查表格或调查提纲，借助实地调研、网络、电话或者传真等手段同某银行联系，调查银行所推出的有关物流金融的服务产品，包括业务内容、业务流程等。

（2）以 4~6 人小组为单位进行操作，并确定组长为主要负责人。

（3）搜集资料，将各个环节的操作流程、内容和工作要点填入下表，完成工作计划表。

序号	工作名称	工作内容	工作要点	责任人	完成日期

（4）组织展开讨论，确定所调查银行有关物流金融服务产品及实际操作流程。

（5）整理资料，撰写总结报告并制作 PPT 进行汇报。

4. 检查评估

能力		自评（10%）	小组互评（30%）	教师评价（60%）	合计
专业能力（60分）	1. 调查结果的准确性（10分）				
	2. 业务内容的准确性（10分）				
	3. 业务流程操作的准确性（10分）				
	4. 调查表格或调查提纲设计的合理性（10分）				
	5. 总结报告的撰写或 PPT 制作（20分）				

续表

能力		自评（10%）	小组互评（30%）	教师评价（60%）	合计
方法能力（40分）	1. 信息处理能力（10分）				
	2. 表达能力（10分）				
	3. 创新能力（10分）				
	4. 团体协作能力（10分）				
综合评分					

思考与练习

1. 物流金融的基本含义是什么？
2. 物流金融的产生背景与动因是什么？
3. 现代物流金融的服务模式有哪几种？

学习项目二
物流结算融资业务模式

学习单元一 代收货款与垫付货款业务操作与管理

一、代收货款业务操作

1. 代收货款的含义及操作流程

一般由发货方（卖方）指定物流企业，由其承运货物，将其交付给收货方（买方），物流企业替卖方向买方收取货款，并在一定的期限内将货款划转给卖方。

代收货款业务为商户解决电视、直播和网络购物交易中商品配送与资金结算不方便、不及时的难题，为买卖双方规避非面对面交易带来的信用风险。同时物流企业通过所收取的代收货款的间隔期，间接实现了融资，代收货款是一种初级的物流金融服务。现代的代收货款业务将物流、资金流、信息流集于一体，让更多商户通过全国物流服务网络体系，享受以最快的速度回笼资金所带来的资金效率收益。随着目前我国电视、直播和网络购物的普及和快速发展，对代收货款服务的需求也越来越多，目前开设代收货款服务的物流企业非常多，事实上其已经成为物流企业的一项常规性服务，其基本作业流程如图 2-1 所示。

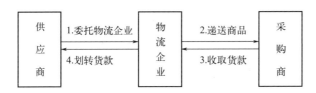

图 2-1 代收货款业务流程图

2. 代收货款操作注意事项

（1）代收货款服务是指物流企业在向发货方提供现有物流服务的基础上，同时提供代发货人向收货方收取货款的服务，该服务属于物流服务中的附加业务。

（2）物流企业在提供代收货款服务的同时，向发货方收取一定的服务费。代收货款服务费的计算公式为：代收货款服务费＝代收货款金额×服务费率。

(3) 为了规避风险，发货方应与有合作基础的物流企业签订《代收货款服务协议》。发货方委托物流企业代收货款的产品，须保证在其正规、合法的经营范围内。

(4) 发货方委托物流企业代收货款的情况下，物流企业将货物交付给收件人并由其签收，收取后，应按照收款凭证或运单所载金额收回货款。

(5) 操作要点　①收件人在付款前，有权拆开包装检验，但仅限于货物外观及数量的检验并视检，不提供任何形式的体验验货，包括手机不可插卡试用，服装、鞋类不可试穿，食品不可试尝试喝等，收方有权根据检验结果决定是否接收货物；②如收方在验货后决定拒绝接收货物或者拒绝付款的，物流企业将货物运返发货方时，发货方不得以收件人曾拆开包装或检验为由拒绝收回货物，亦不得以此为由主张货物派送延误、毁损、丢失或交易失败而追究物流企业的任何责任。

(6) 返款周期　物流企业将收取的货款划转给发货人的时间间隔有以下几种形式：

① 次周返款：即第一周周一到周五所产生的代收款，于第二周周三结算；第一周周六到第二周周五产生的代收款，于第三周周三结算，依此类推。

② 隔周返款：第一周周一到周五所产生的代收款，于第三周周三结算；第一周周六到第二周周五产生的代收款，于第四周周三结算，依此类推。

③ T+N 返款：每天产生的代收款，于签收后第 N 个工作日结算，依此类推。

物流企业根据返款周期提前将代收货款、代收货款服务费的账务明细发给发货方核对，发货方收到后 2 个工作日内没有提出书面异议的，视为确认，物流企业将剩余代收货款返还给发货方，如对费用存有争议，双方可先行结算其中没有争议的部分金额，其他金额待双方确认后再行结算。返还代收货款不存在利息的支付。

二、垫付货款业务操作

垫付货款业务根据是否有金融机构参与又分两种模式：

(一) 物流企业垫付货款的业务操作模式

物流企业垫付货款的业务模式中，发货方与提货方首先签订《购销合同》，物流企业与发货方签订《物流服务合同》，并在合同中规定发货方无条件承担回购义务。

物流企业垫付货款的业务模式的基本操作流程如图 2-2 所示。

首先发货方委托物流企业配送货物，物流企业在承运货物时垫付扣除物流费用的部分或全部货款。当物流企业向提货方交货时，根据发货方的委托同时向提货方收取发货方的应收账款，一定期限后物流企业与发货方结清货款。这样既可以消除发货方资金积压的困扰，又可以缓解提货方的

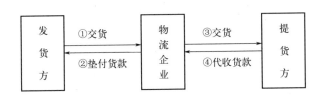

图 2-2　物流企业垫付货款的业务模式流程

部分预付款压力。对物流企业而言，其盈利点是将客户与自己的利益紧密相连，能够巩固与上下游客户之间的合作关系。

如在 UPS 的垫付货款服务业务中，当 UPS 为发货方承运一批货物时，UPS 首先代提货方垫付一半货款，当提货方取货时则交付给 UPS 全部货款。如，一家纽约的时装公司向香港的服装供应商订购货物，UPS 收到香港供应商交运的货物后，可以即时向其支付高达 80% 的货款；货物送交到纽约的收货方手中后，由 UPS 收取货款，再将余额向香港供应商付清。UPS 开展垫付货款服务时，在与发货方进行资金结算之前有一个沉淀期，存在一个资金流动的时间差。在此沉淀期内，UPS 等于获得了一笔无息存款，可以利用这笔资金继续从事垫付货款业务或者贷款，服务对象仍为 UPS 的客户或者限于与快递业务相关的主体。在这里，这笔资金不仅发挥了交换的支付功能，而且具有了资本与资本流动的含义。

(二) 金融机构参与的垫付货款模式

如果物流企业没有雄厚的资金实力开展垫付货款业务就需要引入金融机构作为第四方。如图 2-3 所示。

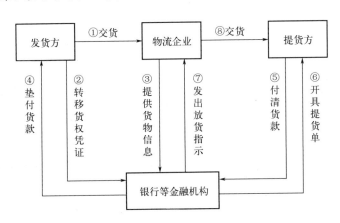

图 2-3　金融机构参与的垫付货款的业务模式流程

M2-1　扫一扫看微课"UPS 物流金融案例分析"

金融机构参与的垫付货款模式的基本操作流程（图 2-3）：
① 发货方委托物流企业配送货物，支付相关费用。
② 在货物运输过程中，发货方将货权转移给金融机构。
③ 物流企业为金融机构提供货物的相关信息。
④ 金融机构根据市场情况按一定比例提供融资，为发货方垫付货款。

⑤～⑦ 当提货方向金融机构偿还货款后，金融机构为其开出提货单，并向物流企业发出放货指示，将货权还给提货方。

⑧ 物流企业按照放货比例向提货方交货。

如果提货方不能在规定的时间内向金融机构偿还货款，金融机构可以在市场上拍卖变现货物或者要求发货方无条件承担回购义务。金融机构参与的垫付货款模式中，发货方实际是把货物质押给金融机构，货物的市场价格变动将直接影响到质押金额和金融机构的利益，所以在签订协议时应明确规定当货物市值发生波动，下跌幅度达到贷款发放日市值的10%时，金融机构有权要求发货方在接到通知后三个工作日内，必须提前偿还部分货款以保证达到双方约定最高质押率的要求，否则金融机构有权自行处置质押货物，发货方应无条件向银行出具相应的增值税专用发票。

该模式中，物流企业扮演的角色如下：

第一，金融机构为了控制风险，需要了解质押货物的规格、型号、质量、原价、净值、销售区域、承销商等信息，要查看货权凭证原件，辨别真伪，这些工作超出了其日常业务范畴，自行进行又需要较高的成本，这时物流企业可以利用自身的专业优势协助金融机构获得相关信息。

第二，货物通常处于不断流动变化的状态，金融机构没有办法了解货物每天的进出变动情况，而维持一定的安全库存水平是金融机构提供融资的底线，如果物流企业能够掌握货物分销环节情况，向金融机构提供货物的流动信息，则可以很大程度上提高融资限额。而且在我国信息诚信体系尚未健全的情况下，商品销售的网点分布、单点销量、平均进货周期、结算信誉度等信息的获取在很大程度上依赖于处于第一线的物流企业，如果物流企业自身拥有完善的信息系统，就可以使整个货物流动和资金周转过程透明化，使金融机构、生产商随时得知货物的现有状况，更好地控制风险。

三、垫资—代收货款综合业务模式

（一）垫资—代收货款业务运作流程

垫资—代收货款综合业务模式是指物流企业为发货方承运货物时先预付一定比例的货款（比如一半）给发货方，并且按约定取得货物的运输代理权，同时代理发货方收取货款，提货时一次性将货款付给物流企业的服务模式。物流企业在将余款付给发货方之前会有一个时间差，这样该部分资金在交付前就有一个沉淀期。其业务流程如图2-4所示。

图2-4　垫资—代收货款综合业务操作流程图

垫资—代收货款业务运作流程如下：
① 物流公司依照供应商和采购方签订的购销合同，取得货物承运权。
② 物流公司代采购方先预付一定比例货款，获得质物所有权。
③ 采购方支付物流公司所有货款并取得货物。
④ 物流公司在一定的期限内将剩余货款扣除服务费后支付给供应商。

垫付、代收货款业务模式的比较见表2-1。在垫资—代收货款业务模式中货款垫付率是各方控制风险的一个关键指标。供应商希望垫付率高，这样可以提前获取更多的货款，而物流企业或金融机构则希望确定合理的垫付率，降低自身的风险的同时获取较高的收益。垫付率是指垫付货款金额与货物原值的比率，是物流企业提供垫资—代收货款业务服务时必须确定的指标，与存货质押融资业务中的质押率、折扣率、贷款额度具有类似的意义，垫付率是否合适直接关系到物流企业开展垫资—代收货款业务模式的风险大小和收益大小。

表2-1 垫付、代收货款业务模式比较

项目	代收货款业务模式	由物流企业垫付货款的业务模式	金融机构参与的垫付货款模式	垫资—代收货款综合业务模式
是否有金融机构参与	无	无	有	无
是否需要垫付货款	不需要垫付货款	由物流企业垫付货款	由金融机构垫付货款	由物流企业垫付货款
货物所有权是否发生转移	货物所有权未发生转移	货物所有权未发生转移	货物所有权转移给金融机构	货物所有权转移给物流企业
物流企业作用	承运货物和代收货款	承运货物，垫付、代收货款	负责货物监管、核查货物信息	承运货物，垫付、代收货款
物流企业受益来源	物流服务费用和资金周转收益，收益有限	物流服务费用和资金周转收益	物流服务费用和监管费	物流服务费用和资金周转收益
物流企业面临的风险来源	提货方的信用风险	发货方的信用风险	货物监管风险	提货方的信用风险

（二）垫资—代收货款业务模式下各方的益处

1. 对于物流企业

（1）在这种物流金融模式下，物流公司除获得货物运输等传统的物流费用外，还因为延迟支付获得了一笔不用付息的资金，这笔资金可以用于向其他客户提供物流金融的贷款服务，从而获取额外的资本收益。

（2）物流公司通过为采购方垫资和为供应商的代收货款增强了对购销双方的吸引力，以特色服务扩大了对市场的占有，同时增加传统的物流服务业务量，并获取新业务的收益。

2. 对于供应商

供应商在货物交付给物流公司运输时就获得一部分的预付款，可以直接投入生产经营，从而减少在途货物对资金的占用，提高运营效率。

3. 对于采购方

采购方无须事先支付货款而只需在提货时结清，这样能减少采购方在同强势供应商交易时须支付预付款而给企业带来的资金压力，三方的利益都得到了保障。

(三) 垫资-代收货款模式下各方的风险分析

1. 物流公司面临的风险

在整个垫资—代收货款服务过程中，物流公司的风险可以得到有效的控制。由于过程中货物一直在物流公司的控制之下，其事先向供应商支付的货款完全可以由在途货物得以保证，这样能有效避免供应商和采购方合伙欺诈的发生。而采购方须在提货时结清货款，这时物流公司的收益已能获得保证。

2. 供应商面临的风险

M2-2 垫资—代收货款业务

供应商的风险大小在于是否选择了信用高的物流公司，在只获取一部分货款的前提下将货物交由物流公司承运可能承担风险，但这些风险在货运市场发达的今天能通过各种机制得以有效避免。物流公司在取得货款后能否按时将剩余货款交给供应商也存在风险，所以供应商必须选择有长期合作关系、信用良好的物流公司与其合作。

【案例 2-1】快递企业代收货款骗局

随着物流行业的发展，由快递企业代收货款已经成为了行业内的潜规则。虽然快递企业代收货款方便了交易的进行，但是其中存在的一些弊端也成为不法分子眼中赚钱的工具。

由快递公司代收货款引发的乱象层出不穷。快递加盟商往往在经营困境时携货款失踪，快递公司则挪用代收货款，不向货主交款；还有一些快递公司先向商家支付货款，将货物发往购买者时才发现是假货，或者是迟迟收不到货；还有一些假冒的快递公司，利用快递代收货款骗取钱财。近日，市民刘小姐就遇到这样一件窝心的事。刘小姐在某网站上看中一台 iPhone 手机，标价只有 2680 元，还支持分期付款。于是刘小姐便通过 QQ 与卖家商讨交易事宜，定好首付 780 元、每月还款 152 元。卖家告诉刘小姐，公司在深圳，无法与刘小姐当面进行交易，需委托第三方快递公司作担保人，通过代收货款的方式进行交易。刘小姐虽然也听说过快递代收，不过之前都是下单时直接选择货到付款，在收到货后才当面交钱，而卖家让她先把首付款打给快递公司的情况她还是第一次碰到。卖家解释，分期付款的商品都是这种担保交易模式，签约的快递公司在各地区工商局都有备案可查，首付款是交给快递公司作为担保金。于是刘小姐就向卖家的卡号汇去 800 元后联系对方发货，对方却称因付款金额与订单金额不符，导致财务无法登记进账，要求她重新正确支付订单上的 780 元后才能发货，并会将之前的800元退还给她。于是刘小姐又汇去了780元,卖家又让她先付1100元押金。一心想拿货的刘小姐再次掉入对方的圈套,前后三次付款共2680元的她,此时连个手机的影子都没见到,再跟快递公司交涉发货时,对方又找了借口让她继续汇款,这时刘小姐才惊觉自己被骗。

正规快递公司代收货款的流程是:消费者货到付款,快递业务员收取货款后汇集到营业网点汇总,之后向总公司交付,接着总公司将代收的货款转给商家;若为分期付款情况,则到货记账,月末结账,再缴清上期的货款。

因此,消费者需要有安全防护意识,切勿轻信网络上的信息,要积极辨别信息的真伪,在该案例中,刘小姐可以进一步查询"卖家"所提供快递公司的官网,了解其代收货款流程或直接联系快递企业客服便知真假。

(四) 垫资—代收货款模式的监管策略

"垫资—代收货款"本身已经超出了物流业务的范畴,它是物流与金融高度相关的增值服务,是产业相互融合的发展趋势。因此,可以由国家发改委、银保监会、中国人民银行、交通运输部、公安部、商务部、国家邮政局共同就"垫资—代收货款"业务制定《"垫资—代收货款"管理办法(规定)》,明确管理职责,设置从业门槛、管理规定、监管方式、违规处罚等,具体如表2-2所示。

表2-2 垫资—代收货款模式的监管策略

序号	策略	具体内容
1	明确管理和监管职责	垫资—代收货款涉及国家邮政局分管的快递服务及商务部分管的商品贸易和物流产业,它是物流、快递的增值服务,但其发展潜力却非常大,业务涉及金额也将非常大,因此,可将"代收货款"纳入国家金融监管的范畴
2	设置"代收货款"从业准入门槛	鉴于"代收货款"被挪用极易引发群体性事件,建议从事"代收货款"的物流、快递企业应具备一定的资质。比如,企业注册资金100万元以上,具备完善的"代收货款"管理制度及信息化管理手段、从业人员无犯罪记录等条件,还须制定"代收货款"的返还时限、手续费的标准等
3	建立从业保证金制度	像银行从业者缴纳"存款准备金"制度一样,规定凡是从事"代收货款"业务的物流、快递企业必须向银保监会缴纳"代收货款"保证金,缴纳保证金的金额可以根据每个季度"代收货款"的多少进行浮动
4	制定具有可操作性的管理规定、监管方式和违规处罚制度	主要是针对"代收货款"的操作流程、返还时间及信息化对接的监管做出相关的规定。对违规行为进行处罚,对严重违规者取消其开展"代收货款"业务的资格,直至追究刑事责任,以维护工商客户、消费者、物流和快递企业共同的合法权益
5	建立"代收货款"保险制度	为了降低"代收货款"的意外风险,建议除了制定从业准入门槛和具体的代收货款监管措施外,还应借鉴"再保险制度"为"代收货款"的企业提供商业保险,降低物流、快递企业开展这项业务的经营风险

垫资—代收货款服务模式中,物流公司作为物流金融服务的信贷方,将供应商及采购方看成一个整体,作为贷款企业,那么物流公司预支的货款可以看成是贷款,而交由物流公司承运的货物就是质押物,在货物交由采购方提货并付款之前存在采购方的违约风险,贷款的收益就是全额货款在沉淀期内的价值,由此可以将垫资—代收货款服务模式看成一般的存货质押贷款。

学习单元二　替代采购业务操作与管理

一、替代采购的业务模式

替代采购业务根据是否有金融机构参与分为物流企业主导的替代采购业务模式和金融机构参与的替代采购模式。

(一)物流企业主导的替代采购模式

替代采购类似于集中采购,由物流企业将各个分散中小采购商的采购信息集中起来,中小采购商按比例支付一定的首付货款,如30%,给物流企业,由物流企业跟供应商谈判,通过手中握有的批量订单获得一定的话语权,通过更低的采购成本采购商品,然后商品进入物流企业的仓库,中小采购商再向物流企业购买,其运作流程如图2-5所示。

图2-5　物流企业主导的替代采购业务流程图

物流企业主导的替代采购模式的业务流程如下:
① 由第三方物流公司代替借款企业向供应商采购货品并获得货品所有权。
② 第三方物流公司垫付扣除物流费用的部分或者全部货款。
③ 借款企业向物流公司提交保证金。
④ 物流公司根据借款企业提交保证金的比例释放货品。
⑤ 第三方物流公司与采购方结清货款。

在物流公司的采购过程中,如果物流公司的资金充足可以以现金支付采购货款,如果物流公司资金不足可以向供应商开具商业承兑汇票并按照借款企业指定的货物内容签订购销合同,物流公司同时负责货物运输、仓储、拍卖变现,并协助客户进行流通加工和销售。除了供应商与借款企业签订的购销合同之外,第三方物流公司还应该与供应商签订物流服务合同,在该合同中供应商应无条件承担回购义务。

(二)金融机构参与的替代采购模式

该模式中金融机构参与进来,与物流企业合作,由物流企业负责具体的物流作业，如采购、运输和仓储，而资金流则通过金融机构，由金融机构替采购商向供应商支付采购货款，具体操作流程如图2-6所示。

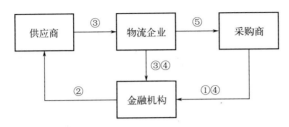

图 2-6　金融机构参与的替代采购业务流程图

金融机构参与的替代采购模式的业务流程如下：
① 采购商向金融机构支付一定比例的采购货款，一般为30%。
② 金融机构向供应商支付全额货款。
③ 供应商将货物交给其指定的物流企业，由物流企业核对货物信息并告知金融机构。
④ 采购方向金融机构还款，金融机构通知物流企业按还款比例放货。
⑤ 物流企业按还款比例向采购商放货。

【知识链接】商业承兑汇票

商业承兑汇票（图2-7）是由一个单位自己签发的，委托付款人在指定日期无条件支付确定的金额给收款人或者持票人的票据。商业承兑汇票是由银行以外的付款人承兑。商业承兑汇票按交易双方约定，由销货企业或购货企业签发，但由购货企业承兑。其特点为：

1. 商业承兑汇票的付款期限，最长不超过6个月。
2. 商业承兑汇票的提示付款期限，自汇票到期日起10天。
3. 商业承兑汇票可以背书转让。
4. 商业承兑汇票的持票人需要资金时，可持未到期的商业承兑汇票向银行申请贴现。
5. 适用于同城或异地结算。

图 2-7　商业承兑汇票票样

M2-3　替代采购融资服务模式及国际替代采购融资案例分析

二、替代采购模式下各方的益处

第三方物流企业的加入，既可以消除供应商资金积压的困扰，又可以解决借款企业因资金不足而无法生产或无法扩大生产的困境，使两头的企业因为有物流公司的参与而解决各自的困难。

1. 对于物流企业

通过开展此项业务，物流公司可以将客户与自己的利害关系连在一起，你中有我，我中有你，客户群的基础越来越稳固，有了更加稳定的客户源也就有了更加稳定的利润源。

对第三方物流公司而言，当物流公司代替借款企业向供应商采购货品时，物流企业首先代借款企业预付一半货款；当借款企业取货时则交付给物流企业全部货款。物流企业在将另一半货款交付给供应商之前，产生了一个资金运动的时间差，即这部分资金在交付前有一个沉淀期。在资金的这个沉淀期内，物流公司等于获得了一笔不用付息的资金。物流公司可以利用这一笔不用付息的资金从事贷款，而贷款对象仍为物流公司的客户或与物流公司业务相关的主体。在这里，这笔资金不仅发挥了交换的支付功能，而且具有了资本与资本运动的含义，而且这种资本的运动是紧密地服务于业务链的运动的。

2. 对借款企业

此项业务的开展有效地解决了融资难的问题，利于企业长期稳定发展。但另一方面，此项业务的开展，对借款企业来说，必须依赖第三方物流公司，由物流公司代替自己采购货品，那么就必须选择有一定实力的物流公司开展合作。虽然借款企业必须依赖第三方物流公司开展业务，但正是由于有第三方物流公司的参与，借款企业的产、供、销活动没有后顾之忧，而且还能将有限的精力和资金投放在产品的生产和销售上，这也有利于此项业务的顺利实施。

3. 对于供应商

通过此种模式，供应商可以批量销售商品，节省了与各分散的采购方的谈判成本和时间成本，有利于企业安排合理的生产和采购计划。

三、替代采购模式的主要风险分析

替代采购业务最大的威胁在货物的流通销售环节，即商品的变现环节。那么，开展此项业务对商品品种就应该有所选择，必须选择那些市场销路好、价格相对稳定的商品。这样的话，即使借款企业本身的原因导致商品无法顺利销售时，物流公司也能将库存商品在自己的销售渠道销售出去，从而将损失减到最小，并且物流公司还能在借款企业的销售过程中，协助借款企业进行销售。所以，站在供应链的角度考虑，要达到共赢，最重要的是合作的三方共同努力，将最终的商品销售出去变现，遇到困难能从供应链共赢的角度出发，而不是只考虑自身的利益。

【案例 2-2】替代采购助力企业加快成长

传统意义上的物流只是一个运输与保管过程，眼下，山东一些企业积极探索物流与金融的融合，用新的融资方式，降低企业成本，提升物流业价值，不仅实现了生产企业与物流企业的双赢，也为山东扩大动产质押融资规模提供了新模式。

临沂的华派克物流公司过去一直提供的是仓储服务，周边不少塑料加工企业采购来原料，都存放在这里。从去年开始，华派克改变了这种模式：不再只是一个大仓库，现在由华派克统一采购原料，企业使用时，再从华派克的仓库中运走（图 2-8）。山东华派克物流公司总经理张某告诉记者，由于该企业一次采购量比较大，所以具备一定的话语权。"我们以这个 6094 牌号为例，今天中石化在国内的出厂价，基本上是维持在（每吨）11900～12000 元之间，而我们今天的销售价格是 11550 元，每吨就要低四五百块钱。"张某说。不仅价格低，更重要的是企业资金占用少。和过去买原料要付全款相比，现在塑料加工企业只要拿出 30% 的采购款作首付，其余的货款由银行垫付。当企业从华派克仓库领取原料时，领多少材料，还多少贷款。

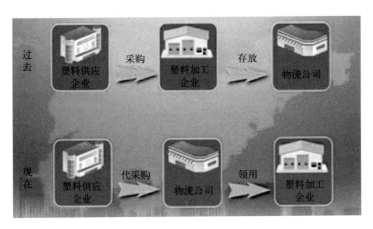

图 2-8　物流公司替代采购业务

临沂天勤塑业公司总经理李某对记者表示，如果企业直接从银行贷款，因为没有抵押根本贷不出来。通过华派克这个平台，不仅贷出来了，而且是用基准利率贷出来的，资金成本很低。一个月就能减少流动资金占用 100 多万。现在，已经有 1000 多家小微企业通过华派克采购原料，每个月塑料进出超过 5 万吨，每年为小微企业融资 5 亿元。

山东华派克物流公司总经理张某说："我们和企业实现了共赢，在降低他们成本的同时，也提高了我们自身的收益。每年能给企业带来增收 5000 多万元。"和作为"担保人"的角色相比，物流企业"监管人"的作用更突出。因为流动快、监管难，原材料和产品等动产往往不是理想的抵押物，但它们大部分时间却都处于物流公司的监管下。在淄博保税物流园,这里的物流公司与银行合作,承担起第三方监管责任,为企业的动产抵押增加了安全保障。目前,淄博保税物流中心已经累计实现监管货值15亿美元。"我们等于是建了一个信贷交易平台,银行和企业在这个平台上自由对接,对银行来讲,是由高风险业务变成了低风险业务,对企业来讲是'死钱'变成'活钱'。"淄博保税物流有限公司副总经理周某这样表示。

而记者从中国人民银行济南分行了解到,最近几年,山东金融机构大力发展的动产质押业务,让物流和金融的融合提速。2014年上半年,全省累计发放动产质押贷款超过200亿元,有效缓解了中小企业融资难题。

华派克物流公司结合自身业务运作实际,积极创新,通过对客户的资源整合及服务流程优化,联合银行共同开展了替代采购业务,帮助客户降低了采购成本的同时解决了其融资难题,也为自身创造了更多的利润,体现了一个物流企业应有的创新、服务和责任意识。

实训项目

1. 训练目标

通过调查电商企业和快递企业了解代收货款的业务内容及业务流程。

2. 训练内容

电商企业A将物流服务委托给快递企业B,同时由快递企业B代其向客户收取货款,并在一定的时间内将货款划转给电商企业A。请设计一份电商企业A与快递企业B的合作协议,内容涉及物流服务和代收货款等条款。

3. 实施步骤

(1) 借助实地调研、网络、电话或者传真等手段调查了解电商企业的服务需求与快递企业的代收货款业务。

(2) 以4~6人小组为单位进行操作,并确定组长为主要负责人。

(3) 搜集资料,将各个环节操作流程、内容和工作要点填入下表,完成工作计划表。

序号	工作名称	工作内容	工作要点	责任人	完成日期

(4) 组织展开讨论,设计合作协议。

(5) 整理资料,撰写报告并制作PPT进行汇报。

4. 检查评估

能力		自评(10%)	小组互评(30%)	教师评价(60%)	合计
专业能力(60分)	1. 调查结果的准确性(10分)				
	2. 协议内容的准确性(10分)				
	3. 协议条款的合理性(10分)				
	4. 调查表格或调查提纲设计的合理性(10分)				
	5. 报告撰写或PPT制作(20分)				
方法能力(40分)	1. 信息处理能力(10分)				
	2. 表达能力(10分)				
	3. 创新能力(10分)				
	4. 团体协作能力(10分)				
综合评分					

思考与练习

1. 垫资—代收货款业务运作流程是怎样的？
2. 替代采购模式下各参与方的益处是什么？

技能训练

一、任务描述

长沙金砖汽车配件有限公司和湖南恒昌物流有限公司为湖南省的两家公司，分别提供汽车零部件加工和物流服务，两家公司均在长沙市区，距离25公里。

长沙金砖汽车配件有限公司专门为长沙市知名的汽车制造企业菲亚特生产零部件，年销售收入5亿余元，企业经营情况良好。今年菲亚特由于汽车销量大增，已经和金砖公司签下了长单供货合同。然而，基础建设已将金砖公司的流动资金消耗殆尽，该厂急需原料款购买原料，完成订单，而金砖公司的上游原材料供应商丰钢公司要求先款后货，下游菲亚特公司要求先货后款，如此一来，金砖公司原本有限的流动资金变得更加紧张，融资问题的解决变得更加迫切。目前，金砖公司已没有资金用于购买原材料，而公司最近一次需要购买的原料款达1000万元，重量达460吨。

中国建设银行长沙分行与金砖公司上游原材料供应商丰钢公司有较长时间的合作，双方合作记录良好，经金砖公司向中国建设银行申请，银行与丰钢公司协商后，丰钢公司愿意在金砖公司无法还款的前提下按原价回购金砖公司从丰钢公司购买的原材料。

湖南恒昌物流有限公司是一家以物流监管业务为主的第三方物流公司，公司拥有5万多平方米的标准仓库、3万多平方米的钢材堆场、一条铁路专用线、各类起重设备数十台。近年来，公司先后与中国建设银行长沙分行合作提供了多次监管服务,合作记录良好。

二、任务要求

(1) 长沙金砖汽车配件有限公司可以通过办理什么样的物流金融业务获得融资?此项物流金融业务的办理流程是什么样的?请画出此项物流金融业务流程图并说明流程中每个步骤的业务办理内容。

(2) 在长沙金砖汽车配件有限公司办理物流金融业务时,银行在为金砖公司支付原材料款时需要考虑哪些方面的因素?

(3) 长沙金砖汽车配件有限公司在办理物流金融业务期间,对金砖公司而言有哪些潜在的风险?对中国建设银行长沙分行、丰钢公司和恒昌物流有限公司而言又分别存在哪些潜在的风险?

(4) 针对上一题中提到的潜在风险,试着从流程优化的角度来优化设计此项物流金融业务流程,以达到减少此类风险的目的,请画出优化后的业务流程图并分步骤说明。

学习项目三
质押融资业务模式

学习单元一　仓单质押融资业务操作与管理

一、仓单要素与规范

1. 仓单的含义

仓储保管人在与存货人签订仓储保管合同的基础上，按照行业惯例，以表面审查、外观查验为一般原则，对存货人所交付的仓储物品进行验收之后出具的权利凭证。

2. 仓单类型

（1）通用仓储仓单　用于普通仓储业务中的仓单。仓储物的出库单、入库单都视为仓单。

（2）金融仓储仓单　用于企业融资货物质押、货物转让、期货交割的仓单，与货物共同整进整出的仓单。

3. 仓单要素

仓单必备要素的内容及用语见表3-1。

表3-1　仓单必备要素的内容及用语

要素类型	序号	要素内容	可选择用语	填写要求
必备要素	（1）	"仓单"字样	仓单	
	（2）	凭证权利提示	凭单提货	
	（3）	仓单编号	编号、No.	
	（4）	仓单填发日期	填发日期	大写
	（5）	存货人名称	存货人	实名全称
	（6）	保管人名称	保管人、签发人	实名全称，可置于仓单顶部并使用保管人或签发人标志
	（7）	仓储物名称	名称、品种	
	（8）	仓储物数量	数量	
	（9）	仓储物计量单位	单位	宜采用GB 3101、GB 3102中规定的法定计量单位
	（10）	仓储物包装	包装	
	（11）	仓储场所	地址	
	（12）	保管人签章	保管人签章	

仓单可选要素的内容及用语见表 3-2。

表 3-2 仓单可选要素的内容及用语

要素类型	序号	要素内容	可选择用语	填写要求
可选要素	（1）	存货人住所	住所	
	（2）	仓储物规格	规格、产地、生产厂家、生产日期、等级、含量	
	（3）	仓储物标记	标记、商标	
	（4）	仓储物价格	单价、金额、货值	
	（5）	储存期间	储存期、储存时间	
	（6）	仓储物损耗标准	损耗标准	
	（7）	仓储物保险金额	保险金额	
	（8）	仓储物保险期间	保险期间	
	（9）	仓储物保险人名称	保险人	
	（10）	货品编码	货品编码、商品编码	
	（11）	仓单经办人	经办、填发、记账、复核	
	（12）	仓单被背书人	被背书人	采用电子化仓单的企业，应在系统内保留连续背书的记录，并可供查询确认
	（13）	仓单背书人签章	背书人签章	
	（14）	仓单背书保管人签章	保管人签章	
	（15）	仓单持有人提示取货签章	仓单持有人提示取货签章	
	（16）	仓单持有人证件号码	证件号码	
	（17）	仓储费率	仓储费率	
	（18）	"保兑"字样	保兑	应印制在正本提货联正面显著位置
	（19）	仓单保兑人签章	保兑人	实名全称
	（20）	关联仓储合同	关联合同号	
	（21）	附件	附件	粘贴在指定处，加盖骑缝章
	（22）	其他要素	根据业务需要选用	其他要素的选用与填写不应违反本标准要求

可选要素中序号为(12)(13)(14)(15)(16)(17)的项目应作为可转让、质押仓单的必选要素

4. 仓单生效的条件

（1）保管人须在仓单上签字或者盖章　保管人在仓单上签字或者盖章表明保管人对收到存货人交付仓储物的事实进行确认。保管人未签字或者盖章的仓单说明保管人还没有收到存货人交付的仓储物，故该仓单不发生法律效力。当保管人为法人时，由其法定代表人或其授权的代理人及雇员签字；当保管人为其他经济组织时，由其主要负责人签字；当保管人为个体工商户时，由其经营者签字。盖章指加盖保管人单位公章。签字或者盖章由保管人选择其一即可。

M3-1　仓单要素与格式规范

（2）仓单须包括一定的法定必要记载事项　依《中华人民共和国民法典》（以下简称《民法典》）第九百零九条的规定，仓单的法定必要记载事项共有八项，分别为：

① 存货人的名称或者姓名和住所　仓单是记名证券，因此应当记载存货人的名称或姓名和住所。

② 仓储物的品种、数量、质量、包装及其件数和标记　在仓单中，仓储物的有关事项必须记载，因为这些事项与当事人的权利义务直接相关。有关仓储物的事项包括仓储物的品种、数量、质量、包装、件数和标记等。这些事项应当记载准确、详细，以防发生争议。

③ 仓储物的损耗标准　仓储物在储存过程中，由于自然因素和货物本身的自然性质可能发生损耗，如干燥、风化、挥发等，这就不可避免地会造成仓储物数量上的减少。对此，在仓单中应当明确规定仓储物的损耗标准，以免在返还仓储物时发生纠纷。

④ 储存场所　储存场所是存放仓储物的地方。仓单上应当载明储存场所，以便存货人或仓单持有人能够及时、准确地提取仓储物。同时，也便于确定债务的履行地点。

⑤ 储存期限　储存期限是保管人为存货人储存货物的起止时间。储存时间在仓储合同中十分重要，它不仅是保管人履行保管义务的起止时间，也是存货人或仓单持有人提取仓储物的时间界限。因此，仓单上应当明确储存期间。

⑥ 仓储费　仓储费是保管人为存货人提供仓储保管服务而获得的报酬。仓储合同是有偿合同，仓单上应当载明仓储费的有关事项，如数额、支付方式、支付地点、支付时间等。

⑦ 仓储物已经办理保险的，其保险金额、期间以及保险人的名称　如果存货人在交付仓储物时，已经就仓储物办理了财产保险，则应当将保险的有关情况告知保管人，由保管人在仓单上记载保险金额、保险期间以及保险公司的名称。

⑧ 填发人、填发地和填发日期　保管人在填发仓单时，应当将自己的名称或姓名以及填发仓单的地点和时间记载于仓单上，以便确定当事人的权利义务。

其中,存货人的名称或者姓名和住所,仓储物的品种、数量、质量、包装及其件数和标记,储存场所,填发人、填发地和填发日期四项为绝对必要记载事项,不记载则不发生相应的证券效力。其余四项属于相对必要记载事项,如当事人不记载则按法律的规定来处理。

仓单联数应为三联,包括会计记账联、正本提货联和会计底卡联。常见的通用仓储仓单(表3-3)和金融仓储仓单(表3-4)如表所示,开展仓单质押融资模式中的仓单应指金融仓单。

表 3-3 通用仓储仓单示例

A.1 仓单正面(此仓单背面无内容)

凭单提货

×××公司 仓 单

填发日期(大写)　　年　　月　　日　　NO._____

存货人:_____　账号:_____
储存期:_____至_____　仓库地址:_____

仓储物名称	规格	单位	数量	包装	体积	重量	备注

货值合计金额(大写)	¥(小写)

注:仓储物(已/未)办理保险,

保管人(签章)　　　　　　　　保险金额¥_____元,
　　　　　　　　　　　　　　　保险期限_____,保险人:_____。
记账:_____　　复核:_____

---------- 骑缝章加盖处 ----------

(附件粘贴处)

正本提货联

表 3-4　金融仓储仓单示例

A.2　仓单正面

凭单提货

×××公司 仓 单

填发日期（大写）　　年　　月　　日　　NO.＿＿＿＿

存货人：＿＿＿＿＿＿＿＿＿＿　　账号：＿＿＿＿＿＿＿＿

储存期：＿＿＿　至　＿＿＿　　仓库地址：＿＿＿＿＿＿＿

仓储物名称	规格	单位	数量	包装	标记	仓储费率	备注

正本提货联

货值合计金额（大写）　　　　　　¥（小写）

注：仓储物（已/未）办理保险，
保管人（签章）　　　　　　　保险金额¥＿＿＿＿＿元，
　　　　　　　　　　　　　　保险期限＿＿＿＿，保险人：＿＿＿＿＿。
记账：　　　　　复核：

-------- 骑缝章加盖处 --------

（附件粘贴处）

B.2　仓单背面

被背书人	被背书人	被背书人
背书人签章 年　月　日	背书人签章 年　月　日	背书人签章 年　月　日
保管人签章 年　月　日	保管人签章 年　月　日	保管人签章 年　月　日

（贴粘单处）

持单人向公司　　　　　　身份证件名称：
提示取货签章：　　　　　号　　　码：
　　　　　　　　　　　　发　证　机　关：

【知识链接】《中华人民共和国民法典》简介

《中华人民共和国民法典》被称为"社会生活的百科全书",在法律体系中居于基础性地位,是市场经济的基本法,对推进全面依法治国、加快建设社会主义法治国家,对发展社会主义市场经济、巩固社会主义基本经济制度,对坚持以人民为中心的发展思想、依法维护人民权益,对推进国家治理体系和治理能力现代化,都具有重要意义。

《中华人民共和国民法典》共 7 编、1260 条,各编依次为总则、物权、合同、人格权、婚姻家庭、继承、侵权责任及附则。自 2021 年 1 月 1 日起施行。《婚姻法》《继承法》《民法通则》《收养法》《担保法》《合同法》《物权法》《侵权责任法》《民法总则》同时废止。

二、质押的概念及特点

(一) 质押的含义

质押是指债务人或第三人将其动产或有价证券、知识产权等权利凭证,移交债权人占有,作为债务人履行债务的担保。债务履行期届满,债务人不履行债务的,债权人有权依照法律规定,对质押的财产折价、拍卖、变卖或者行使证券权利、知识产权,以所得价款或者以依法取得的财产,使自己的债权优先受偿。

在质押法律关系中,主体是出质人、质权人,客体是动产和适于质押的权利,内容是指主体双方的权利义务。

(二) 质押关系中的当事人

1. 出质人

(1) 债务人 指主债的当事人,一般情况下,先履行义务方在不能肯定对方也能完全履行义务时,可要求对方提供担保,质押是担保的一种,向主债的对方当事人提供担保的一方属于后履行义务或履行义务能力弱者,在质押关系中称为债务人。

(2) 第三人 第三人是与主债的债务人之间有长期或临时的合作关系,彼此订有提供动产质押协议,该协议中第三人是义务方,主债的债务人是受益人,当需要承担担保义务时,由第三人代为履行,第三人以其质物价值补偿债权人后,再请求债务人补偿质物的价值。

2. 质权人

质权人指主债的一方当事人,由其先履行义务,或者履行义务的能力明显较对方强,所以称为债权人;债权人接受对方提供的财产或权利质押,享有质押的担保权利,所以称为质权人。质权人在债务人不履行主债的义务时,有权以质物折价或者拍卖、变卖所得价款赔偿自己的损失。

3. 质物

是指出质人向质权人提供的担保财产,这些财产是《民事诉讼法》规定可以强制执行的动产，不包括房屋等建筑物和土地使用权，也不包括属于个人生活必需品。前者属于抵押担保范围，后者属于法律规定不可强制执行的财产。

(三) 可质押的财产和权利

1. 可质押的财产

可质押的财产主要包括：《民事诉讼法》规定可以强制执行的动产，不包括房屋等建筑物和土地使用权，也不包括个人生活必需品。前者属于抵押担保范围，后者属于法律规定不可强制执行的财产。

2. 可质押的权利

《民法典》第四百四十条规定，以下权利可以质押：

(1) 汇票、本票、支票；

(2) 债券、存款单；

(3) 仓单、提单；

(4) 可以转让的基金份额、股权；

(5) 可以转让的注册商标专用权、专利权、著作权等知识产权中的财产权；

(6) 现有的以及将有的应收账款；

(7) 法律、行政法规规定可以出质的其他财产权利。

(四) 质押的种类

按照质物种类不同，质押可分为动产质押和权利质押。

1. 动产质押的概念及法律性质

《民法典》第四百二十五条规定，为担保债务的履行，债务人或者第三人将其动产出质给债权人占有的，债务人不履行到期债务或者发生当事人约定的实现质权的情形，债权人有权就该动产优先受偿。

动产质押的法律性质如下：

(1) 担保的财产是动产，动产在法律上的含义是指可以随意移动的有使用价值和市场价值的财产，不包括房屋等建筑物和土地使用权，也不包括各种有价证券和无形财产权利。

(2) 质权人对质押财产（质物）只有占有权，没有使用权。

(3) 质权人对质物没有所有权，但在满足担保条件时，有权处分质物，并以处分所得价款优先受偿。

2. 权利质押的概念与特征

(1) 权利质押的概念　权利质押是指以权利为标的而设立的质押。与动产质押一样成为质押的主要形式。

(2) 权利质押的特征　权利质押具有以下几大特点：

第一，作为质物的财产不是实体物，而是一种权利。

第二，作为质物的权利必须是可转让的财产权。

第三，权利质押的质物有限制，并非任何权利都可质押。

第四，有些权利质押合同的生效必须经过登记，否则无效。

（3）权利质押的客体　权利质押的客体就是指可以充当权利质押合同标的的财产，由于权利一般记载于一定的文件中，或登记在权威方监管的财产档案中，权利质押必须严格遵守法律的规定才能使权利质押的客体合法化，并使这些权利发挥积极的社会意义。

《民法典》规定汇票、支票、本票、债券、存款单、仓单、提单可以质押，这七种单据都属于有价证券，分别由银行、公司等机构开出，只要到期就能变现，或由持票人将票据所代表的财产提走。在到期前，这些票据单证可以贴现或折价转让，持票人要提前获得资金就可能有一些利息损失。所以有些持票人不愿意贴现，也不愿意转让这些有价证券，而是采用质押形式将这些证券交付给债权人保管，并取得一定的资金效益。债权人因为拥有有价证券的占有权，其债权得到最充分的保障，也很愿意接受这种担保，这是最常见的权利质押。

【知识链接】质押与抵押的区别

质押和抵押的根本区别在于是否转移担保财产的占有。

抵押不转移对抵押物的占管形态，仍由抵押人负责抵押物的保管；质押改变了质押物的占管形态，由质权人负责对质押物进行保管。一般来说，抵押物毁损或价值减少由抵押人承担责任，质押物毁损或价值减少由质押权人承担责任。债权人对抵押物不具有直接处置权，需要与抵押人协商或通过起诉由法院判决后完成对抵押物的处置；对质押物的处置不需要经过协商或法院判决，超过合同规定的时间，质权人就可以处置。质押贷款与抵押贷款，道理是一样的。

三、仓单质押的含义与特点

仓单质押是以仓单为标的物而成立的一种质权。仓单质押作为一种新型的服务项目，为仓储企业拓展服务项目、开展多种经营提供了广阔的舞台，特别是在传统仓储企业向现代物流企业转型的过程中，仓单质押作为一种新型的业务应该得到广泛应用。

1. 仓单质押的含义与性质

仓单质押指银行与借款人（出质人）、保管人（仓储公司）签订合作协议，以保管人签发的借款人自有或第三方持有的存货仓单作为质押物向借款人办理贷款的信贷业务。仓单是指仓储公司签发给存储人或货物所有权人的记载仓储货物所有权的唯一合法的物权凭证，仓单持有人随时可以凭仓单直接从仓储方提取仓储货物。

仓单质押是以仓单为标的物而成立的一种质权，但仓单质押为动产质押还是权利质押，学术界有不同的看法。从《民法典》的规定看，仓单质押是规定在权利质押中的。

根据《民法典》第九百一十条的规定，出质人背书（背书是指持票人为将票据权利转让给他人或者将一定的票据权利授予他人行使，而在票据背面或者粘单上记载有关事项并签章的行为）并经保管人签字或盖章的，可以转让提取仓储物的权利。在仓单质押中，提取仓储物的权利是仓单质押的标的权利。

2. 仓单质押的特点

仓单质押的主要特点是：

（1）仓单质押与特定的生产贸易活动相联系，是一种自偿性贷款 一般的，贷款随货物的销售实现而收回，与具有固定期限的流动资金贷款、抵押贷款相比，周期短、安全性高、流动性强。

（2）适用范围广 仓单质押既适用于商品流通企业，也适用于各种生产企业，能够有效地解决企业融资担保难的问题。当企业缺乏合适的固定资产作抵押，又难以找到合适的保证人提供担保时，可用自有存货的仓单作为质押申请贷款。

（3）质押物受限制程度低 与固定资产抵押贷款不同，质押仓单项下货物受限制程度较低，货物允许周转，通常可以采取以银行存款置换仓单和以仓单置换仓单两种方式。质押物受限制程度低，对企业经营的影响也较小。

（4）仓单质押业务要求银行有较高的风险监控能力和操作技能 仓单质押业务中，对质押物的管控非常重要，由于银行一般不具有对实物商品的专业管理能力，就需要选择有实力、信誉高的专业物流（仓储）公司进行合作。同时，银行需要确认仓单是否是完全的货权凭证、银行在处理仓单时的合法地位、质押物物价值的评估等问题。

四、仓单质押的操作流程

（一）仓单质押的操作流程

仓单质押的基本操作流程如图 3-1 所示。

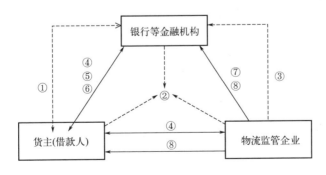

图 3-1 仓单质押操作流程图

① 货主（借款人）与银行签订《银企合作协议》《账户监管协议》。

M3-2 仓单质押监管合作协议(范本)

M3-3 仓单质押操作流程

② 物流企业、货主和银行三方签订《仓单质押监管合作协议》。

③ 物流企业与银行签订《不可撤销的协助行使质押权保证书》。

④ 货主按照约定数量送货到指定的仓库，物流企业接到通知后，经验货确认后开立专用金融仓单，货主当场对专用仓单作质押背书，由仓库签章后，货主交付银行，提出仓单质押贷款申请。

⑤ 银行审核后，签署贷款合同和仓单质押合同，按照仓单价值的一定比例也就是质押率（贷款本金与仓单所载明货物的市值的比率）放款至货主在银行开立的监管账户。

⑥ 贷款期内实现正常销售时，货主须先将等比例货款（保证金）偿还给银行。

⑦ 银行划扣相应的保证金后签发《提货通知书》给物流监管方。

⑧ 物流监管方凭银行签发的《提货通知书》给予办理相关质押物的放行手续，同时签发《提货通知单回执》并送达银行，直至所有贷款偿还完毕，该业务结束。

其中所涉及的仓单质押监管相关单据如保证书、提货通知书等单据示样如表 3-5～表 3-10 所示。

表 3-5　不可撤销的协助行使质押权保证书

_____（质押权人）：

为保证双方《仓储协议》的顺利履行及质押权人的权利能得到实现，我公司特向贵方承诺如下：

1. 保证仓单与商品存储情况相符、手续齐备，加强对质押货物的监管，发现仓储货物变质或损坏时及时通知贵方；

2. 质押期间无贵方同意不向借款人或任意第三人发货；

3. 我司有权利协助贵方行使质权，不以存货方未付有关保管为由阻挠、干涉、妨碍贵方行使质押权；

4. 客户提货应在贵方的监管下采取仓单提货，见单即交付仓储货物；

5. 当贵方提出检验仓储物或提取样品时，我司不得拒绝，将全力配合协助。

保证人：_____

表 3-6　追加质物/保证金通知书

编号：_____

致_____（出质人）：

截至本通知书出具之日，贵公司所提供的货物市场价格与仓单质押成立时货物的价格相比较跌幅大于 5％，贵公司应在本通知书发出之日起五日内按照市价跌幅的比率向我行追加保证金或追加质物；若本通知书发出五个工作日内贵公司不能追加质物或者提供新的担保，或者发出通知后质物价格继续下跌，总跌幅超过 10％且贵公司未追加质物或者提供新的担保的，视为贵公司在整个融资额度项下的违约，我行有权行使不安抗辩权、宣布融资额度提前到期，并要求贵公司提前偿还已使用额度。

质权人：（预留印鉴）　　　____年___月___日

追加质物/保证金通知书（回执）

致：_____（质权人）

我公司已收到上述编号为_____的《追加质物/保证金通知书》。

出质人：（预留印鉴）　　　____年___月___日

表 3-7　费用约定书

根据编号为　　　　　的《仓单质押监管合作协议》的约定，甲、乙、丙三方一致同意由乙方（出质人）承担丙方（保管人）对本协议项下货物实施监管而发生的全部费用。

收费标准为：_____

_____

支付时间为：_____

_____

支付方式为：_____

_____

乙方应按照约定按时全额支付丙方全部费用，否则丙方有权行使本协议下规定的权利。若乙方未能按照约定按时全额支付丙方费用，甲方（质权人）有义务督促乙方支付。

质权人：_____
_____年___月___日
出质人：_____
_____年___月___日
保管人：_____
_____年___月___日

表 3-8　印鉴式样

（三方当事人预留印鉴应准确完整填写）

甲方、乙方和丙方签发本协议所列附件的印鉴式样及相关约定如下：

甲方指定其工作人员　　　　（办公电话为　　　　、移动电话为　　　　、传真电话为　　　　）为本协议项下相关事务的联系人，通信地址及邮政编码为　　　　　　　　，其签名式样及甲方的印鉴式样为：

[印鉴框]

乙方指定其工作人员　　　　（办公电话为　　　　、移动电话为　　　　、传真电话为　　　　）为本协议项下相关事务的联系人，通信地址及邮政编码为　　　　　　　　，其签名式样及乙方的印鉴式样为：

[印鉴框]

丙方指定其工作人员　　　　（办公电话为　　　　、移动电话为　　　　、传真电话为　　　　）为本协议项下相关事务的联系人，通信地址及邮政编码为　　　　　　　　，其签名式样及丙方的印鉴式样为：

[印鉴框]

表 3-9　提货通知书

编号：_____

　　　　　　　公司（物流监管方）：

根据我行与贵公司及　　　　　公司（购货商）签订的编号为　　　　　的《仓单质押融资协议》及编号为　　　　　的《购销协议》约定，经本行审查，同意　　　　　公司（购货商）向贵公司提取数量为　　　　　的　　　　　（商品），其金额为　　　　　（大写），请贵公司予以审核按此金额为限（明细如下）办理发货手续。

到本次发货通知书（含本通知书）为止，本行通知贵公司向购货商发货的累计金额为　　　　　（大写）。

货物明细：

名称	规格	重量	数量	金额	相关凭证号	备注

此次提货经办人为_____，身份证号码为_____。

_____银行

（预留印鉴）

有权签字人：_____

表3-10　提货通知书收到确认函

编号：_____

_____银行：

我公司于___年___月___日收到贵行出具的编号为_____的《购销协议》项下编号为_____的《提货通知书》，我公司审核后将按《提货通知书》中告知的_____元限额(明细如下)发货。

货物明细：

名称	规格	重量	数量	金额	相关凭证号	备注

特此确认。

_____公司

（预留印鉴）

有权签字人：_____

___年___月___日

（二）仓单质押业务操作要点

（1）仓单质押期间，如发生货物被查封、扣押或变质、毁损等情况，监管方（物流企业）应立即通知银行和借款企业并采取有效措施防止损失扩大。

（2）监管方（物流企业）应无条件接受银行等金融机构对货物的勘验、检查、查询，在依法行使质权时，监管方（物流企业）承诺予以协助、配合并提供便利。

（3）未经银行等金融机构的书面同意，监管方（物流企业）不得以任何理由接受借款企业对仓单的任何挂失、更改、注销等申请。

（4）应由借款企业办理仓单项下货物的保险，保险费用由贷款企业负担；投保的被保险人为银行等金融机构，保险单和保险合同由银行等金融机构保管；投保的险种为企业财产一切险和其他必要的险种，投保的价值不得低于货物的价值,保险期限不得低于融资到期期限后三个月,并在偿清融资债务前连续办理保险;发生保险事故时,监管方(物流企业)、贷款企业应当及时通知银行等金融机构;保险赔偿金直接用于偿还融资本息费用。

(5) 当货物市场价格跌幅大于仓单质押监管协议规定的比例(一般为5%)时,借款企业应及时按照市价跌幅的比率追加保证金或追加质物,追加保证金数额和追加货物数量的计算方法如下:

追加保证金数额=(原出质单价－目前货物市价)×原出质货物数量×质押率

追加货物数量=目前使用敞口余额/(质押率×目前货物市价)－原出质货物总数量

【知识链接】追加保证金数额计算

2021年10月20日DH钢材贸易有限公司通过仓单质押融资方式向CS银行贷款,其中质押物为螺纹钢,出质单价为2600元/吨,共质押900吨,CS银行设置的质押率为65%,共融资152.1万元,融资期限为6个月,2022年1月10日螺纹钢市场售价下跌至2450元/吨,下跌幅度超过仓单质押监管协议规定的5%,所以CS银行2022年1月10日当天要求DH钢材贸易有限公司追加保证金,金额为:

追加保证金额=(2600元/吨－2450元/吨)×900吨×65%=87750元

如借款企业不能追加质物或者提供新的担保,或者发出通知后质物价格继续下跌,总跌幅超过仓单质押监管协议规定的比例且贷款企业未追加质物或者提供新的担保的,视为贷款方在整个融资额度项下违约,银行等金融机构有权行使不安抗辩权(《民法典》第五百二十七条:不安抗辩权指,应当先履行债务的当事人有确切证据证明对方丧失或者可能丧失履行债务能力的,有权中止履行合同义务)、宣布融资额度提前到期,并要求借款企业提前偿还已使用额度。

(6) 在仓单质押融资模式中仓单项下货物的监管费、仓储费、运杂费、装卸费、检验费、印花税等因仓储保管和监管产生的相关费用一般由借款企业承担。

五、仓单质押的效力

(一) 仓单质押对质权人的效力

1. 仓单留置权

仓单设质后,出质人应将仓单背书并交付给质权人占有。债务人全部清偿以前,质权人有权留置仓单而拒绝返还。依质权一般法理,质权人对标的物的占有乃质权的成立要件,而质权人在债务人全部清偿之前,可留置该标的物,其目的在于迫使债务人从速清偿到期债务。

这种留置在动产质权上表现得最为明显,因为动产质押的质权人直接占有设质动产,当债务人不能清偿到期债务时,质权人当然首先留置其所占有的动产,从而才能将该动产变价并优先受偿。而在仓单质押中,质权人占有的是出质人交付的仓单而并不是直接占有仓储物。但是,仓单是提取仓储物的凭证,因此仓单质押的质权人在债务人不能清偿到期债务时留置仓单,就可以凭其所占有的仓单向保管人请求提取仓储物而进行变价并优先受偿届期债权。

2. 质权保全权

仓单设质后,如果出质人使仓储物有所损失,会危及质权人质权的实现,于此情形下,质权人有保全质权的权利。我国《民法典》第九百一十一条规定:"保管人根据存货人或者仓单持有人的要求,应当同意其检验仓储物或者提取样品。"第九百一十二条规定:"保管人发现入库仓储物有变质或者其他损坏的,应当及时通知存货人或者仓单持有人。"

从这两条规定可知:仓单设质后,因质权人依法占有仓单,因此质权人有权依照《民法典》的有关规定向仓储物的保管人请求检验仓储物或者提取仓储物的样品,保管人不得拒绝,并且无须征得出质人的同意。质权人在检验仓储物或者提取仓储物的样品后,发现仓储物有毁损或者灭失之虞而将害及质权的,质权人得与出质人协商由出质人另行提供足额担保,或者由质权人提前实现质权,以此来保全自己的质权。

3. 质权实行权

设定质权的目的在于担保特定债权能够顺利获得清偿,因此在担保债权到期而未能获得清偿时,质权人自有实现质权的权利,以此为到期债权不能获如期清偿的救济,从而实现质押担保的目的,这也是仓单质押担保权利人的最主要权能。仓单质押的质权实行权包括两项:一为仓储物的变价权,二为优先受偿权。

4. 质权人的义务

质权人的义务主要包括保管仓单和返还仓单。关于前者,因为仓单设质后,出质人要将仓单背书后交付给质权人占有,但质权人对仓单的占有,因有出质背书而取得的仅为质权,而非仓储物的所有权。故而因质权人原因而致仓单丢失或者为其他第三人善意取得,就会使出质人受到损害,因此,质权人负有妥善保管仓单的义务。至于后者,债务人履行了到期债务之后,质权担保的目的已实现,仓单质押自无继续存在的必要和理由,质权人自当负有返还仓单的义务。

(二)仓单质押对出质人的效力

主要表现为其对仓储物的处分权受到限制。仓单作为一种物权证券,是提取仓储物的凭证,取得仓单意味着取得了仓储物的所有权。但仓单一经出质,质权人即占有出质人交付的仓单,此时质权人取得的并不是仓储物的所有权而仅为质权;对于出质人,因其暂时丧失了对仓单的占有,尽管其对仓储物依然享有所有权,但若想处分该仓储物,则势必会受到限制。

出质人若想对仓储物进行处分，应当向质权人另行提供相应的担保，或者经质权人同意而取回仓单，从而实现自己对仓储物的处分权。前者表现为仓单质押消灭；后者表明质权人对债务人的信用持信任态度而自愿放弃自己债权的担保，法律自无强制的必要。如果此项处分权不受任何限制，则质权人势必陷入无法对质押担保标的物的交换价值进行支配的境地，从而使该项权利质权的担保机能丧失殆尽。

（三）仓单质押对保管人的效力

1. 保管人负有见单即交付仓储物的义务

仓单是提取仓储物的凭证，仓单持有人可以凭借所持有的仓单向保管人请求交付仓储物，而保管人负有交付仓储物的义务。因而，在仓单质押中，当质权人的债权到期不能获清偿时，质权人便可以向保管人提示仓单请求提取仓储物从而实现仓单质押担保。从此意义上讲，仓单质押的效力及于保管人。

2. 保管人享有救济权

仓单持有人提前提取仓储物的，保管人不减收仓储费。因此，质权人在实现质权时，尽管仓储期间尚未届满，保管人也不得拒绝交付仓储物。但是，如果由于质权人提前提取仓储物而尚有未支付的仓储费的，保管人有权请求质权人支付未支付的仓储费。当然，质权人因此而为的支出应当在仓储物的变价之中扣除，由债务人最后负责。若质权实行时，仓储期间业已届满，保管人亦享有同样的救济权，由质权人先支付逾期仓储费，债务人最后予以补偿。

六、仓单质押业务运作的风险及防范

从仓单质押的操作程序中可以看出，仓库和银行、货主企业之间都存在着委托代理关系，一种是作为银行的代理人，监管货主企业在仓库中存储货物的种类、品种和数量等；另一种是作为货主企业的代理人管理仓库中货主企业的货物，包括管理货物的进出库，确保仓储货物的安全、防潮、防霉等。仓单质押贷款存在以下方面的风险，诸如质物风险、仓单风险、客户（货主企业）资信风险和仓储企业风险，其具体内容和防范措施如下。

1. 防范质物风险

一是质押品的来源和品质的风险，选择客户要谨慎，要考察其业务能力和业务量及货物来源的合法性（走私货物和违禁物品有罚没风险），在滚动提取时提好补坏货风险，还有以次充好的质量风险。

二是质押仓单项下的货物必须具备下列条件：

(1) 所有权明晰。
(2) 无形损耗小，不易变质，易于长期保管。
(3) 市场价格稳定，波动小，不易过时。
(4) 适应用途广，易变现。

（5）规格明确，便于计量。

（6）产品合格并符合国家有关标准。

三是要加强对质押货物的监督管理。仓储企业在开展仓单质押业务时，一般要与银行等金融机构签订《不可撤销的协助行使质押权保证书》，对质押货物的保管负责，丢失或损坏由仓库承担责任。因此，为了维护自身利益和履行对银行等金融机构的承诺，仓储企业要加强对质押货物的监管，保证仓单与货物货单一致，手续完备，货物完好无损。

四是质物价格的确定可以根据以下多种方式判断：货物存放地的市场价、生产商与交易市场签订的代销暂定价。对于基础生产材料还可以根据互联网交易平台的报价确定。此外，还可通过分析该种货物三年来的市场价格波动情况来判定其价格折扣率。在质押合同中约定，当市价变化或者政府因素可能危及质权时，质权人可以要求出质人另行提供担保，或提前将仓单变现，优先受偿；为避免引起争议，建议在质押合同中明确约定质物下跌的具体幅度和标准，确定警戒线或处置线，质物处理前应通知出质人。

五是如果仓单上为特定货物，应通过制定三方协议来约定不可抗力的范围，并要求企业办理相应的商业保险（企业财产一切险），指定担保公司为受益人。

六是要选择权属清晰的商品作为质押商品。在实际操作中，部分借款企业存在代理加工或在加工过程中货物形态和属性发生变化的情况，担保公司要区分这类商品的权属存在一定的难度。一般应选择有相应进货发票、购销合同、付款凭证、质量保证书的原材料或印有借款企业自有商标的最终产成品作为质押商品。

2. 控制仓单风险

仓单是唯一可质押的仓储权利凭证。出货单、存货单仅仅是仓库用于内部出入库管理的自制凭证，并不能排除仓储公司另行向存货人出具仓单的可能，故担保公司不宜接受以出货单、存货单等类似凭证进行的质押。因此，担保公司实践中要注意把握：

一是严格仓单质押条件，质押仓单必须具备下列条件：

（1）出具仓单的，原则上必须是具有一定资质的专业仓储公司。

（2）必须是出质人拥有完全所有权的货物的仓单，且记载内容完整。

二是要严格审查仓单真实性、有效性、规范性，仓单上必须载明必要的记载事项，背书应明确、完整、连续。防范措施包括：

（1）统一规范仓单的印制、样式、类型、内容等。

（2）参与仓单质押的各方签名和印鉴应分别留存一份，以便业务开展过程中各种单据可以随时核对。

（3）仓单上和三方（银行等金融机构、借款企业、仓库）合作协议中明确仓单是提取仓储物的唯一凭证。

（4）由借款人和仓库保证仓单的真实性和有效性，否则因此产生的贷款资金风险由借款人负完全责任。

三是加强对仓单的管理。虽然我国《民法典》中规定了仓单上必须记载的内容：存货人的名称、住所、仓储物的品种、数量、质量、包装、件数和标记、损耗标准、储存场所、储存期间、仓储费、仓储货物保险情况、填发人、填发地点和填发时间。但目前仓单还是由各家仓库自己设计的，形式很不统一，因此要对仓单进行科学的管理，使用固定的格式，按制定方式印刷；同时派专人对仓单进行管理，保证仓单的真实性、唯一性和有效性。

四是对于同一仓单项下的货物在不同时间提取的情况，要依据货主和担保公司共同签署的《专用仓单分提单》释放，同时按照仓单编号、日期、金额等要素登记明细台账，每释放一笔，就要在相应仓单下做销账记录，直至销售完成为止。

3. 防范客户（货主企业）资信风险

一是要重点考察企业的经营能力。反映企业经营状况是否正常的最直接指标是主营业务的增长率，因此客户的主营业务增长率最好大于该行业的平均增长率。再者，考察客户的资产负债率，资产负债率控制在50%左右是财务状况稳健的表现，因此客户的资产负债率应小于50%。

二是要重点考察企业的信用状况。除经济实力外，良好的信用是企业履约的必备条件。评估担保对象的信用状况主要依据担保对象的历史履约情况和履约意愿，具体包括三个方面：

首先，应调查客户偿还债务的历史情况；

其次，分析客户在以往的履约中所表现的履约能力；

最后，应调查客户履约是出于自愿，还是被采取法律诉讼或其他行动的结果。凡有不良信用纪录的，应杜绝与其合作。

4. 防范物流监管企业风险

鉴于仓单质押贷款是以物流监管企业出具的仓单为质押标的、仓单项下的货物出入库监控和保管均由物流企业承担责任，该仓单质押贷款资金的安全很大程度上取决于对物流企业风险的掌控。为此，对物流企业的风险防范应把握以下几点：

（1）物流企业应具有独立法人地位，独立承担民事责任，具备相应的资质条件。

（2）物流企业应具有良好信誉和行业口碑，其串通借款人联合欺诈担保公司的道德风险和概率较小。

（3）物流企业应为较强的经济实力、具有一定偿付能力的专业仓储公司。

（4）物流企业制度健全、管理规范，仓单管理科学严谨，所质押仓单项下的仓库管理员责任心强、作风过硬、业务能力强。

（5）物流企业专业程度较高，具有较高的仓库管理水平和信息化水平、较大的资产规模，具有在较大范围内对质押物进行严格监管的能力。

（6）与物流企业签订协议中约定，物流企业对贷款企业留置权的行使，不应优先于质权。

七、标准仓单质押业务

1. 标准仓单的含义与特点

（1）标准仓单的含义　标准仓单是由期货交易所指定交割仓库按照交易所规定的程序签发的、符合合约规定质量的实物提货凭证。由于标准仓单是一种流通工具，因此它可以用作借款的质押品或用于金融衍生工具，如期货合约的交割。

（2）标准仓单的特点

① 是由交易所统一制定的、交易所指定交割仓单在完成入库商品验收，确认合格后签发给货物卖方的实物提货凭证，经交易所的电子仓单系统（图 3-2）注册后有效。

② 标准仓单采取记名方式，标准仓单合法持有人应妥善保管标准仓单。标准仓单的生成通常需要经过入库预报、商品入库、验收、指定交割仓库签发和注册等环节。

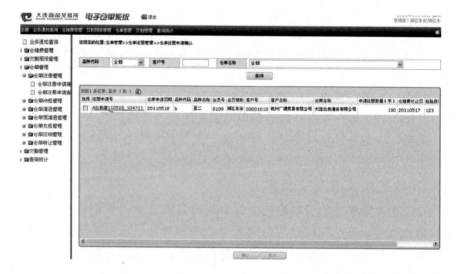

图 3-2　大连商品交易所的电子仓单系统

2. 标准仓单质押的含义

标准仓单质押贷款是指借款人以其自有的、经期货交易所注册的标准仓单为质押物向商业银行申请正常生产经营周转的短期流动资金贷款业务。

【知识链接】期货交易所

期货交易所，是买卖期货合约的场所，是期货市场的核心。其主要为交易者提供公开、公平、公正的交易场所和有效监督服务。它所制定的一套制度规则为整个期货市场提供了一种自我管理机制，使得期货交易的"公开、公平、公正"原则得以实现。在经济全球化的影响下，交易所之间出现了多次的合并和重组。如今国内最有影响力的期货交易所包括：

(1) 郑州商品交易所 郑州商品交易所于1993年成立,是我国第一个以粮油交易为主,逐步开展其他商品期货交易的场所,它的前身是中国郑州粮食批发市场,主要上市交易品种有小麦、优质强筋小麦。

(2) 大连商品交易所 大连商品交易所于1993年11月成立,主要上市交易农业品有大豆、玉米等,工业品有聚乙烯、焦炭、铁矿石等。

(3) 上海期货交易所 上海期货交易所于1998年由上海金属交易所、上海商品交易所和上海粮油交易所三所合并而成,其主要上市交易品种有铜、铝和天然胶等。

3. 开展标准仓单质押融资的现实需求

(1) 标准仓单质押贷款是商业银行寻求新的利润增长点的内在需求 首先,开展标准仓单质押贷款有利于商业银行规避经营风险。金融风险的存在将促进质押融资的发展,为改善信贷资产结构提供良好契机。其次,开展标准仓单质押贷款有利于商业银行获得新的利润增长点。标准仓单具有流通性好、价值高的特点,因而,商业银行对期货市场标准仓单抱有很大的热情。

(2) 标准仓单质押融资业务是中小企业融资的新渠道 目前,标准质押产品一般要求价格稳定、变现方便、流动性强,符合要求的质押物涉及有色金属、钢材、化工产品和煤炭、非矿产品、粮食、塑料、棉花、橡胶、纸张、糖业等领域。中小企业急需资金周转,库存商品过多造成短期流动资金不足,用标准仓单质押贷款方式可解决融资难的问题,盘活企业资金,增加企业投资机会,深受中小企业的欢迎。

4. 标准仓单质押贷款的特点

从本质上讲,标准仓单质押贷款属于仓单质押贷款的一种,只是质押标的物为标准仓单而已。由于标准仓单本身的特点,以及在产品设计时考虑了市场需求因素而对传统操作模式有所调整,标准仓单质押贷款相对于非标准仓单质押贷款而言,更易控制风险,也更贴近市场。

具体来说,标准仓单质押贷款具有以下四大优势:

(1) 安全性 标准仓单是期货市场的产物,其标准化程度高,并由期货交易所对标准仓单的生成、流通、管理、市值评估、风险预警和对应商品的存储(对指定交割仓库的资格认定、日常管理)等进行严格的监管。银行可以直接利用或借鉴期货交易所这些规范的管理机制控制信贷资金风险。而且,期货交易所对标准仓单项下的商品品质有较高的要求以及严格的质检系统,使得标准仓单具有很好的变现能力。因此,相对于普通仓单质押贷款而言,标准仓单质押贷款更具安全性。

此外,也可基本排除人们对标准仓单质押贷款存在的"信贷资金违规进入期货市场"的顾虑:一方面,在贷款资金用途上,已明确规定"贷款资金须用于企业的正常生产经营活动";另一方面,根据期货交易所相关规则,标准仓单可以在期货交易所质押抵作保证金,且相对于银行质押贷款来说,其办理手续和相关费用更为简单和低廉,因此申贷客户不存在用信贷资金做期货交易的直接内在需求。

（2）时效性　为了满足客户对贷款时效性的要求，对借款人核定可循环使用信用额度，以简化贷款审批程序，使借款人能够便捷地使用贷款。同时，考虑到标准仓单质押贷款风险的可控性，银行可适当降低对申请可循环使用信用的借款人的信用等级标准。

（3）实用性　由于是短期流动资金贷款，若贷款到期时客户无法做到资金及时回笼将使银行贷款面临逾期的风险。若客户在贷款到期前，需要在期货交易所交割出货但又没有足够的资金赎回质押仓单，银行可通过与该客户及其期货经纪公司签订三方协议的方式，先释放标准仓单，即将仓单解冻、恢复为流通状态，并委托期货经纪公司持标准仓单到期货交易所进行交割，然后由该期货经纪公司将交割回笼资金划入客户在银行开立的存款账户，优先用于归还银行的贷款本息。这样做，不但有利于更好地满足客户对银行短期流动资金贷款的切实市场需求，也有利于银行规避贷款逾期的风险。

由于上述委托期货经纪公司持单入场交割、划拨回笼货款的操作方式，完全是遵循期货交易规则——会员交易制度，即由会员（期货经纪公司）代理投资者入场（交易所）进行交易、交割，而相应的资金也是在交易所专用结算账户和会员（期货经纪公司）专用资金账户之间进行划转的。因此，第三方——期货经纪公司的引入，使得借款人无法直接控制质押仓单或交割回笼货款，从而可以有效规避上述"变通"方式使银行面临阶段性质物失控的风险。

（4）联动性　从某种意义上讲，标准仓单质押贷款的客户是银行与期货经纪公司共同的客户，该项贷款产品的推出，不但能够有效拓展银行的市场领域，促进金融创新，而且还能吸引客户及其期货经纪公司将期货交易保证金账户转入银行，从而带动银行期货交易结算等中间业务的发展，提高综合竞争力。

我国物流企业仓单质押监管业务自开展以来，在实践中不断摸索，为适应不同的需求，从静态质押到动态质押，从库内质押到库外质押，从仓储单一环节的质押到供应链多环节的质押，在基本模式的基础上已形成了多样化的仓单质押监管模式，有效地实现了物流、商流、信息流和资金流的有机结合。

学习单元二　存货质押融资业务模式操作与管理

一、存货质押融资业务的含义与特点

1. 存货质押融资业务的含义

按照中华人民共和国国家标准《物流术语》（GB/T 18354—2021），存货质押融资是指需要融资的企业（借方）将其拥有的存货作为质物，向资金提供企业（贷方）出质，同时将质物委托给具有合法保管存货资格的物

流企业（中介方）保管和占有，以获得贷方资金的业务活动，是物流企业参与下的动产质押业务。

2. 存货质押融资业务的特点

对于有着融资需求的中小企业来说，不动产的缺乏使其难以获得银行的贷款。而在经济发达国家，存货质押融资业务已经开展得相当成熟。在美国等发达国家，70%的担保来自以应收账款和存货为主的动产担保。存货质押融资是中小企业以原材料、半成品和产成品等存货作为质押向金融机构融资的业务。和传统银行贷款集中在不动产抵押或者第三方担保公司担保不同，存货质押融资是利用企业与上下游真实贸易行为中的动产为质押从银行等金融机构获得贷款。根据我国2021年开始实施的《中华人民共和国民法典》，用作质押的存货范围已经得到很大程度的扩展。采购过程的原材料、生产阶段的半成品、销售阶段的产品、企业拥有的机械设备等都可以当作存货质押的担保物。在操作过程中，第三方物流企业作为监管方参与进来，银行、借款企业和物流企业签订三方合同，银行为中小企业提供短期贷款。

二、存货质押授信业务模式类型

存货质押授信是存货质押融资中最基础的产品，也是当前银行应用最广泛的产品。它是指借款企业以自有或第三方合法拥有的动产作质押的授信产品。为了控制风险，一般银行需要第三方物流企业或监管机构对客户提供的存货质押的商品实行监管。存货质押授信分静态和动态两种。

1. 静态存货质押授信业务

静态存货质押授信（非核定货值）要求比较苛刻，不允许客户以货易货，只能以款易货。而在现实的生产交易中，企业的货物流动比较频繁，静态质押授信会严重约束企业的正常运作。因此，静态质押授信往往很少使用，动态存货质押授信是银行采用的主要存货质押授信产品。

2. 动态存货质押授信业务

相对于静态质押授信，动态质押授信（核定货值）就是对客户用来担保的存货价值设置一个界限，客户必须在生产经营的过程中，担保存货价值不能低于这个界限，高于这个界限的存货客户可以自由使用。在这个模式下，客户既可以以货易货，也可以以款易货，日常生产经营活动受到的限制就小了很多。而且，一般企业在授信期间内不用追加保证金赎货，企业靠存货来融资的益处非常明显。

虽然存货的范围变广泛了，但银行出于对风险的考虑和贷款的方便，对企业用来担保的存货品种还有一定的限制。银行质押货物的品类较为一致，比如钢管、钢材等，货物的价值比较容易核定，如有色金属、黑色金属、木材等。质押率方面，不同种类的存货、不同的银行都会设置不同的质押率。一般而言，原材料比较容易变现，质押率比较高，产成品虽然市场价值高，但相对来说不易变现，所以质押率会低一些。

三、存货质押授信业务模式操作流程

存货质押授信业务模式操作流程如图 3-3 所示。

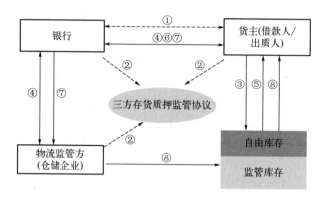

图 3-3 存货质押授信业务模式操作流程图

M3-4 存货质押监管合作协议(范本)

① 货主（借款人）与银行签订《银企合作协议》《账户监管协议》。

② 货主（借款人）、银行、物流监管企业签订三方《存货质押监管合作协议》。

③ 货主（借款人）按协议规定将一定价值、数量、规格明确的质押物交付银行指定仓库（可以是出质企业自有仓库或物流监管企业的仓库），由监管企业负责监管。

④ 银行确认质押物后，按设定质押率将贷款打入货主（借款人）在银行开立的监管账户。

⑤ 监管方审核最低限额，限额以上质押物可自由进出。

⑥ 所需质押物低于最低限额时，中小企业向银行缴纳保证金。

⑦ 银行则给贷款企业发放提货单，并指示监管企业给客户发出相应数量的质物。

⑧ 监管人员验收货主（借款人）的提货单并根据银行指示发货，同时发送回执给银行，直至保证金累计金额达到贷款额度，则该业务结束。

有融资需求的企业在原材料采购阶段、生产阶段以及销售阶段都持有一定量的存货，企业可以将这些存货盘活，通过质押获得融资。这笔款项可直接投入生产运营，从而减少在途货物对资金的占用来提高运营效率。在该模式下，存货的质押地一般是生产地。监管公司派员工在借款企业仓库监管。这种方式往往会产生很大的风险。借款企业可以用同一批货物向其他银行质押，产生重复质押的问题。而且如果企业经营不善，易会发生其债权人抢货的状况，从而给以货物为质押品给予融资的银行造成很大损失。

四、存货质押授信业务模式操作要点

（1）存货质押业务中，首笔货物入库出质时，银行等金融机构出具《接货通知书》送交监管单位，将质物出质的事实通知监管单位并由其代为接收质物，出质人同银行等金融机构须实地核对库存（核库）。监管单位须将质物与《接货通知书》核对，无误后办理接收入库手续，经办人员在监管单位将质物接收入库后，须要求出质人及仓储监管单位在《质物清单》上签章确认，作为监管单位已经代银行等金融机构接收、占有质物的凭据。

（2）借款人需提供足以证明质物权属及数量、质量、品质的资料和证明文件，如购销合同、增值税发票、报关单、货运单、质量合格证书、商检证明、完税证明等，并对上述资料的真实性、有效性进行尽职调查，对质物的权属进行辨别和确认。

（3）每次入库及出质时，需由银行等金融机构对质物进行核价，核价原则为：

① 按照购入价与市场价孰低的原则认定。
② 购入价的认定以发票价为基础，可根据不同情况进行调整。
③ 购入价可以包括铁路运输、沿海运输或多式联运的运输费用。
④ 产品按照生产成本价认定，也可以按照原料市场价与购入价孰低的方法认定。

核价后，价格专管员填制《质物价格审核确认单》，核定货值货物质押业务还须向借款人及监管单位出具《质物品种、价格确定/调整通知书》，同时向监管单位出具《质物最低价值通知书》。

（4）根据质物总价值及授信额度，确定质押率是否符合规定，或者根据最新《质物清单》中质物的总价值及授信审批决议中确定的质押率，计算出借款人的可用额度，用作对出质人办理融资业务时的控制额度。质押率＝风险敞口/质物总价值×100％，其中风险敞口是指融资协议项下的主债权（含或有）总额减去保证金担保、存款单、银行承兑汇票质押部分后的余额。

（5）在授信有效期内的存货授信质押融资业务的授信额度可以循环使用。

【知识链接】商品质押融资额度确定

YG商贸公司采购了470吨特殊合金——4J36合金，又称因瓦合金、因瓦钢，该合金的居里点约为230℃，低于这一温度时合金是铁磁性的，具有很低的膨胀系数，高于这一温度时合金为无磁性的，膨胀系数增大。该合金主要用于制造在气温变化范围内尺寸近似恒定的元件，广泛用于无线电工业、精密仪器、仪表及其他工业。其商业发票显示的采购价格为3200元/吨，市场销售价格为4100～4500元/吨。现公司流动资金不足，欲向CS银行申请动产质押融资，银行经过审核，认为该产品市场接受度广，价格相对稳定，可以作为质押品进行动产质押融资，最终银行针对该质押品设置的质押率为65％，并且以商业发票上的采购价格作为计算质押品价值的基础，融资额度应为3200元×470吨×65％＝977600元。

（6）核定货值货押业务中，仓储监管单位保证无论出质人是否提货、换货，其所监管质物的价值不得低于协议中确定的质物最低价值。质物的最低价值须不低于借款人授信风险敞口与质押率的比值。

（7）质物价值超过确定的质物最低价值的，借款人就超出部分提货或换货时，无须补充保证金或偿还相应融资，可直接向监管单位办理提货或换货。

（8）质物市场价格较出质价格或最近一次调整的价格升幅超过一定比率，如8%（应借款人要求），或跌幅超过5%的，由银行等金融机构价格专管员填写《质物品种、价格确定/调整通知书》，送达给出质人和监管方。

（9）核库人员现场清点之前须事先通知监管单位，与监管单位进行账务核对，即将《查询通知书》《质物清单》进行一一核对。核对无误后，可进行清点或抽查，确保账实相符；核对有误的，应立即向上级报告，然后进行逐一清点。核库员每次核库后，需据实填写《核库报告书》，经监管单位确认后，最迟于次工作日交银行等金融机构负责人审核签字，待审核签字后按规定存档。

【知识链接】商品质押融资成本计算

DH贸易有限公司主营钢材购销业务，年销售收入2亿余元，企业经营情况良好。但近期因为钢材市场需求下降，公司大量的钢材短期无法销售出去，导致公司资金周转出现问题，目前公司钢材库存情况如下：线材2020吨，市场价格2900元/吨；螺纹钢7787吨，市场价格2810元/吨。两种类型的钢材市场价格均低于采购价格。

DH贸易有限公司向CS银行申请办理存货质押物流金融业务，监管方为XS物流投资有限公司，检验机构为中钢CS检测中心，保险方为平安保险公司。相关数据为：质押线材2020吨，市场价格2900元/吨，质押螺纹钢7787吨，市场价格2810元/吨，融资时间为3个月，质押率为65%，监管服务费为融资总额的0.3%，银行贷款月利率为1.2%，货物装卸费为15元/吨，存储费为20元/(吨·月)，质押品进场检验费为5200元，购买的企业财产一切险费率为1.2‰，此次DH贸易有限公司需承担的质押融资成本应为：

质押物市场价值：2020×2900＋7787×2810＝27739470（元）

融资额：27739470×65%＝1800（万元）

监管服务费：1800×0.3%＝5.4（万元）

利息：1800×3×1.2%＝64.8（万元）

装卸费：(2020＋7787)×15＝147105（元）

存储费：(2020＋7787)×20×3＝588420（元）

进场检验费：5200（元）

企业财产一切险保费：27739470×1.2‰＝33287.36（元）

总成本＝监管服务费＋利息＋装卸费＋存储费＋进场检验费＋企业财产一切险保费＝5.4＋64.8＋14.7＋58.8＋0.5＋3.3＝147.5（万元）

存货质押授信业务操作过程中的相关单据式样如表3-11～表3-15所示。

表 3-11　动产（存货）质押融资业务申请表

日期：_____　单位：万元

申请人名称							申请日期		
注册地址							企业性质		
实际办公地址									
法定代表人				法定代表人身份证号码					
授信经办人				授信经办人身份证号码					
开户行					账户号				
实收资本			注册资本				是否到位		
所属行业			财务报告是否审计		是□否□		上级主管部门		是□否□
企业财务数据	应收	其他应收	存货	固定资产	短期借款	长期负债	总资产	权益	销售收入	利润总额
上年末数										
本期数										
质押货物情况										
货物名称	生产厂家		规格/型号	数量		重量		单价	金额	

致_____供应链金融公司：
本次申请所提供的资料和票据真实有效。

申请人签章：_____
法人/授权人签章：_____
日期：_____

注：本申请表一式二份。

表 3-12　接货通知书

编号：_____

致：_____（保管人）

依据贵公司与_____公司（出质人）、我行签订的编号为_____的《存货质押监管合作协议》、出质人与我行签订的编号为_____的《最高额货物质押合同》/《质押合同》，出质人拟将下列货物质押给我行，现通知贵公司代我行接收该货物。如贵公司确认实际收到的货物与下列货物一致，请贵公司在《质物清单》上签章确认。货物的规格、重量、数量以贵公司实际收到并签章确认的为准。

名称	规格	外观质量	包装	单价	重量	数量	生产厂家	凭证号	备注

质权人：_____（预留印鉴）_____银行
_____年_____月_____日

表 3-13 质物清单

编号：_____

致：_____（质权人）

出质人将下表货物质押给贵行，并对质物的真实性、合法性负责。该质物交付给贵行后，作为编号为_____的《_____合同》项下债务的质押担保，本质物清单为编号为_____的《最高额货物质押合同》/《质押合同》不可分割的附件。

出质人保证按照编号为_____的《存货质押监管合作协议》的约定办理提货手续。

名称	规格	外观质量	包装	单价	重量	数量	生产厂家	凭证号	货位

出质人：_____（预留印鉴）　　　　　____年___月___日

保管人确认已收到编号为_____的《接货通知书》/《查询通知书》，并已代贵行接收、占有上表中的货物。保管人保证按照编号为_____的《存货质押监管合作协议》的约定履行占有、监管的责任。

保管人（代质权人收货）：_____（预留印鉴）　　____年___月___日___时___分

表 3-14 质物品种、价格确定/调整通知书

编号：_____

致：_____（保管人/出质人）

根据编号为_____的《存货质押监管合作协议》的规定，现将确定的质物品种和价格或者调整后的质物品种和价格通知贵公司，请按照下表确定的质物品种和价格执行。

名称	规格	生产厂家	单价（元）

特此通知！

质权人：_____（预留印鉴）　　　　　____年___月___日

质物品种、价格确定/调整通知书（回执）

致：_____（质权人）

我公司业已收到编号为_____的《质物品种、价格确定/调整通知书》，本公司将按照《质物品种、价格确定/调整通知书》的内容及编号为_____的《存货质押监管合作协议》的规定对质物品种及单价进行调整。

保管人/出质人：_____（预留印鉴）　　____年___月___日

表 3-15　质物最低价值通知书

编号：_____

致：_____（保管人）

自贵公司接到本通知书之日起，_____公司在我行的质物最低价值为_____万元，质物的单价以最新的《质物品种、价格确定/调整通知书》为准，请贵公司按照编号为_____的《存货质押监管合作协议》的约定执行。

质权人：（预留印鉴）　　　____年__月__日

质物最低价值通知书（回执）

致：_____（质权人）

我公司业已收到编号为_____的《质物最低价值通知书》，本公司将严格按照该通知书的要求和编号为_____的《存货质押监管合作协议》的约定执行。

保管人：（预留印鉴）　　　____年__月__日

五、存货质押授信业务风险分析与控制

存货质押授信业务风险分为准入体系风险、合约设计风险和执行过程风险三个部分，其具体内容与风险控制如下。

（一）准入体系风险控制

存货质押融资不同于其他商业贷款，在该业务中银行的风险首先来自质押存货。由于存货质押融资的对象是缺少足够流动资金的中小企业，所以用于质押的存货一般是中小企业普遍拥有的动产，包括原材料、半成品和产成品。这些动产作为融资企业获取银行贷款的担保物，是价值载体，同时也是风险载体。因此银行开展存货质押融资面临的首要问题是质押存货的选择。除此之外，银行还面临对借款企业的选择问题，银行必须像进行其他类型商业贷款一样，对存货质押融资中借方的经济状况、资信程度进行分析以降低风险。但是在这种业务中，借方的还款来源是存货销售变现产生的现金流，而非通过投资运作产生的现金流，因此在对借款企业主体进行考核时应着重考察企业的销售水平、企业的运作周期、企业的诚信度以及监控的成本等方面的因素。

1. 质押物的准入分析与控制

一般而言，在考虑某种质押物是否可行时，要考虑以下几个方面的因素，包括存货本身的属性、物流企业对借款企业存货的控制水平等。

现实中各种待选货物的属性纷繁复杂，但是与存货质押融资相关的存货属性主要可以归为四类：法律属性、物流属性、流通属性、价值属性，具体如表 3-16 所示。

表 3-16　存货属性控制内容

序号	类别	具体内容
1	法律属性	任何一种贷款业务都需要在法律许可和规定范围内进行,因此质押物的法律属性是进行质押品选择时首要考察的内容。对于存货质押融资待选货物法律属性的考察主要依据国家制定的《民法典》中为物品抵押和质押制定的相关规定。对待选货物法律属性的判断分析主要包括:货物是否存在法律许可作为质押的品种范围之内;待选货物的所有权是否明确;质权是否单一,即是否存在货物担保给多个质权人的现象;待选货物作为质押品后受偿的优先权如何确定等
2	物流属性	贷款货物的物流属性,即货物在物流企业提供存货质押融资业务相关的物流服务中涉及的保管、存储、运输、清算等操作所涉及的待选货物的相关性质,主要包括对产品包装的合理性、产品质量的稳定性、产品的危险程度的考察;对产品可标准化的程度以及质量是否易于控制、测度的分析;对产品交易费用的高低和在存货处理过程中由损伤而带来的责任追究等方面的考虑
3	流通属性	存货质押融资所考察待选货物的流通属性是指货物在市场上的需求、消耗量状况,待选货物的即期需求、潜在需求转化为消费行为的能力以及商品的流通速度和变现能力等
4	价值属性	质物的价值属性,是指质物在市场运行中体现出的、对存货融资收益产生重大影响的相关属性,主要包括质物价值量的大小和价格的波动情况。这两点都需要具体的量化分析和界定,才能有效地降低业务风险

2. 借款企业的准入分析与控制

(1) 借款企业的财务状况　在存货质押融资中,首先,需要分析借款企业的资产负债率,一般而言,存货质押融资中,资产负债率要高于行业的平均水平,但作为金融机构必须清楚造成借款企业这一现象的真实原因。其次,也需要考虑借款企业的收入和现金流,借款企业一般都有不均衡稳定的收入和现金流,贷款方需要明确造成借款企业不稳定的收入和现金流的原因究竟是周期性定价的制约还是管理团队对市场反应太慢。最后,贷款方需要考虑借款企业的财务趋势,可以通过严密监控借款企业的财务平衡表,降低贷款的风险。

(2) 借款企业的运作周期分析　银行对于借款企业运作周期的了解有助于银行针对企业的实际状况发放不同类型的贷款,同时降低风险,保证银行的收益。

(3) 借款企业的行业分析　借款企业的行业将影响借款企业的绩效和质押物价值。对于借款企业的行业分析需要考虑行业总体的利润水平、交易环境、技术变化、发展前景等因素。分析行业状况,一方面可以使贷款人更加准确地评估整体风险的大小,另一方面贷款人可以更好地分析借款企业财务状况和经营周期变化是否归因于普遍的行业因素,从而准确地把握企业的经营水平。

3. 物流企业的准入分析与控制

在存货质押融资业务中,债权人需要对质押物资流通的仓储、运输、销售等环节进行有效的监控,这种监控是动态的,其目的是在贷款风险可控的基础上尽量满足借款企业运营的需要。因此,银行需要与物流企业进行合作。

在具体的存货质押融资业务中,银行对监管企业的动态管理流程通常包括调查筛选物流监管企业、日常检查、动态评估、预警应急等。其中,对物流企业进行准入分析,调查筛选出合适的物流企业最为关键。银行应根据物流企业的企业规模、资金实力、信誉情况、合作意愿、地域分布、监管技术水平等构建评估体系,并最终确定物流企业在存货质押融资业务中的监管资格。

(二) 合约设计风险控制

贷款合约是约束借款方和贷款方行为的主要工具,也是存货质押融资顺利进行的法律保障。对存货质押融资合约设计风险进行控制,必须要充分地考虑具体业务的特征、流程和环境,同时注意以下事项:

1. 合约条款的规范设计

一个完整的合约应该考虑到质物物流运营的整个流通环节,包括质物入库、质物保管、提货、质物追加、质权实现与合约终止,而与业务相关的资金流和信息流运作则是伴随质物的运营而发生的。

2. 合约中关键风险控制点的设计

在合约设计中,有一些关键的风险点控制需要特别关注。

(1) 关于质押物产权界定的问题 在存货质押融资过程中,质押物产权界定是一个基本的问题,它包括所有权审核和质权审核两个方面。所有权审核是指审核物是否在法律上清晰地归出质人所有,而质权审核指审查质物是否能够在法律上允许质押,是否被担保给多个债权人,是否存在重复担保的现象。在合约中,首先必须正确地规定承担质物产权界定的责任人。其次,在合约中还必须正确地确定审核产权的方式。

(2) 有关质物检验的问题 质物的检验是对商品实质内容的审查,也是合约设计中的关键风险点。在合约中,必须确定进行质物检验的责任人。首先,质物的检验机构应该具有法定的检验资质,应该对质物的检验具有专业的能力和知识,而物流企业也可以参与质物品质检验,并承担辅助的作用。其次,在合约中必须确定正确的检验方式。

(3) 价格确定与动态控制的问题 在合约中如何正确地确定质物的市场价值并进行动态控制也是一个关键的风险点。在合约中,主要要规定清楚以下问题:质物以什么价格为基准?应该采取什么价格?怎样动态地确定质物价格?怎么达成相关价格调整协议?价值波动如何防范?谁承担价格数据采集和监控的职责?应该采取什么样的价格风险防范机制?应该规定怎样的价格风险监控流程?

此外,还有多点监管问题、贷款周期问题、违约责任问题、浮动质押问题、清算问题等也是合约设计的关键风险点,需要参与方根据业务的特点设计符合实际的合约条款,规定参与方的权利和义务才能有效地控制风险。

3. 合约中关键风险点控制指标的设计

在合约中,还需要设计一些关键风险控制指标,这些指标包括质押率、平仓线、盯市周期和贷款周期等。

(1) 质押率　质押率即贷款额与质押存货价值的比率指标。质押率的最终设定和商业模式、质押存货的特性、企业违约概率、监管方式以及贷款利率等密切相关,能够比较全面地反映存货质押融资的风险状况,因此成为存货质押融资风险控制的核心指标。

(2) 平仓线　平仓线是指银行为防范质押品价格风险而设置的一个阈值。现实中,平仓线的制定是在确定质押率后通过经验再向上浮动一定比例,可以通过VAR模型确定存货质押模型的平仓线。

(3) 盯市周期　盯市周期是指质押人审计质押存货市场价值的周期。它是衡量银行监控贷款风险严密程度大小的一个重要指标。盯市周期与监管成本、监管能力和合作意愿等密切相关,合约制定时需要把握盯市周期和监管成本等的平衡。

(4) 贷款周期　存货质押贷款主要依靠存货的自偿性销售来偿还贷款,因此贷款周期与存货质押融资的风险也密切相关。贷款周期与借款企业的存货销售周期不匹配很可能造成借款企业的违约拖延甚至道德风险,不利于借款企业的运营,从而实际上影响债权人的贷款安全,因此,在合约中必须根据借款企业的实际需要来确定贷款周期。

此外,还有警戒线、保证金比例、监管费用等也必须在业务合约中进行有效的界定。

(三) 执行过程风险控制

在执行过程中,会出现宏观、行业以及供应链系统的风险,也会出现信用风险、质物变现风险以及操作风险这些非系统的风险。一般而言,对这些执行过程中的风险进行有效控制的策略包括以下四种:

规避风险,即自觉选择不会产生风险的业务活动。

接受风险,即当风险收益高于风险造成的损失并且能够得到有效控制时,作为贷款人可以接受相应风险。

分散和转移风险,即采取"把鸡蛋放在不同篮子里"的方法来分散和转移风险,通过将风险转移给第三方来降低存货质押融资业务的风险暴露。

缓释风险,即通过质物的有效应用并控制质物销售运营的过程来缓释存货质押融资的风险,提高贷款的违约回收率,减少违约损失。

1. 对于存货质押融资信用风险的控制

对于存货质押融资信用风险的控制主要包括对借款企业信用风险的控制和对物流监管企业信用风险的控制两类。

第一,对借款企业信用风险的控制。需要银行和物流监管企业主要关注借款企业的财务和管理状况。银行和物流监管企业需要对运营企业在财务运作和运营管理上进行不定期的检查，对出现的问题要分析原因，一方面可以和借款企业共同解决问题，另一方面，当借款企业出现了严重违约现象时，要迅速地控制借款企业的物流和资金运作，停止授信甚至冻结借款企业的其他资产。

第二，对物流企业信用风险的控制。首先，需要银行对物流企业的流动资金状况和合约执行状况进行密切关注，以防范物流企业的道德风险；其次，银行需随时对物流监管企业的工作水平进行抽查，合理地检查物流监管企业控制质物的情况，确定物流监管企业的监管运作是否符合标准。

2. 对于存货变现的风险控制

对于存货变现的风险控制主要包括存货价格风险控制、质物形态风险控制以及销售风险控制三大类。

第一，存货价格风险控制。首先，需要确定价格风险控制的责任人，由专业人员来收集存货价格的数据，监控价格变动趋势，并进行存货市场价格的预测和管理；其次，需要设置价格下降时的风险控制机制，设置价格风险控制指标，如警戒线和平仓线等；最后，在实际操作中，当存货价格下降到一定位置或下降的幅度超过阈值时，监管方应当通过信息平台和信息沟通机制及时地将信息传给质权人和直接操作人员，通过启动应急预案及时地进行预警和防范，通常可以要求借款企业补充保证金或货物，甚至强行平仓将质物变现，规避质物价格风险。

第二，质物形态风险控制。这主要是对质物的流动性、标准化、变现能力、质物易损程度及配套的保管条件等方面的风险进行控制。

第三，销售风险控制。需要质权人和物流监管企业密切关注借款企业在存货销售上的运营状况，主要考虑销售渠道和销售客户是否稳定、销售是否存在大幅度下降、销售账期是否合理等方面的状况。

3. 对存货质押融资操作风险的控制

对存货质押融资操作风险的控制主要包括对合规风险、模式风险、流程风险以及具体操作风险四大类风险的控制。

第一，对合规风险的控制。首先要与相关的法律专业人士合作，对业务中可能出现的法律问题进行分析，与行业专业技术人员合作，对业务中的政策风险问题进行分析，这些问题主要包括质物产权问题、合约效力问题及违约清算问题等；其次是制定行规、特殊条款或进行模式创新等弥补法律和相关政策的不足；最后，制定相应的组织保障机制和执行保障机制，以降低业务的合规风险。

第二，对模式风险的控制。主要注意对以下关键风险点的控制，包括选择合适的商业模式，选择合理的质押方式和监控强度，慎重考虑超额担保，充分考虑借款企业的需要和风险防范的要求来设置业务结算方式，充分考虑借款企业的需要和上下游贸易关系来保证贷款资金的正确使用，必要时提供个人担保、第三方担保和损害保险，设置合适的财务评估报告模式。

第三，对流程风险的控制。主要是建立物流信息系统、资金流管理系统和报表输出系统等，实现业务流程的信息化和可视化，并通过流程再造，减少和改善流程环节，制定合适的风险控制流程和标准。

第四，对具体操作风险的控制。需要进行组织结构的再造，界定清晰的管理职能，使具体操作人员的权利职责能够统一，并用好的激励机制激发监管人员和操作人员的责任心，用好的培训机制提高操作人员的素质和水平。

M3-5 客户仓库监管方案设计

六、中小企业开展质押融资的影响因素分析

根据仓单质押融资和存货质押融资的一般作业流程可以分析得出，中小企业在开展质押融资的过程中影响其资金流的因素主要有中小企业提供的质物的价值、银行等金融机构所设定的质押率以及中小企业的付款和回款周期等因素。

1. 质物的价值

在质押融资模式中，中小企业提供的质物的价值的多少直接决定了金融机构向其提供贷款的数量的多少，中小企业所获得的融资数额为质物数量乘以质物价格，其中质物的价格需由银行等金融机构进行核价，核价原则前文已讲。

2. 银行所设定的质押率

质押融资模式中，融资额度为质押率乘以质押物的价格。质押率一般由银行等金融机构根据质押物的市场需求、价格等因素确定，一般来说若质押物的市场需求稳定，接受度广，价格变化幅度小，金融机构针对质押物所设定的质押率就较高，企业的融资额度就高，反之较低。

3. 中小融资企业的付款和回款周期

中小融资企业的付款和回款周期是指中小企业向其上游供应商付款的周期和其下游客户向其付款的周期，一般分为以下几种情形：

（1）向上游企业的付款周期早于下游企业向其付款的周期，此情形下企业就会产生资金缺口，会有融资需求。

（2）向上游企业的付款周期等于或晚于下游企业向其付款的周期，此两种情形下一般不会有融资需求。

总体来说中小企业在供应链中的话语权较弱，所以往往情形（1）比较常见，所以也就有了资金需求。付款周期和回款周期的长短影响了企业的资金流，同时也影响了中小企业的融资数量和融资周期。

学习单元三　质押监管企业资质评估与监管作业规范

质押监管企业是指前文提到的保管方，一般为仓储企业或物流企业。在仓单质押、存货质押等物流金融业务模式中以银行等金融机构为主导，

质押监管企业起辅助和支持的作用。为了降低物流金融业务中的风险，商业银行等金融机构在业务准入时，通过设定一些准入条件或评估指标评价和选择质押监管企业，业务合作过程中会对质押监管企业的业务操作质量进行评价。本单元从银行等金融机构的视角对质押监管企业的选择评价和管理进行介绍。

一、质押监管企业的含义

质押监管企业即仓储企业或物流企业，指经国家工商管理部门批准设立，具有相关专业资质，提供货物的运输、保管及配送等服务的组织。

在以银行等金融机构为主导的仓单质押融资、存货质押融资等业务中，为了降低业务操作风险，商业银行等金融机构会设置一些准入条件或评估指标评价和选择质押监管企业。

二、银行等金融机构对质押监管企业的一般准入标准

银行等金融机构会根据质押监管企业的资质评价、资金实力、机构规模、信誉情况、地域分布等决定是否准入。

银行等金融机构对质押监管企业的一般准入标准为：

（1）具备独立的法人资格和一定的违约责任赔偿能力，具有较强的资本实力和经营规模，分公司须取得总公司的明确授权后方可与合作的银行等金融机构开展物流金融业务。

（2）具有仓储经营资格，有固定经营场所或合法的仓储场院地，行业经验丰富，仓储经营年限在 2 年以上。

（3）同行业内资信声誉较高，有良好的经营业绩，商业信誉良好，无不良记录。

（4）具有较强的监管责任意识，合作意愿强，沟通渠道顺畅，能保证合作过程中质权人（银行等金融机构）对货物享有实际出入库控制权和处置权。

（5）具有完善的商品检验、化验制度和一定的质量检测技术及设备；防火防盗等安全条件及其他软、硬件条件符合货物的仓储要求。

（6）储运条件良好，硬件设施完备，物流、中转、进出装卸作业能力强，储存规模较大。

（7）内部仓储管理制度健全、完善，出入库管理制度、内部控制制度和业务操作流程规范；有较完善的培训制度，经营管理人员及专业监管员工队伍相对稳定，仓库管理员专业经验丰富，对于所监管货物的属性、品质等辨别能力较强。

（8）对质押的货物需建立分账册或专门的账页，内部管理账册完备、清晰。

（9）原则上要求具有完整的质押物的应急预案。

（10）交通便利，能实施远程监控。

如监管企业存在以下情形，银行等金融机构则不选择与其合作。

（1）主要经营资产已经设定抵押或质押，或提供对外担保、连带负债超过自身净资产 3 倍的（不含仓储监管责任形成的连带负债）。

（2）经营前景不稳定，存在较严重财务、经营问题的。

（3）涉及很可能需要赔付超过净资产 50% 的重大诉讼。

（4）曾有三次以上（含三次）不良资信记录或不良监管合作记录（包括与其他银行）。

（5）主营业务集中于某一客户，单一客户业务量占比超过 50%，或前两大客户业务量占比超过 80% 的。

（6）有存在重大道德风险的迹象，或有较大道德风险隐患的。

（7）自有固定资产或自有资金少，违约赔偿责任能力较弱。

三、质押业务实施过程中监管企业不应有的行为

（1）任何情况下不应开具虚假质物清单。

（2）不应与当事人中的任何一方恶意串通，损害其他当事人利益。

（3）不应私自转移、藏匿、出售质物。

（4）不应隐匿仓库及公司的重大事项变更，如或有负债、产权变更、负责人更换、诉讼案件等。

（5）不应挪用出质人借贷资金。禁止从事或变相从事担保、放贷等活动。

有上述行为中的一种，即需要停止其质押监管企业资格，受损的一方可以向公安部门报案或提起诉讼。

【案例 3-1】质押监管人未尽职责给银行等金融机构造成损失

案例简介：2018 年，CS 银行与 A 商贸公司签订 8000 万元授信协议，CS 银行、A 商贸公司与 ZW 物流公司据此签订动产质押监管合作协议，约定由 ZW 物流公司对 A 商贸公司提供的质押动产进行监管。2019 年，银行例行巡查时发现质物发生短少，物流公司却给不出正常理由，所以银行以质物短少为由，诉请物流公司赔偿差价损失 3500 万余元。

案例分析：

① 为保障银行与商贸公司所签授信协议履行，银行、商贸公司与物流公司三方所签动产质押监管合作协议兼具委托、仓储和保管合同特征。依《物权法》第 212 条规定，质权的有效设立以质物占有转移为要件。如实际转移占有的质物与约定质物不一致的，依最高人民法院《关于适用〈担保法〉若干问题的解释》第 89 条规定，以实际交付占有的财产为准。据此，本案物流公司在对质押清单予以确认后，质权即有效设立在商贸公司实际交付、经由物流公司实际占有保管的质物之上。

② 从质押监管合作协议约定条款中可看出，物流公司作为质物的占有、监管人，既负有质物入库时审核查验义务，又负有质物日常保管查验义务。物流公司作为质物保管人未审慎核对实际质物与质物清单中的质物是否具有同一性，就签章确认质物清单，在出现质物短少时，依约应对委托人银

行承担违约责任,其责任范围依约应限于质物清单中应当移交的质物价值与实际变现及以物抵债后价值差额,即质物短少损失 3500 万余元。《商业银行法》第 35 条、中国人民银行《贷款通则》第 27 条,以及原银保监会制定的《商业银行押品管理指引》第 25、26 条规定,均是相关金融主管部门对银行系统的管理性规定,若当事人违反这些规定依法应承担相应行政或民事责任,但并不当然影响案涉质押监管合作协议效力以及当事人依约应承担的违约责任。判决物流公司赔偿银行损失 3500 万余元。

要点:动产质押监管人不履行或不完全履行监管协议约定的监管义务,造成质物短少损失的,应依约承担相应赔偿责任,所以作为质押监管人应按照承诺履行自身的监管义务。

四、质押监管企业的资质评价

对质押监管企业资质进行评价,旨在了解质押监管企业的经济实力、运营水平、信用状况和货物监管能力,掌握质押监管企业货物监管的工作流程和管理模式,限制进入和主动退出实力弱、管理不规范的质押监管企业,一般银行等金融机构会分别在业务准入时和业务合作过程中进行评价。银行等金融机构对质押监管企业资质等级进行评价,采用定性、定量标准和评分卡打分等方法,可按照质押监管企业的经营年限、管理资质、货物监管能力等因素的不同划分为不同资质等级。

银行等金融机构对质押监管企业的资质评价的流程一般为:调查了解有合作意愿的监管企业的基本信息,然后结合监管企业的基本信息,通过质押监管企业评分卡对其进行评分和评级,这个过程所涉及的监管企业基本信息表格、质押监管企业评分卡表格如表 3-17 和表 3-18 所示,然后确定监管企业的资质等级(表 3-19)。

表 3-17 监管机构基本情况表

监管机构名称			办公地址		
下属监管仓库名称及其体地址(可另附)	1. 名称:		地址:		
	2. 名称:		地址:		
	3. 名称:		地址:		
经营范围					
现主要业务及经营状况					
法定代表人		组织形式		所属集团	
注册资本(股本)		成立日期		企业规模	□大□中□小
是否为贸易企业		是否附带加工		其他经营项目	
仓库容量		露天堆场面积		吞吐能力(年)	
企业行业地位				行业信誉状况	
场地使用权情况				仓储收费标准	
货物检、化验设施					
是否有质押融资监管的特别制度					

续表

银行借款及对外担保情况	
历史资信记录	
已合作货押监管的银行及合作年限	

监管业务负责人		联系方式	

前五大客户(按业务收入金额)

客户名称	储运货物名称	年吞吐量	年均仓储量	年均业务收入	合作银行(如有)
1					
2					

主要管理人员情况

姓名	职务	学历	在本公司工作(从业)年限	姓名	职务	学历	在本公司工作(从业)年限
1				2			

公司所有主要固定资产明细(可另附补充)

名称	数量	账面净值	估计现值	目前使用状况	已使用年限	权利凭证	是否抵押

其他核心资产明细(包括无形资产、长期投资、大额应收款项、大额存款等)(可另附补充)

名称	数量	账面净值	估计现值	目前使用状况	权利凭证	是否抵押	备注

表 3-18 质押监管企业评分卡

	项目	分值	实绩	得分	复核
管理指标	仓储监管专业经营年限	三年(含)以下 0 分,三年以上五年(含)以下 2 分,五年以上 4 分,八年以上 5 分			
	资信记录和商业信誉	有不良资信纪录－15 分,不详－5 分,无记录 2 分,资信一般 5 分,信用良好、信誉佳 8 分			
	有无完善、健全的内部管理和控制制度	管理制度不完整(或虽有制度,但执行不力,形同虚设)－8～－13 分;管理制度比较完善、运作规范,3～7 分;管理严谨完善、运作高效规范,10 分			
	网络信息化管理水平	低或者无,0 分;功能一般,与手工操作结合,3 分;信息化程度高,管理运作两年以上,6 分			
	有无稳定的管理团队	一般,专业特长不明显,1 分;比较专业,基本稳定,4 分;团队专业、三年内基本稳定,5 分			
	有无完善的商品检、化验制度和设备	无相应制度、设备(或虽有,但形同虚设),－3 分;主要制度、设备完善,运行基本正常,2 分;制度、设备完善,运行规范,4 分			
	与其他银行的合作年限	一年(含)以下 1 分,一年以上三年(含)以下 3 分,三年以上 5 分			

续表

	项目	分值	实绩	得分	复核
管理指标	输出监管能力	很差-8分,较差-3~-5分,未曾输出监管0分,较强2~6;强10分			
	与银行仓储监管合作经历	配合银行监管态度消极-15分;差错较多-6分;未曾合作0分;配合一般,偶有差错2分;比较积极配合银行监管6分;积极配合银行质押监管,无投诉10分			
	年利润总额	经营亏损-10分,50万元(含)以下0分,50万~200万元(含)2分,200万~500万元(含)4分,500万元以上6分			
规模指标	年吞吐量	5万吨(含)以下2分,5万吨至20万吨(含)4分,20万吨以上6分			
	自有仓储场地经营规模	小于1000吨(含)0分,仓储量2万吨(含)以下2分,仓储量2万~5万吨(含)4分,5万~15万吨(含)6分,15万吨以上8分			
	注册资本	100万元(含)以下0分,100万~400万元(含)2分,400万~1000万元(含)4分,1000万元以上6分			
	企业规模	小型企业(人数100人以下,营业收入800万以下)1分,中型(人数100~500,营业收入800万~12000万)3分,大型企业(人数500以上,营业收入12000万以上)5分			
特殊加减分	海关保税监管仓、国家级大型港口	加5分			
	交易所指定交割仓库和地、市级以上国家物资储备仓库	加5分			
	异地仓库或异地仓储企业	减5分			
	合计				

表3-19 物流金融监管机构资质等级标准

综合级别	基本要求	评分	备注
Ⅰ级	1. 国内物流行业领先企业,信誉卓著,实力强大,监管能力强; 2. 设施齐全,管理和信息化手段先进,专业化程度高; 3. 注册资本不少于5000万元,净资产不少于15000万元; 4. 仓储经营年限至少为8年	90分以上	
Ⅱ级	1. 区域物流行业领先企业,信誉优良; 2. 设施较齐全,管理方式和信息化水平较先进,专业化程度较高; 3. 注册资本不少于1200万元,净资产不少于5000万元; 4. 仓储经营年限至少为5年	80~90分	

续表

综合级别	基本要求	评分	备注
Ⅲ级	1. 区域内或当地骨干仓储企业,有一定规模实力和较高知名度、行业信誉; 2. 管理良好、经验丰富; 3. 仓储经营年限至少为3年	70~80分	
Ⅳ级	1. 当地有一定知名度,管理规范; 2. 原则上应有三方监管合作经验	60~70分	

根据监管机构资质等级不同,银行等金融机构可以与其合作采用不同的业务操作模式。对于资质等级不同的监管企业,银行等金融机构的管理方式也会有差异,对Ⅰ级仓储机构的现场检查,每季度不少于两次;对Ⅱ级及Ⅲ级仓储机构,每月度不少于一次;Ⅳ级以下机构每月度至少检查两次。

五、质押监管规范与要求

质押监管企业应制定质押监管规范、要求与制度,应包括但不局限于以下内容。

(一) 质押物入库操作和管理要求

1. 首次出质入库

(1) 明确监管区范围,树立监管区标志。

(2) 安排监管点的办公和生活条件,存留监管点的电话和传真号。

(3) 监管员与客户的现场操作人员(或第三方仓库操作人员)接洽,确认监管流程、出入库单据;确认关于监管业务的联系人及授权书(操作联系人和负责人)。

(4) 监管区域划分,建立区、排、垛位,树立垛位标志(如果监管现场有明确的垛位标志,则按现场垛位标志)。

(5) 质权人、客户与监管部项目主管、监管员共同对客户拟质押物进行盘点;盘点完毕后,客户向质权人提交拟质押物清单。

(6) 质权人、客户向监管部出具《出质(查询)通知单》(表3-20,以具体协议内容要求为准),监管部以《质物品种、价格、最低价值通知书》(表3-21)的形式,下发监管点。

(7) 项目主管会同监管员及客户相关人员对监管物按照《质物品种、价格、最低价值通知书》要求核对,无误后,客户向项目主管提交格式如三方协议格式的《货物入库质押申请/批准单》《监管物库存表》(首日须为明细)。

(8) 监管员在《质物品种、价格、最低价值通知书》上签章确认,提交监管部,监管部核对无误后,质押业务部备档并通知质权人,在《出质查询通知单》回执上签章确认,出质完成,开始履行监管职责。

(9) 项目主管指导监管员根据盘点结果和《监管物库存表》和《货物入库质押申请/批准单》(表3-22),建立电子账(软件)或手工账(总账、分类账、明细账），首次出质入库完成。

表 3-20 出质（查询）通知书
（代质物种类、价格、最低要求通知书）

编号：_____

致：_____（监管人）：

　　根据_____公司（出质人）与_____公司_____行（质权人）签署的编号为_____的《质押合同》，出质人将下列货物（明细见下表）质押给质权人。

名称	规格/型号	重量单位（ ）	数量单位（ ）	生产厂家（产地）	入库验收单号	单价	金额	备注

　　现将出质事实及质物情况通知贵司，请贵司核实下述动产质物清单所示的各项要素，并确认该清单所列各要素的真实性、准确性、有效性，并根据出质人、质权人与贵司签署的编号为_____的《动产质押监管协议》，对质押货物进行监督，并严格履行贵司在监管协议中的义务。

　　_____公司库存质押物质押期间应始终符合以下要求，请贵方审查执行！

质押物种类要求	质押物结构比例要求	质押物出厂时间限制	质押物最低价值余额

质权人（盖章）：_____分（支）行
出质人（盖章）：_____
（请加盖三方监管协议中所指定的有效印章）

表 3-21 质物种类、价格、最低要求通知书（代出质通知书）

No：_____

致：_____公司（监管方）

　　根据_____（出质人）与_____典当有限公司（质权人）以及贵方签订的《现货质押暨监管合同》，出质人将下列货物（明细见下表）质押给质权人：

货物品名	规格/型号	生产厂家（产地）	数量单位（ ）	重量单位（ ）	单价	金额	货物是否在库	备注

　　现将出质事实及质物情况通知贵方，请贵方根据《现货质押暨监管合同》，对质押货物进行监管，并严格履行监管义务。

　　_____（出质人）库存质押物在质押期间应始终符合下列要求，请贵方审查执行。

质押物种类要求	质押物结构比例要求	质押物出场时间限制	质押物最低价值余额

质权人：_____（预留印鉴）　出质人：_____（预留印鉴）
　　____年__月__日　　　　　　____年__月__日

表 3-22　货物入库质押申请/批准单

编号：_____

制单日期：_____

质物名称	规格(型号)	生产厂家(产地)	数量	重量	质权人确认的单价	核算的价值	货位号	备注

出质人预留印鉴：_____　　监管人预留印鉴：_____

2. 日常入库操作

按照规定的操作流程以及质押物的要求和验收办法对质押物和相关单证进行验收，验收合格的质押物按照存储要求、库位及堆码要求存放在指定位置，验收入库完毕后填制入库单（三联单，第三联交出质人），由双方签字确认，并登记库存卡片、电脑账或手工账，整理保管好相关单证。不符入库要求的，拒绝入库、拒绝办理入库手续，并将相关情况立即报告监管主管。

3. 质押物变更入库操作程序

（1）接到质权人出具的《质押物变更通知书》（如表 3-23，注：通知书必须明确变更的理由，新增质押物的品种、名称、质量、数量、验收方法、验收程序、存储要求、价格、价值、存储库位、堆码要求等），由风控部、监管部核对质权人、出质人预留印鉴，并电话核实无误后，由监管部将审核后的《质押物变更通知书》复印件送至现场监管人员或发送电子扫描件或传真件至现场监管人员，并电话告知进行质押物变更操作。

（2）现场监管人员在明确质物变更相关情况后，按照相关要求对新增质押物和相关单证进行验收入库，验收合格的质押物按照存储要求、库位及堆码要求存放在指定位置，验收入库完毕后（注：入库完成后方可进行《质押物变更通知书》中相应的出库操作，质押物变更实行先入后出的操作方法），填制入库单由双方签字确认，并登记库存卡片、电脑账或手工账，整理保管好相关单证。

（3）变更确认：验收合格、入库完毕后，由现场监管人员和项目监管主管填写《质押物变更通知书》回执,经监管部、风控部审核无误后,报公司审查,对《质押物变更通知书》回执进行签章确认。

表 3-23　质押物变更通知书

编号:_____

致:_____(监管人/出质人):

按照我单位、贵公司以及_____(出质人)三方签订的编号为_____的《动产质押与监管协议》,现_____(出质人)拟对质物进行变更,我单位已审核同意。请贵公司根据下列入库清单为其办理货物入库验收手续,并对下列出库清单所列质物解除质押,予以放行。

此次质押货物变更的类型为(以打√的□选项为准,其余□打×):

□ 追加质押货物,追加的质物以本清单列明的数量为准
□ 质物解除质押,解除的质物以本清单列明的数量为准
□ 质押货物置换,置换的货物以本清单列明的数量为准

货物入库质押清单

名称	规格	生产厂家(产地)	重量	数量	单价

入库货物的总价值为:_____

质物出库清单

名称	规格	生产厂家(产地)	重量	数量	单价

出库货物总价值为:_____
本通知书中的货物单价为质权人最新确认的货物单价。
注:本通知一式两份,分别发送监管人和出质人。

质权人:(预留印鉴)
_____年___月___日

4. 价格变动质押人补充质押物的入库操作

由于质押物价格下跌幅度较大,质权人需出具《质物价格确定/调整通知书》以及《质押物变更通知书》,调整质押物价格以及追加新的质押物。

(1) 接到质权人《质物价格确定/调整通知书》(注:通知书必须明确变更的理由,必须明确质权人确定的各品种质押物的最新价格)后,由风控部、监管部核对质权人、出质人预留印鉴,审核无误并电话核实后,由监管部将《质物价格确定/调整通知书》复印件、扫描件或传真件发送至现场监管人员。

(2) 现场监管人员在收到《质押物价格确定/调整通知书》并签收确认已清楚质物变更相关情况后(注:要求现场监管人员根据最新监管价格测算最低控货量,确定是否需要出质人补货及补货量);需要出质人补货的,按照相关要求对新增质押物和相关单证进行验收入库,验收合格的质押物按照存储要求、库位及堆码要求存放在指定位置,验收入库完毕后填制入

库单,由双方签字确认,并登记库存卡片、电脑账、手工账,整理保管好相关单证。

(3) 变更确认:出质人按照要求补充质押物,验收合格、入库完毕后,由现场监管人员和项目监管主管填写《公司质押物价格调整通知书》回执,经监管部、风控部审核确认后报公司审查,由监管部对质权人《质物价格确定/调整通知书》回执以及《质押物变更通知书》回执进行签章确认。

5. 入库操作异常情况处理

出质人不按照约定的入库操作流程操作或不提供规定的入库操作凭证或入库质押物的品种、质量、数量不符合监管要求的或不按照要求进行存放、堆码的,要求出质人立即整改,不予整改的不得在入库凭证上签字确认,并立即报告项目监管主管或监管部负责人。

(二) 质押物出库操作和管理要求

1. 正常出库操作

质押物库存价值超出质押物预警线的,出质人就超出部分提货或换货(换货品种符合监管要求)的,现场监管人员按照规定出库操作流程审核提货手续,符合要求的办理相关出库手续,填制出库单(三联单,第三联交出质人),由出质人授权人员签字确认后办理出库。出库手续办理完毕后原则上按照"先进先出"的原则指挥、监督出库的品种、货位、数量,并收集确认相关单据、凭证,并登记库存卡片、电脑账、手工账、整理保管好相关单证。不符出库要求的,拒绝出库、拒绝办理出库手续,并将相关情况立即报告项目监管主管。

2. 预警出库操作

当监管质押物价值达到预警线时,暂停出货,必须立即向公司项目监管主管报告。出质人就最低控货线的部分提货或换货(换货品种符合监管要求)的,现场监管人员在接到出质人提货或换货申请时必须用邮件或短信的方式向项目监管主管汇报请示,并立即填制日报表并将日报表填充色设置为黄色上报公司监管部。项目监管主管审核后立即给予明确的指示,现场监管人员严格按照项目监管主管指示操作。

3. 冻结出库操作

当库存监管质押物价值达到质押物最低控货线时,现场监管人员必须立即冻结质押物并向公司项目监管主管报告,停止办理出库并及时出具《停止出货通知书》,通知出质人相关管理人员。立即填制日报表并将日报表填充色设置为红色上报公司监管部。

如果出质人提出换货要求的,现场监管人员在接到出质人换货申请时必须用邮件或短信的方式向项目监管主管汇报请示,项目监管主管审核后立即给予明确的指示,现场监管人员严格按照项目监管主管指示操作。

4. 降低最低控货线出货操作

公司接到质权人出具的《质物最低价值通知书》或《质押物查询通知

书》下调质物最低控货线释放质押物的通知,由风控部、监管部核对质权人、出质人预留印鉴,审核无误签章确认后由监管部出具两份《质押物控货通知书》[注:通知书必须明确变更的理由、最新最低控货线(质押物冻结线)、最新质押物预警线以及出货要求]。经风控部审核后连同质权人出具的《质物最低价值通知书》或《质押物查询通知书》复印件、扫描件或传真件发送至现场监管人员签收执行(一份留存风控部)。

5. 出库操作异常情况处理

出库人未提供有效的提货依据或提货手续不全的,要求出质人立即整改,不予整改的拒绝办理出库,并立即报告监管部负责人。

(三) 在库监管内容和要求

在库对质押物的监管主要包括以下内容,并填写核库报告(表3-24)。

表3-24 动产质押融资业务核库报告

日期:＿＿＿＿＿ 编号:＿＿＿＿＿

仓储监管人名称		动产质押监管协议编号	
出质人名称		质押担保合同编号	
核库人名称		业务经办客户经理	
核库清单(核库人员根据核库情况填写)							
质押品名称	规格/型号	生产厂家	数量	重量	当前价格	价值	监管仓库确认
核库综合意见	货物核实意见: 货物保管情况意见:(包括标识摆放等) 其他意见: 经办核保人员:1. 　　　　　　　2. 　　　　　　　　　　　　　　＿＿＿年＿＿月＿＿日						
部门意见	部门签章						

1. 品种检查监管

检查是否按照要求分类堆码,有无混堆现象。检查质押物品名、规格、型号、外包装等是否符合质押清单要求、是否和监管台账、票据一致。

2. 质量检查监管

质押物质量是否符合质押清单要求或三方协议要求,有无破损、变质等现象。

3. 数量检查监管

检查堆码数量是否规范。通过全面盘点或抽盘,检查是否和监管台账、票据一致,是否符合最低控货量要求和预警线要求,有无丢失短缺现象。每月月底和月中必须由监管部安排至少两人对质押物进行全面盘点,登记盘点记录表,说明差异情况,由盘点人签字后上报监管部。

4. 价值检查监管

(1) 必须牢记最低控货价值、监管预警线,出库前根据各种质押物数量和质权人确定的价格计算质押物的监管总价值,测算和掌握出质人可以出库的数量,必须确保监管价值不得低于规定的最低控货价值,(备注:每日由监管部测算出日终质押物价值和可出货数量并出具《质押物控货通知单》,由现场监管人员通知出质人并签章确认)。

(2) 根据企业进货合同票据、大宗交易市场、专业价格网站以及同企业沟通交流等了解目前质押物市场价格,当降幅超过质押价格的5%时,必须及时向项目监管主管报告。

(四) 监管环境检查内容和要求

1. 存储条件检查监管

质押物有存储条件要求的,如防潮、防水、湿度、温度、通风等要求,检查相关设施是否齐备完好、运行正常,存储条件不符合要求的及时采取相关措施。

2. 防盗抢检查监管

检查防盗抢设施是否齐备完好,检查监控设备运行是否正常,随时了解有无其他异常情况。对于封闭式仓库,离开时必须检查门窗是否关闭锁好。

3. 防火检查监管(对有防火要求的项目必须进行防火检查)

(1) 消防设施检查监管 检查消防设施是否完好无损、消防通道是否保持畅通。

(2) 火灾隐患检查监管

① 火源控制检查监管

a. 电器电线检查监管 严禁使用容易引发火灾的电器,如取暖器、焊机(焊枪)、高瓦数灯泡等,检查电器线路等是否老化,是否符合消防要求。严格执行电器线路隔离要求,电器、电线必须同堆码商品保持0.5米以上的隔离距离,不得接触或离堆码品过近。其中,库房照明灯头应装在通道上方,堆码品必须与灯头保持0.5米以上的距离。

b. 严格执行易燃易爆品隔离监管要求 严禁将与质押物无关的易燃易爆品带入库区和库房,保持库区和库房整洁卫生,及时清扫处理进出库等原因遗留下来的包装物、杂物等废物。

c. 监督执行库区严禁吸烟规定、严禁使用明火规定等消防规定。

② 火源使用检查监管 特殊情况下需要使用火源,如维修等需要,需要使用明火或有可能引发火灾的电器、机械设备等,须经监管部主管同意,由监管部安排现场监管等人员现场监管,在采取有效隔离防控措施后进行。如日常电器、电线、灯泡等简易更换维修,现场监管人员必须在场监管,

督促、检查作业时带余热的灯泡、部件摆放在远离堆码品的位置，作业完成后督促、检查作业人员立即带出库房。

③ 监管人员必须加强电源管理，禁止使用不合格电气，人走断电，杜绝火种。

4. 防水检查监管

检查防雨、防洪设施、措施是否完备，如排水系统是否通畅、库房是否存在漏雨现象、企业是否准备防雨油布等防水物资。如发现漏雨危害质押物安全的现象，应及时采取相关防护措施。

5. 防鼠、虫害等检查监管

如存在鼠、虫害等风险，需采取相应的防治措施，并检查是否安全、有效。

6. 其他安全检查监管

检查是否存在泥石流等其他自然灾害隐患，是否存在超高堆码等风险隐患。

7. 维护监管场地秩序

严禁无关人员进出监管场地。

（五）出质人经营管理状况监督

随时沟通了解出质人经营管理有无异常情况，如：公司股权发生重大变动、停工停产、员工大量流失、拖欠职工工资、对外拖欠货款（工程款）、债主上门追债、公司涉诉或被行政处罚、财产被查封冻结、重大资产变卖等（需制订《风险预警手册》及《常见风险预警处置方案》）。

（六）现场监管问题处理

（1）监管过程中发现的能够立即整改的问题，必须立即整改，以满足监管要求，不能立即整改的立即报告项目监管主管或监管部经理。

（2）发现的问题需要出质人配合整改的，立即和出质人沟通整改，出质人不配合及时整改的立即报告项目监管主管或监管部经理。

（3）异常情况或突发事件报告和处理制度

① 异常情况巡查监管要求：如出现大风、大雨、洪水、高温天气以及其他可能影响质押物安全的状况，必须立即对监管现场加强巡查。

② 监管过程中发现质押物安全问题：受潮、打湿、变质、变形、破损、短少等异常情况，立即报告项目监管主管或监管部经理，并立即采取相应的应对措施。

③ 监管过程中发现出质人经营管理出现重大异常的，立即报告项目监管主管或监管部经理。

（4）突发事件

① 发生出质人违规出货或强行出货事件：发生出质人私自出货、违反规定程序出货或强行出货的事件，立即报告监管部负责人并请示是否拨打110报警，在保证自身安全的前提下立即予以阻止。在条件许可的情况下用笔、手机、录音笔等工具收集参与人员、车辆等现场证据。

② 发生盗抢事件：立即通知出质人予以阻止，立即报警，立即报告监管部负责人，并且在保证自身安全的前提下予以阻止。在条件许可的情况下用笔、手机、录音笔等工具收集参与人员、车辆等现场证据。需要向哄抢人员、警察等宣传、解释的，可以出示准备好的监管协议、监管标识等进行宣传、解释工作。

③ 库房失火：仓库失火的立即通知出质人救火，并立即报告监管部负责人请示是否拨打119、110报警，并在保证自身安全的前提下施救。

④ 发生洪水、暴雨、大风等自然灾害事件：立即通知出质人施救，并立即报告监管部负责人，并在保证自身安全的前提下予以施救。

⑤ 发生国家有权机关冻结、查封、处置质押物或其他任何人就质押物主张任何权利的情况，立即报告监管部负责人，并向相关人员对质押物情况予以解释说明。

⑥ 发生其他可能改变、损害质押物或损害我公司和质权人权利的突发情况，立即报告监管部负责人。

（七）现场监管其他工作要求

1. 日常监管质物登记卡、账务、报表、凭证、异常情况管理要求

（1）填制质押物登记卡。为便于查对和管理质押物，库存登记卡应标明货物名称、规格、型号、等级，进出库完毕后立即登记进出库时间、数量，不得漏记。

（2）每日下班时填制《质物入库清单》《质物出库清单》，并和出质人核对一致后双方签字确认。

（3）建立登记质押物台账。按照不同的品名、规格、型号、性能、外包装、产地等建立质押物明细台账以满足监管的要求，并及时登记。汇总登记单日出入库台账。

（4）按进出货顺序分类整理相关单证、凭据，准确填制并按时间要求及时上报《质物库存汇总日报表》。

（5）负责保管好质押物账表、凭据，电脑加密，账表、凭据锁入保险柜。

（6）及时汇总编制并按照公司时间要求上报《质物库存情况月报表》。

（7）做好巡查监管记录（每日至少巡查三次，具体时间和次数由监管部在现场监管人员操作流程和监管要求中确定）。

（8）监管期间随时保持手机处于待机状态，如手机无法接通则按监管部制定的处罚办法进行处罚。

2. 日常指令传递（质解押手续办理）管理要求

（1）监管部与质权人的质押管理部门进行对接，质权人的指令发给监管部，再由监管部发送给监管点监管人员。

（2）质解押的书面指令、问题沟通及对外公布等都由监管部统一办理。

（3）质权人不得将质解押指令直接递交给出质人，以避免伪造指令带来的风险。

（4）质权人也不得直接向监管员递交质解押指令，以避免出现不可控的监管员道德风险，监管员也不得直接接收质权人的指令，应合理解答、沟通，按程序办理质解押手续。

3．日常数据传递管理要求

（1）日常监管物进、出、存数据由监管点通过传真《库存日报表》或发送电子邮件电子账到监管部指定传真和邮箱中，监管部对各监管点的报表进行汇总分类后，发送到质权人的指定传真或邮箱中并电话确认。

（2）监管点无权直接对质权人出具纸质或电子数据，质权人直接从监管员处取得的各种数据监管部对其不予承认。

（八）监管终止

质权人书面出具《终止监管通知书》后，监管业务终止，监管员按监管部指令与客户相关部门和人员办理监管物解押交接手续，撤出监管现场。

（1）现场监管员接到监管部的《解除监管指令通知》。

（2）与出质人办理解押，核对账目与质押物，出质人出具相关单据调整账目，办理解除质押手续。

（3）将未装订监管文件装订，将所有装订好的文件打包。

（4）将所有办公设施设备和文件打包，发送或运到监管部。

（5）处理好监管员与出质人或库区的财务事宜。

M3-6 动产质押监管流程及管理要求

实训项目

案例背景：

长沙环亚贸易有限公司和长沙永兴物流有限公司均为长沙的公司，分别从事钢材贸易和物流服务，环亚公司的仓储业务外包给了永兴物流公司。

长沙环亚贸易有限公司主营钢材购销，年销售收入1亿余元，企业经营情况良好。近期因为公司业务量急速增长，公司流动资金吃紧。环亚公司在永兴仓库中钢材库存情况如下：线材1020吨，市场价格2930元/吨，螺纹钢2150吨，市场价格2840元/吨。近段时间环亚公司平均每天有多笔钢材进出库业务，公司发展势头较好，但当前流动资金不足。

长沙永兴物流有限公司是一家服务于钢材行业的第三方物流公司，公司拥有5万多平方米的钢材仓库、10万多平方米的钢材堆场、一条铁路专用线、各类起重设备数十台。近年来，公司先后与国内数家商业银行合作推出了物流金融服务，信用记录良好。

1．根据背景资料完成以下任务

（1）长沙环亚贸易有限公司办理什么样的物流金融业务，既可以摆脱流动资金不足的困境，又可以维持公司正常的业务运作？此项物流金融业务的业务办理流程是什么样的？请画出此项物流金融业务流程图并说明流程中每个步骤的业务办理内容。

（2）结合案例说明该物流金融业务实施过程中可能存在的风险及风险规避方法。

(3) 试计算长沙环亚贸易有限公司办理此项物流金融业务的成本，相关数据为：质押线材800吨，市场价格2930元/吨，采购价格2590元/吨，质押螺纹钢1500吨，市场价格2840元/吨，采购价格2520元/吨，融资时间为6个月，监管服务费为融资总额的0.6%，银行贷款月利率为1.2%。货物装卸费为15元/吨，存储费为20元/(吨·月)，质押品进场检验费为6000元，购买的企业财产一切险费率为1‰。

2. 实施步骤

(1) 以4~6人小组为单位进行操作，并确定组长为主要负责人。

(2) 搜集资料，将各个环节操作流程、内容和工作要点填入下表，完成工作计划表。

序号	工作名称	工作内容	工作要点	责任人	完成日期

(3) 组织展开讨论，确定所调查有关标准仓单质押的案例及实际操作流程。

(4) 整理资料，制作PPT进行汇报。

3. 检查评估

能力		自评(10%)	小组互评(30%)	教师评价(60%)	合计
专业能力(60分)	1. 调查结果的准确性(10分)				
	2. 业务内容的准确性(10分)				
	3. 业务流程的准确性(10分)				
	4. 风险分析的合理性(10分)				
	5. PPT制作与展示(20分)				
方法能力(40分)	1. 信息处理能力(10分)				
	2. 表达能力(10分)				
	3. 创新能力(10分)				
	4. 团体协作能力(10分)				
综合评分					

思考与练习

1. 仓单质押融资业务模式的操作流程及风险防范措施分别是什么？

2. 存货质押融资业务模式属于质押的哪一种（权利质押或动产质押）？存货质押融资业务模式的操作风险及方案措施分别是什么？

学习项目四
信用担保物流金融业务模式

学习单元一 基于统一授信担保的物流金融业务模式操作与管理

一、统一授信的含义

统一授信是指银行作为一个整体,按照一定标准和程序,对单一客户统一确定授信额度,并加以集中统一控制的信用风险管理制度。统一授信项下业务品种包括贷款、商业汇票贴现、商业汇票承兑、保函等授信业务,只要授信余额不超过对应的业务品种额度,在企业经营状况正常的前提下,企业可便捷地循环使用银行的授信资金,从而满足企业对金融服务快捷性和便利性的要求。为了有效地控制和管理物流与资金流的流动,物流企业与金融机构成为一个联合体是今后发展的趋势。

二、统一授信物流金融业务产生原因分析

传统的仓单质押业务模式和存货质押授信模式是由商业银行主导的,主要的协议关系体现在货主企业和商业银行之间,对质押货物品种、数量等方面的选择都是由银行相关部门来实现的,而以仓储企业为代表的物流企业所处的是从属地位,主要作用是按照货主企业和银行的要求进行简单的运输和仓储管理工作,产生的增值效益有限。在这样的三方关系条件下,传统的仓单质押模式存在许多弊端,主要表现在以下几个方面:

首先,不能合理地做出对质押品的选择。作为质押品的货物需要满足许多要求,并不是所有的货物都可以作为质押商品。因为商品在某段时间的价格和质量都是会随时发生变化的,也就是说会有一定程度的风险。而对于商品的市场和价格进行有效的评估并不是商业银行的主营业务,没有也不可能组织专业的人员对质押品的市场和质量做出动态的分析和预测。因此,质押品的选择方面存在巨大的风险。

其次,不能激发物流企业的积极性,存在物流企业内部的风险。物流企业在传统的仓单质押业务模式和存货质押业务模式中主要承担的是质押货物运输和监管的责任,创造出的额外价值有限,一方面是物流企业不会派出专门的队伍协助货主和商业银行完成仓单质押业务;另一方面是物流

企业可能会与货主企业勾结,开出不合格的仓单骗取银行的贷款,这在传统的仓单质押业务模式中是无法很好控制的。

最后,无法控制客户企业的资信风险。客户的业务能力、业务量及商品来源的合法性等诸多方面对于仓库来说多存在潜在的风险,控制这些风险需要商业银行派出专门的小组对客户进行详尽的调查,而现阶段商业银行无法满足这样的要求,所以以商业银行为主导的传统的仓单质押业务模式无法控制客户的资信风险。

通过对传统的仓单质押业务模式的业务流程及种种弊端进行分析,现阶段传统的仓单质押业务模式已经无法满足现实中小企业的融资需求,需要创新一种新的物流金融业务模式来满足现实中小企业的融资需求。统一授信业务模式作为一种以物流企业为主导的物流金融创新模式可以克服传统仓单质押的弊端,满足现阶段中小企业的融资需求。

三、统一授信业务模式分析

1. 统一授信业务模式的定义

统一授信业务模式指的是商业银行根据物流企业的资信情况、业务规模、商业运作状况等多方面的信息进行综合评价,以一定的资产为抵押,将一定额度的信用资金授予物流企业;物流企业根据各货主企业对资金的需求情况,对货主企业的具体状况进行调查研究,对于符合融资要求的货主企业,根据其提供的质押货物、商业订单等为其提供一定资金支持的一种新的物流金融业务模式。商业银行不参与仓单质押或存货质押的具体操作过程。

2. 统一授信业务模式的流程分析

统一授信业务模式是物流金融的一种创新模式,与传统的物流金融业务模式不同,它是以物流企业为主体的物流金融模式。其运作流程是:商业银行根据物流企业的资信情况、业务规模、商业运作状况、行业主导力量等多方面的因素进行综合考虑,签订《银企合作协议》及《抵押贷款协议》,以一定的资产为抵押,将一定额度的信用资金授予物流企业;然后由物流企业综合考察货主企业状况,与货主企业签订《质押贷款协议》,在货主企业提供一定货物、商业订单质押的情况下,为货主企业提供一定的资金支持;货主企业根据签订的相关协议与合同,分批次地向物流公司质押货物并分期偿还贷款。统一授信业务模式运作流程如图4-1所示。

3. 统一授信业务模式操作要点

(1) 首先银行为了控制风险需要选择一些规模较大、收益较好、有实力的第三方物流企业,并以其固定资产,如库房等进行抵押,给予其一定的信贷额度,物流企业对银行的贷款承担无限责任。

(2) 由物流企业负责评价和选择合适的需要融资的中小企业,并确定其需要融资的额度,具体贷款业务、质押业务只需中小企业与物流企业对

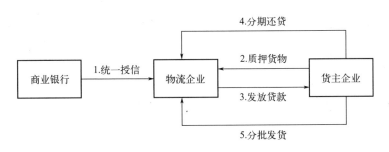

图 4-1　统一授信业务模式运作流程图

接。质押物的置换和提取只需第三方物流同意即可，缩短了中小企业的提货、贷款周期。

（3）第三方物流会在控制风险的基础上，综合考虑银行授予的信贷额度和其自身库房容量限制等条件选择能使其所获收益最大化的中小企业。

四、统一授信业务模式与传统仓单质押业务模式比较

统一授信业务模式与传统仓单质押业务模式比较分析如表 4-1 所示。

表 4-1　统一授信业务模式与传统仓单质押业务模式的对比分析表

传统仓单质押业务模式	统一授信业务模式
不能合理做出对质押品的选择	物流企业可以提高质押贷款的效率
不能激发物流企业的积极性	物流企业提升服务能力,开辟利润空间
银行无法控制客户企业的资信风险	可以增强银行的监管,优化流程,降低风险

由上表可以看出与传统仓单质押业务模式相比，统一授信业务模式存在以下几个方面的优点。

（1）物流企业将申请贷款和质物、仓储两项任务整合操作，提高质押贷款业务运作效率。

（2）减少原先质押贷款中一些繁琐的环节，提高贷款企业产销供应链运作效率。

（3）有利于银行提高对质押贷款全过程监控的能力，更加灵活地开展质押贷款服务，优化质押贷款的业务流程和工作环节，降低贷款的风险。

（4）物流企业可以通过提高物流综合服务能力，开辟更广的利润空间，赢得更多的潜在客户。

五、统一授信业务模式的 SWOT 分析

与物流企业共同开展的统一授信业务是对银企困境的破解。虽然仓单具有金融价值，但是银企信息不对称的情况下，如果银行直接与借款人开展仓单质押业务，由于信息不对称造成的逆向选择及道德风险使得仓单质押业务难以有效展开。但是如有物流企业作为主导参与到统一授信工作中来，情况将大为改观。我们可以通过 SWOT 来分析银行与物流企业合作开展统一授信业务的优缺点，如表 4-2 所示。

表 4-2 统一授信业务模式的 SWOT 分析表

S(优点)	W(缺点)
银行方面:将本部分以外的业务转移给物流企业,可以加强统一监控、降低风险,也可以降低运作成本 物流企业方面:提供了新的增值服务,创造新的利润增长点;有利于控制供应链的风险	银行方面:无法对整个现金流进行全程监察 物流企业方面:需要有一定规模的仓库等硬件设施,必须要有仓管、监管、价值评估、配送等综合服务能力,对工作人员的素质要求更高
O(机会)	T(威胁)
互利合作,可以降低资金链的整体风险	出现物流企业的道德风险

对表 4-2 的说明:

1. 物流企业的加入在一定程度上解决了银企信息不对称的问题

企业的产权、经营权存在着分立、合并、兼并、重组、托管、联营等交易,但是作为实际商品的流通渠道是比较固定的。企业需要将沉淀的资金盘活,想通过仓单质押的方式来融资,那么银行就需要了解质物的规格、型号、质量、原价和净值、销售区域、承销商等,要查看权力凭证原件,辨别真伪。这些工作超出了金融机构的业务范围,那么掌控着企业物流的机构应当成为最直接、最有效力的发言者,因而与物流企业合作来开展质押融资业务就成为必然。

2. 物流企业的参与增加了银行零售业务的批量,降低了银行的运作成本

目前的资金流运作过程非常繁琐,特别是中小企业单笔的业务量较小,从而运营的成本相对较高,这时如果有第三方物流企业加入,就可积聚业务量,同时分担银行的部分业务及成本,提高整个流程的效率。

3. 统一授信业务的开展可大大提高第三方物流企业在供应链中的号召力

对于库存及流通区域的变动,物流企业可以通过库存和配送的大数据做到了如指掌,所以为客户提供金融担保服务就应成为一项物流增值服务的项目,不仅能为自己带来新的利润增长点,也可以提高企业对客户的吸引力。

六、统一授信业务模式实践中的风险分析

尽管统一授信业务模式克服了传统授信业务模式的不足,但现阶段开展统一授信业务仍然存在一些风险和威胁,因此统一授信在实践运作中要制定一套风险评价体系来识别风险。

(一) 客户的信用风险

信用风险是物流金融业务实施过程中最主要的风险,其形成的因素十分复杂,主要体现为以下四个风险因子:

1. 信托责任缺失

由于物流企业充当了商业银行的信托责任人，银行因而可能就会相应地降低对信用风险的管理和控制。但物流企业专业性和责任度上的不稳定造成的信托责任缺失，可能会使银行盲目相信表面上的数据而陷入隐蔽的信用风险之中。作为制造企业和银行之间的"黏合剂"，物流企业一方面可能会为拉拢自己的客户而向银行提供虚假数据，这种粉饰可能会对银行造成误导；另一方面制造企业和物流企业间的信息不对称同样存在，而且由于专业性不如银行，可能这种不对称会更加严重，形成物流企业与银行同时蒙在鼓里的状况。

2. 风险指标失灵

长期以来，商业银行为了更好地实施贷款风险五级分类法，主要采用借款人经营及资信情况，借款人财务状况，项目进展情况及项目能力，宏观经济、市场、行业情况，还款保证情况，银行贷款管理情况，保障还款的法律责任等七大量化指标。但随着物流金融业务的发展，其参与主体的多元性及各主体角色的再定位，尤其是商业银行将部分审贷职能转嫁给物流企业以后，以上七大贷款风险评级的量化指标很有可能失灵，因为在这里面缺乏对物流企业中介作用及它与商业银行、制造企业三者内部相关性等因素的考虑。

【知识链接】贷款质量的五级分类

商业银行依据借款人的实际还款能力进行贷款质量的五级分类，即按风险程度将贷款划分为五类——正常、关注、次级、可疑、损失，后三种为不良贷款，具体如表 4-3 所示。

表 4-3　贷款质量的五级分类

序号	类别	具体内容
1	正常贷款	借款人能够履行合同，一直能正常还本付息，不存在任何影响贷款本息及时全额偿还的消极因素，银行对借款人按时足额偿还贷款本息有充分把握。贷款损失的概率为 0
2	关注贷款	尽管借款人目前有能力偿还贷款本息，但存在一些可能对偿还产生不利影响的因素，如这些因素继续下去，借款人的偿还能力会受到影响，贷款损失的概率不会超过 5%
3	次级贷款	借款人的还款能力出现明显问题，完全依靠其正常营业收入无法足额偿还贷款本息，需要通过处分资产或对外融资乃至执行抵押担保来还款付息。贷款损失的概率为 30%～50%
4	可疑贷款	借款人无法足额偿还贷款本息，即使执行抵押或担保，也肯定造成一部分损失，只是因为存在借款人重组、兼并、合并、抵押物处理和未决诉讼等待定因素，损失金额的多少还不能确定，贷款损失的概率在 50%～75% 之间
5	损失贷款	指借款人已无偿还本息的可能，无论采取什么措施和履行什么程序，贷款都注定要损失了，或者虽然能收回极少部分，但其价值也是微乎其微，从银行的角度看，也没有意义和必要再将其作为银行资产在账目上保留下来，对于这类贷款在履行了必要的法律程序之后应立即予以注销，其贷款损失的概率在 75%～100%

3. 数据信息低效

尽管物流企业作为第三方介入融资过程，向商业银行提供制造企业货物的详细数据，但是这些数据的准确性和可靠性漏洞依然存在。信用风险管理所需的数据信息应该由基础数据（主要是制造企业的流动资产信息）、中间数据和分析结果三部分组成。中间数据是对基础数据的识别和分类，通过对这些流动资产的信息进行具体的处理，找到对银行放贷过程中风险控制有帮助的中间数据。而分析结果则是在中间数据基础上的风险分析。可见物流企业做的只是最原始的数据搜集工作，这些数据的来源和有效性都还不确定，商业银行在数据处理方面的问题依然很大，不可小视。

4. 信用环境软约束不完善

信用风险的存在一向都与社会的金融生态密切相关，而经济领域至今还没有完全树立起诚信光荣、无信可耻的社会信用环境，也没有严厉的失信惩罚。这就使得统一授信这一项全新的金融业务在实施过程中缺乏社会信用保障，也就是说当它踏入社会金融生态圈之后，信用坍塌后的多米诺骨牌效应也会导致这种失衡现象渐渐地在物流金融业务中出现，进而成了又一项信用风险的缘起。

（二）质押货物本身的风险

1. 质押货物的合法性

在出质人进行货物质押时，第三方物流企业要严格考核该货物是否合法，是否为走私货物，是否为合法渠道的货物。即融资企业应该具有相应的物权，避免有争议的、无法行使质权的或者通过走私等非法途径取得的物品成为质物。

2. 质押货物的市场风险

在买方市场时代，产品的更新换代速度越来越快。另外，质押商品的品牌或质量如出现重大负面影响事件，也会严重影响其销售。为控制该风险，银行必须考虑选取产品销售趋势好、市场占有率高、实力强、品牌知名度高的生产商合作。

3. 质押货物的变现风险

银行在处置质物时，可能出现质物变现价值低于银行授信敞口余额或无法变现的问题。为控制该风险，银行应建立对质押商品销售情况、价格变化趋势的监控机制，并设定合理的质押率。

4. 质押货物是否投保

由于质押货物是要质押在第三方物流企业的仓库中，所以会不可避免地面临盗抢、火灾、灭失等一系列风险，所以在物流金融业务中，一般会要求融资企业对货物进行投保，包括基本险、盗抢险、特种货物险或企业财产一切险等，比如现在的质押业务中如果质押的货物为石油，一般要求出质人投保特种货物险。

(三) 物流公司管理水平因素

公司管理水平主要由管理人员素质、组织机构的合理性与有效性、权责机制的有效性及安全监管的执行力等方面构成。

1. 管理人员素质

首先是管理人员的领导能力。领导能力是考察管理者的一个重要因素，管理者不仅从事管理工作，更重要的是对公司下属进行指导、教育、激励，施加影响以达到预期目标。由于对质押货物的监管需要制定一些繁琐的安全作业规范、制度，需要懂物流、金融等方面的知识，需要联络各参与方，做好沟通协调工作，这些都需要管理人员具备一定的学历及专业的业务素质。

2. 组织机构的合理性与有效性

随着物流行业独立性的增强，其服务领域日益扩大，由仓储、运输、电子商务发展到物流方案设计、供应链管理、多式联运等，在这种情况下，金融服务将贯穿物流业务的始终。物流企业必须理顺操作流程，完善运行机制，明确权责安排，建立起符合物流金融业务实施要求的企业组织结构。

3. 权责机制的有效性

在物流金融业务中，一定要注意权责机制的有效性，要把各个部分的责任及权利落实到明处，实行主要领导亲自抓、负总责，层层落实各级主体的责任及权利，防止发生冲突、多头领导、出现问题互相推诿以及信息不畅等弊端。

4. 安全监管的执行力

不管有关安全管理的规章制度制定得多么完善，如果不能真正加以落实，便只是一纸空文，并不能使安全管理的水平得到任何提高。任何规章制度都必须通过具体的安全管理检查和安全活动来实现。因此将安全管理检查、安全活动落实情况作为一个评价指标。

七、统一授信业务风险防范及控制对策建议

通过对风险的分析，识别了统一授信业务模式存在的风险：

1. 针对客户的资信风险

可加强信用风险防范和控制，并从过程管理、强化责任、整合考虑、优化指标、统筹数据、优化模型及做好客户信用体系建设、构造企业信用环境等角度着手。

2. 针对质押品本身的风险

要谨慎选择质押商品，考虑货物的合法性，控制货物的市场及变现风

险,做好质押物保险。

3. 针对物流公司管理水平风险

加强改革,提升公司整体管理水平,加强对专业人才的培养,选择合适的组织结构模式,不断创新,与金融机构合作,培养公司员工的执行力。

学习单元二　信用证担保业务模式操作与管理

一、信用证与信用证担保

1. 信用证

信用证是指开证银行应申请人(买方)的要求并按其指示向受益人开立的载有一定金额的、在一定的期限内凭符合规定的单据付款的书面保证文件。信用证是国际贸易中最主要、最常用的支付方式。

【知识链接】信用证特点与开立条件

信用证特点:

一是信用证是一项自足文件。信用证不依附于买卖合同,银行在审单时强调的是信用证与基础贸易相分离的书面形式上的认证。

二是信用证方式是纯单据业务。信用证是凭单付款,不以货物为准。只要单据相符,开证行就应无条件付款。

三是开证银行负首要付款责任。信用证是一种银行信用,它是银行的一种担保文件,开证银行对支付有首要付款的责任。

申请开立信用证的企业应具备的条件:

(1)开证申请人应在当地外汇管理局颁布的《对外付汇进口单位名录》内,或持有外汇局核准的《进口付汇备案表》。

(2)开证申请人进口的商品如涉及配额管理、特定产品进口管理及自动登记制的,须提交进口许可证或进口证明和登记文件。

(3)开证申请人申请开立须经国家有关部门批准的远期信用证,须提交相应的有效证明文件。

(4)开证申请人办理的进口开证业务必须具备真实的贸易背景,开证金额及付款期限符合正常的贸易需求。

2. 信用证担保

信用证担保贷款属于贸易融资担保中的一种,是指企业在进口时银行为企业提供一定期限的贷款额度,即在这个额度内企业可以通过银行向国外出口商一次性或分批开立付款信用证。银行为了降低风险和增加第二还款来源,企业为了能顺利取得贷款,他们会委托物流企业作为担保公司,为每笔信用证项下的金额授信。为预防企业不能按时偿还信用证项下的贷款金额,担保公司在提供反担保时会要求进口企业将其信用证项下的进口货物进行质押，以确保在企业不能按期还款时可以出售质押货物以偿还银行贷款。

信用证担保贷款中采购商在没有其他抵质押物品或担保的情况下，通过物流企业从银行获得授信，利用少量保证金扩大采购规模，在商品价格上涨的情况下获得杠杆收益，有可能因为信用证方式一次性大量采购，从商品卖方处获得较高折扣，也可以提前锁定价格，防止涨价风险。

二、信用证担保业务模式操作流程

在国际贸易进口业务中信用证担保模式的业务操作流程如图4-2所示。

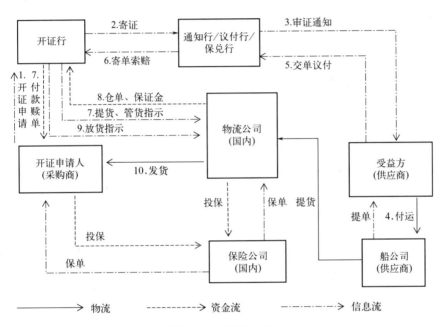

图4-2 国际贸易中信用证担保业务模式

信用证担保模式的业务操作步骤如下：

① 采购商和供应商签订商品进口合同，以信用证的方式进行支付货款，采购商通过银行授信的物流企业向银行申请开立信用证，采购商交保证金或由物流公司提供担保。物流企业作为担保企业为信用证项下的金额授信。

② 开证行将信用证寄给通知行/议付行/保兑行。

③ 通知行/议付行/保兑行通知供应商提交信用证项下的相关单据。

④ 供应商向船公司发货并取得相关票据。

⑤ 供应商将相关单据交由保兑行审核并获取货款。

⑥ 通知行/议付行/保兑行将信用证项下的相关单证寄给开证行并索赔。

⑦ 开证申请人（采购商）支付一定比例的保证金，银行将相关单据交由物流企业，物流企业持相关单据从船公司处提货，并实施监管。

⑧ 物流企业开出仓单并提交给银行，实施仓单质押业务模式。

⑨ 采购商向开证行还款，同时开证行向物流公司发出放货指示。

⑩ 物流公司按照银行的要求，向采购商发放货物。

三、信用证担保模式业务操作过程中存在的风险

在物流企业进行货权监管的时候,如没能充分地评估和预测风险可能会导致其在实施货权监管时出现一些漏洞,给自身业务运行带来潜在的风险。信用证担保模式业务操作过程中常见的风险如下:

1. 汇率风险

在国际市场中,汇率是决定贸易产生的重要因素之一。本币升值有利于进口,本币贬值则对东道国的出口起到促进作用。担保公司在为企业的信用证担保贷款进行担保时,应特别注意汇率波动带来的风险,尤其是在企业开立远期信用证时,由于付款时限跨度较长,更加容易产生汇率波动风险。所以在进行信用证担保贷款的货权监管的同时,仓储监管部的工作人员应及时关注汇率走势,一旦发生不利因素应及时采取相应措施,以防止风险发生。尤其是在国际经济环境不稳定的时候,可以考虑在担保协议中要求企业利用套期保值的方法,合理地规避可能由汇率的波动带来的风险。

2. 物价通缩风险

担保公司在担保信用证贷款时,一般会要求进口企业用其信用证项下的货物提供反担保质押。在企业偿还信用证项下贷款之前,货物的所有权归担保公司所有。在同意企业用货权质押来提供反担保时,担保公司认定该信用证项下的货物价值足以匹配相应的贷款金额,这时货物价值的变动便是担保公司仓储监管工作人员重点关注的对象。尤其是在发生通货紧缩时,货物的价格会大幅度缩水,例如,金融危机的爆发使得国际原油的价格暴跌,这时如果用石油或者其相关产品进行质押将会给担保公司带来很大的风险,因为这时企业出售全部货物,再加上保证金账户的全部金额可能也不足以偿还银行贷款,剩下的款项将由担保公司代偿,使担保公司蒙受损失。对于物价通缩带来的监管风险,担保公司一般会令企业及时补充相应价值货物或者偿还相应价值的银行贷款。

3. 开证风险

任何企业在经济活动中都要承担相应的风险。在做信用证担保贷款时,企业开证须经担保公司许可。信用证一旦开出便存在企业违约风险,所以担保公司在批准开证之前需要审查企业的国际贸易合约以及以往开证的履约情况。仓储监管部工作人员应及时审查信用证项下货物的数量、品种、规格、金额、运输工具、出发和到站日期的情况以及信用证的相关条款和最后还款日期,审查货物的流向是否按照既定方案执行,这些资料将会作为下一次开证的重要依据。

4. 进口企业恶意违约风险

进口企业会因为各种外来因素违约,这里的违约包括善意的违约和恶意的违约。善意的违约,是指当发生一些不可抗力等事件导致货物不能按照预期的计划进入担保企业的监管程序,但是在违约后可以及时弥补由于

自身违约给担保公司造成的损失,如及时令其货物进入监管程序或者偿还相应货物价值的银行贷款。由于进口企业在进行信用证担保贷款时,会因为担保公司的介入增加对一些必要环节的审批程序,且由于自身不掌握货权会造成货物周转的速度减慢。此外,为了方便企业出售货物,每一笔信用证项下的货物需要分批解保,第一批解保的货物无须付款,此后企业每售出一批货物的款项须偿还上一批货物的相应款项,这样会影响企业的资金周转。鉴于存在以上一些弊端,一些企业为了自身的利益,单方面与承运人沟通使货物脱离监管程序,使得担保公司失去了反担保依据。一旦企业不能按期还款,担保公司则面临严重的经济损失。防范措施可以完善监管程序,不仅要选定货代公司和监管仓库,也要约束承运人以及运输工具,例如,可以要求企业在签订运输协议时,注明需要有企业和担保公司共同签署的变港通知书才可以变更货物流向。

5. 被监管货物自身属性决定的风险

被监管货物自身属性的不同决定了在监管过程中担保公司要承担不同的风险。例如,有些货物有易破损、易挥发、易变质、易泄漏等特定的属性,一旦发生上述现象,则会削减监管货物的价值,加大监管风险。此外,如果监管货物为有生命的动物等,则还需要注意疾病防范。所以,当被监管货物具备上述属性时,应尽量寻求安全且易监管的质押货物,如果对方不能提供,那么则需要选取专业的监管仓库,即该仓库应为上述产品或相关产品的生产厂家,以便实施较为专业的监管。

6. 异地监管带来的风险

由于信用证担保贷款涉及的大都是贸易公司的进口业务,货物进口的目的地不一定是公司所在地,有可能是产品的销售地或其他目的地。如果进口货物的终到站不是担保公司所在地,就会产生异地监管。异地监管时监管工作人员不能时常去查看被监管货物的具体情况,只能委托其他公司代为监管,并通过电话、传真和信件等通信工具来控制监管流程。这里就存在代理监管公司不能履行自身职责的风险,如丢失货物、与进口商私自达成协议放货等,给担保公司带来损失。所以,在异地监管中,选取代理监管公司时一定要进行实地考察,选取当地资信较好、管理规范、业务素质高的监管公司,同时在三方协议上完善监管程序,合理约束进口商和代理监管公司,以降低异地监管风险。

担保公司在做信用证担保贷款货权监管时会面临许多潜在风险,如何合理地规避这些风险是担保公司仓储监管部工作人员所面临的挑战。以上讨论了几点在货权监管时经常遇到的问题。除此之外,还存在其他一些风险因素,如不可抗力风险、内部控制风险、监管成本风险等。这些风险的存在给信用证担保贷款货权监管带来了许多困难,但是在合理预期风险并采取相应措施规避风险的过程中,也大大地锻炼和提高了物流企业工作人员的业务素质,在不断开拓创新的路上,逐步完善货权监管的工作流程。

实训项目

案例背景：山泉第三方物流企业统一授信物流金融融资业务

山泉第三方物流企业依据和银行的良好合作关系，利用自有业务规模和母公司招商集团的资信，根据银行的企业信用担保管理的有关规定和要求，向合作银行提供信用担保，获得银行授信贷款 5 亿元。合作银行把贷款额度直接授权给山泉第三方物流企业，由山泉第三方物流企业根据自己客户的需求和条件进行质押贷款和最终结算。在山泉第三方物流企业的这个业务模式中，合作银行基本上不参与质押贷款项目的具体运作。山泉第三方物流企业在提供质押融资的同时，还为客户寄存的质物提供仓储管理服务和监管服务。山泉第三方物流企业客户某煤炭企业是山西煤炭进出口集团联合另外两方投资 13 亿元人民币成立，建立了占地 1008 亩、年周转煤炭 1500 万吨规模的煤炭物流园。物流园主要功能为煤炭的储存、中转、贸易，物流园的产权归属这家煤炭企业。通过 3PL 企业和煤炭企业的前期洽谈，煤炭企业的需求包括资金需求，用于煤炭贸易和运输垫付、煤炭运输和仓储总包。

山泉第三方物流企业和煤炭企业的业务合作形式为：山泉第三方物流企业和客户母公司山煤集团形成战略合作关系，并指定山泉第三方物流企业和客户为具体的业务操作单位，山泉第三方物流企业作为客户的总物流承包商，承担客户的煤炭全程运输和物流园内煤炭监管和仓储服务，山泉第三方物流企业向客户提供项目运作资金。双方签订的《战略合作协议》《预付资金协议》《煤炭监管协议》和《煤炭运输协议》，通过四个协议确保对资金流、物流、货权的控制。设立共管资金账户，资金的提供方式以运输承包运作资金预付形式存入共管资金账户。

山泉第三方物流企业和此客户合作过程中所获得的业务收入包括运输费收入、仓储费收入、监管费收入、资金有偿使用收入（叠加到运输费费用），以及其他物流增值服务费用的收入。

资金控制模式是采用预付资金存放于双方指定的招商银行阳泉分行客户所开专用账户，并由山泉第三方物流企业监管此专用资金。监管的方式为山泉第三方物流企业掌握一枚在银行备案的专用印鉴和网银审核 Key，任何一笔资金的使用，都需要山泉第三方物流企业确认是否符合《预付资金协议》内所规定的资金使用条件后决定同意使用与否。同时，用预付资金所进行的煤炭贸易的回款，也进入指定账户。

1. 根据背景案例资料完成以下任务

(1) 请结合背景案例设计统一授信物流金融业务模式操作流程。

(2) 请结合背景案例说明此项业务操作过程中存在的风险和防范措施。

2. 实施步骤

(1) 以 4~6 人小组为单位进行操作，并确定组长为主要负责人。

(2) 搜集资料，将各个环节操作流程、内容和工作要点填入下表，完成工作计划表。

序号	工作名称	工作内容	工作要点	责任人	完成日期

（3）组织展开讨论，确定所调查有关统一授信物流金融业务的案例及实际操作流程。

（4）整理资料，制作PPT进行汇报。

3．检查评估

能力		自评（10%）	小组互评（30%）	教师评价（60%）	合计
专业能力（60分）	1．调查结果的准确性(10分)				
	2．业务内容的准确性(10分)				
	3．业务流程的准确性(10分)				
	4．风险分析的合理性(10分)				
	5．PPT制作与展示(20分)				
方法能力（40分）	1．信息处理能力(10分)				
	2．表达能力(10分)				
	3．创新能力(10分)				
	4．团体协作能力(10分)				
综合评分					

思考与练习

1．相比仓单质押融资业务模式，统一授信融资业务模式的优点有哪些？

2．信用证担保业务模式操作流程及风险分别是什么？

技能训练

一、任务描述

长沙力拓贸易有限公司和长沙科创物流有限公司均为长沙的公司，分别从事钢材贸易和物流服务，力拓公司的仓储业务外包给了科创物流公司。

长沙力拓贸易有限公司主营钢材购销，年销售收入1亿余元，企业经营情况良好。近期因为钢材市场需求下降，大量的钢材积压在仓库，导致公司流动资金不足。力拓公司在科创仓库中钢材库存情况如下：线材820吨，市场价格2920元/吨，螺纹钢1150吨，市场价格2860元/吨。

长沙科创物流有限公司是一家服务于钢材行业的第三方物流公司，公司拥有 5 万多平方米的钢材仓库、10 万多平方米的钢材堆场、一条铁路专用线、各类起重设备数十台。近年来，公司先后与国内数家商业银行合作推出了物流金融服务，科创物流公司在与银行的合作过程中建立起了良好的信用记录，近年来，银行给予科创物流公司的信用额度高达 12 亿元，银行考虑到业务的优化问题，已准备将部分物流金融业务直接通过统一授信的方式转由科创物流公司来运营管理。

二、任务要求

（1）长沙力拓贸易有限公司办理什么样的物流金融业务可以摆脱流动资金不足的困境？此项物流金融业务的业务办理流程是什么样的？请画出此项物流金融业务流程图并说明流程中每个步骤的业务办理内容。

（2）在长沙力拓贸易有限公司办理物流金融业务时，物流公司在确定质押率、时需要考虑哪些方面的因素？

（3）长沙力拓贸易有限公司在办理物流金融业务期间，对力拓公司而言有哪些潜在风险产生？对银行和科创物流有限公司而言又分别存在哪些潜在风险？应如何防范？

学习项目五
物流金融综合业务模式

学习单元一　综合化订单融资业务模式操作与管理

一、订单融资的概念及发展现状

1. 订单融资的概念

订单融资的内涵归纳如下：供应商在接到核心企业订单后，以该订单作为担保向银行等金融机构贷款，银行等金融机构评估该订单的价值和相应风险后向供应商提供一定额度的封闭融资，用于组织生产和备货。在融资企业实现订单的过程中，金融机构借助物流企业的帮助，对融资企业在采购、生产等环节中的资金流和物流进行全面监控，当融资企业完成订单后，下订单方将货款打到融资企业在银行的规定账户中，银行再将剩余资金（如有）返还给融资企业，银行对相关的物流和资金流进行封闭管理。由订单融资业务的内涵可以总结得到订单融资业务的基本要素构成，详见表 5-1。

表 5-1　订单融资业务的基本要素

订单融资业务的基本要素	基本要素描述
融资对象（金融机构）	银行等金融机构
融资主体（订单接收方）	产品有市场、有效益但缺乏生产流动资金的中小微企业
下订单方	中小型企业的下游核心厂商
担保方（代为监管方）	第三方专业物流企业
担保品种	中小型企业与其下游核心厂商签订的有效销售订单

2. 订单融资的发展现状

2022 年下半年以来，伴随着国外的大部分企业复工复产，国际市场的需求减少，很多企业准备转战国内市场。但国内市场竞争也相当激烈，我国的中小型企业众多，同行业的竞争日益激烈，中小型企业间夺取订单的难度也越来越大。此时，中小型企业的资金实力、货源情况、生产能力等就成为影响获取订单的关键性因素。随着商品市场供需形势变化，买方主导的赊销结算方式日益普遍，导致卖方须在备货阶段垫付资金。在这种国际金融环境和市场供需环境下，充足的资金对于我国中小型企业的发展就尤为重要。我国的中小型企业由于原本自身拥有资金就较少，在面临这种情况时，融资成为我国中小型企业的唯一出路。相对于其他的物流融资模式，中小型企业对于订单融资有着更大的市场需求。由于我国的中小型企业自有资金较少，多数企业在接到订单后再组织生产，即采取订单驱动方式，订单驱动方式可以提高物流速度和库存周转率，进而降低企业的库存成本，减小存货质押或贬值的风险。相对于传统信贷业务，订单融资业务具有很大的优势，正是由于这种优势，订单融资业务在国外发展迅速。近年来，国外的金融机构和第三方物流企业在供应链金融领域展开全面合作，已开展了包含订单融资业务在内的融资业务，如美国花旗银行、荷兰万贝银行、法国巴黎银行等。

然而，相对国外的订单融资业务发展而言，我国订单融资业务的发展速度比较缓慢。虽然目前我国有多家银行推出了订单融资业务，如中国银行、中国工商银行、中国建设银行和华夏银行等，但订单融资业务在我国并没有推广开，通过订单融资方式获得银行贷款的融资企业并不多，其主要是因为我国的银行等金融机构在从事物流金融活动时为减小融资风险，对下订单方的资质有着严格的要求，即一般会要求下订单方为所在行业领域内的核心企业。由于金融机构的这种强制性要求，很多拥有订单且急于融资的企业，因其下订单方非核心企业而无法获得金融机构的支持。这会严重制约我国中小型企业的发展，同时也会限制金融机构和第三方物流企业业务的扩展。

二、综合化订单融资的概念及特征

1. 综合化订单融资的概念

综合化订单融资的内涵概括如下：供应商在接到企业订单后，以该订单作为担保向银行等金融机构贷款，银行等金融机构评估该订单的价值、供应商的信用等级和相应风险后向供应商提供一定额度的封闭融资，用于组织生产和备货。在实现订单的过程中，金融机构借助第三方物流企业的帮助通过对采购环节、生产环节、货物及货款交付环节的监管，综合运用各种物流金融模式和信用担保方式，保障综合化订单融资业务的顺利进行。在融资企业完成订单后，下订单方将货款打到融资企业在银行的规定账户中，银行再将剩余资金（如有）返还给融资企业，银行对相关的物流和资金流进行封闭管理。

2. 综合化订单融资的特征

综合化订单融资是对订单融资的一种扩展和改进，其主要特征包括：

（1）封闭性　即"一单一贷、专款专用、回款锁定"。融资企业拿到的贷款只能用于本次订单的生产采购，不能挪作他用；订单完成后，下订单方支付的货款直接存到银行的指定账户中，银行扣除融资本息及相关费用后再将余款（如有）支付给融资企业。

（2）灵活性　即贷款业务具有及时简便、效率高的特点。该融资业务无须传统的担保物作为抵押，融资企业向银行递交融资申请后，银行只需对订单进行贷前评估，评估结果符合要求即可签订融资协议，融资企业即可拿到贷款。

（3）广泛性　即贷款业务的适用范围比较广。银行对融资企业的下游采购企业资质并没有严格的限制，只需下游采购企业具备还款能力且信用状况良好即可。

（4）复杂性　即贷款业务由以融资主体准入为基础的风险控制转变为过程控制。过程控制指同时对资金流和物流进行控制，所涉及的资金流和物流相对复杂，监控难度高，风险相对较大。银行需与专业的第三方物流企业合作，由第三方物流企业对融资业务的整个流程及订单实现的过程进行全程监管。

三、综合化订单融资模式设计

综合化订单融资模式设计是通过对订单融资业务过程中各环节的风险特点的全面分析，从融资企业信用整合再造和融资业务过程控制两个角度进行剖析，总结出适用于中小型融资企业的信用整合再造方式和各环节应采取的风险应对措施，得到一种广泛应用于我国中小型企业的综合化订单融资模式。

（一）融资企业信用整合再造

银行在贷款给融资企业前，会对该订单融资业务进行贷前评估，重点评估订单的价值、融资企业和下游采购企业的信用等级等。订单融资贷前评估的具体含义是：银行在进行订单融资业务时，对订单所涉及的产品有着严格的要求，在订单所涉及的产品不完全符合银行的质押要求，融资主体的信用又不足的情况下，银行一般会要求其下游采购企业必须是核心企业。在综合化订单融资模式中并没有对下游采购企业的资质进行严格限制，此时，如果下游采购企业是核心企业，银行可以在评估完订单的价值后给予融资企业一定的贷款额度；但是当下游采购企业不是核心企业时，可以通过第三方信用担保方式对中小型融资企业的信用进行整合再造，达到提高融资主体信用等级的目的，从而满足银行的贷款要求。在现实中，这类中小型企业占了相当大的比例。因此，银行在订单融资合同中设立第三方信用担保是非常有必要的，而且具有非常大的市场需求量。根据综合化订单融资业务的特点，总结得出第三方信用担保模式，根据担保主体的不同可分为以下三种担保模式：

1. 合作企业担保模式

合作企业担保模式指下游采购企业订单的发出方为融资企业进行信用担保，下游采购企业愿意承担连带责任。合作企业担保模式的具体做法是银行与采购方签订一份担保合同，如果融资到期订单融资方未能依约履行偿债义务，则由下游采购企业无条件偿还。当融资企业与下游采购企业的关系较为密切时，下游采购企业愿意为其在订单融资业务中进行信用担保。通过订单融资合同中将授信偿还与下游采购企业进行责任捆绑，利用整体的供应链信用进行风险控制。

2. 第三方物流企业担保模式

第三方物流企业担保模式指第三方物流监管企业为融资企业进行信用担保，第三方物流监管企业愿意承担连带责任。第三方物流企业担保模式的具体做法是银行与第三方物流企业签订一份担保合同，如果融资到期订单融资方未能依约履行偿还义务，则由第三方物流企业无条件偿还。同时，第三方物流企业与订单融资方签订一份合作合同，当融资方不能偿还银行债务时，处于物流企业监管下的货物将归物流企业所有；无论融资方是否能按时偿还银行债务，都必须向物流企业支付一定金额的担保费用。

3. 联合担保模式

联合担保模式指由合作企业和第三方物流监管企业共同为融资企业进行信用担保，合作企业和第三方物流监管企业愿意承担连带责任。联合担保模式的具体做法是合作企业和第三方物流监管企业同时与银行签订一份担保合同，如果融资到期订单融资方未能依约履行偿还义务，则由合作企业和第三方物流监管企业依据各自在担保合同中承担的责任进行无条件偿还。这种担保模式较以上两种担保模式而言比较理想，银行能够有效控制订单融资业务的风险，但是在现实业务中应用比较少。

（二）融资业务过程控制

综合化订单融资业务与目前我国订单融资业务的不同之处在于对下游采购企业的资信水平没有严格的限制，下游采购企业的资信水平并不十分理想，这将会大大增加融资业务的风险，主要指订单实现过程的风险和下游采购企业的违约风险。订单融资业务以融资企业取得贷款开始，以银行收回本息结束，在此过程中涉及资金和货物的流转，现将订单融资业务过程划分为原材料采购环节、生产制造环节、货物及货款交付环节。为减小综合化订单融资业务的风险，银行和第三方物流企业需要对这三个环节中的资金和货物进行严格的监控和管理。

1. 原材料采购环节

原材料采购环节指融资企业用从银行取得的资金进行原材料的采购工作。在本环节中，银行为了准确掌控资金的真实流向，防止该笔资金被挪作他用，可以要求融资企业将该笔资金存放在专门账户上，以便对资金进行封闭式管理，同时限定该笔资金只能用于本次订单中原材料的采购，并且通过与专业的第三方物流监管企业合作，委托第三方物流企业对融资企业采购的全过程进行监控。在采购的过程中，部分资金转化为原材料，以货物的形式存在。在单纯的订单融资业务中，通过采购得到的原材料常常会超出银行的监控范围，此时，虽然银行仍拥有一定的监督权，但从法律上来讲，融资企业拥有原材料的所有权。因此，为了能够有效控制原材料和融资企业生产产品，银行可以考虑在此环节综合运用多种融资方式，如可将订单融资转化为对原材料的仓单质押融资，即银行为生产企业（订单融资企业）办理仓单质押融资，归还其订单融资。通过转换融资模式，银行和物流企业能够重新获得对原材料和生产产品的监控权。

2. 生产制造环节

生产制造环节指融资企业生产制造出符合下游采购企业要求的产品的全过程。在采购环节中，订单融资已经转化为仓单质押融资。仓单质押融资包括静态质押和动态质押，在生产制造环节中，在原材料未被使用之前，这种质押属于静态质押；伴随融资企业生产活动的开始，原材料不断被使用，并逐步变成半成品和成品，此时，质押模式由静态质押转化为动态质押。当原材料处于静态质押状态下时，质押的货物不能更换，融资企业可根据融资额度的减少提取相应的货物，直到融资企业还清贷款。当半成品或成品处于动态质押状态下时，在保证质押货物的价值不低于银行规定的前提下，对于超出银行规定的最低价值部分的产品，融资企业可以自由地存取。在动态质押模式下，生产企业（订单融资企业）的原材料、半成品、产成品的出库、入库和置换等操作都处于物流公司的严密监控之下。银行和第三方物流企业能够对生产企业的生产过程进行全程动态的跟踪和管理，从而有效地防范了融资企业的生产风险。此外，订单融资业务进行的前提是融资企业具备完成订单的能力，而且这种风险并不会受下游采购企业的资信水平影响，所以在本环节中不考虑这种风险对订单融资业务的影响。

3. 货物及货款交付环节

货物及货款交付环节指生产企业（订单融资企业）按照订单要求完成订单，并将最终产品交付给下游采购企业，同时收回货款。在此环节中，银行为了控制融资风险，需要组合运用其他融资方式来控制回笼资金或最终产品。在货物及货款交付环节中，如果下游采购企业能够直接支付货款，银行可以直接收回本息，此时订单融资业务终止。如果下游采购企业不能直接支付货款，想要以赊销方式取得货物，此时可分为两种情况：一种情况是银行将仓单质押融资转化为应收账款融资；另一种情况是直接将对生产企业的仓单质押融资转化为对下游采购企业的仓单质押融资，将该笔融资所得归还生产企业原先的融资款项，从而实现了信用的迁移。如果将仓单质押融资转化为应收账款融资，银行需对生产企业生产的货物和下游采购企业进行评估，银行为下游采购企业承担风险，这种情况下，对下游采购企业的资信水平要求比较高。在实践中，一些银行允许采购方采取逐步还款和赎回货物的方式，这样既能确保信贷安全，又能增强质押物的流动性。

在上述各环节中，物流融资方式在不断转化，由于每种融资方式涉及的风险类型不同，银行和第三方物流企业需对各类风险进行严格控制和管理。通过分析可知，仓单质押融资模式中质押物本身的风险严重影响订单融资业务的进行。因此，银行需要对订单所涉及的原材料、生产产品提出一定的要求，应要求质押物具有产权清晰、价格稳定、流动性强、易于保存等特点。在我国，有色金属、造纸、汽车、化肥、粮油、棉花、钢材、玻璃、橡胶等产品均被纳入质押的范围。因此，在订单所涉及的原材料、生产产品符合质押要求的情况下，银行对下游采购企业的资信水平可以不作过高要求，只需其具有与融资额度相符合的偿债能力和资信水平即可。即使下游采购企业出现毁约现象，由于银行和物流公司在订单实现的整个过程当中始终牢牢控制着资金和货权，同时质押产品的价值基本覆盖银行的授信敞口，因此下游采购方的违约风险对于银行和融资企业来说也不会造成大的损失。

综上所述，通过综合运用物流金融的各种模式及提高融资方信用等级的方式，可以扩大订单融资的应用范围，使订单融资业务广泛应用于我国的中小型企业，这将在很大程度上促进我国中小型企业的快速发展。

四、综合化订单融资的业务流程

基于对综合化订单融资模式的设计，通过归纳总结，将综合化订单融资的业务流程分为九个步骤，具体流程如图 5-1 所示。

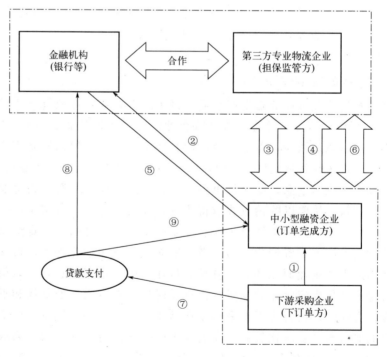

图 5-1　综合化订单融资的业务操作流程图

具体业务流程说明：

① 下游采购企业（下订单方）向中小型企业（订单完成方）发出订单，双方签订产品订购合同，下游采购企业向中小型企业支付定金。

② 中小型融资企业向银行递交《综合化订单融资业务申请书》，同时提供订单销售合同原件和其他相关材料。

③ 金融机构（银行等）在第三方专业物流企业的协助下审查融资企业和下游采购企业的资信状况以及它们相应的生产能力和回购能力。如果订单所涉及的产品不完全符合银行的质押要求，且下游采购企业下订单方也不是核心企业，中小型企业可以通过第三方担保模式来实现信用增级。中小型企业信用增级的方式有三种：一是合作企业担保模式，由下游采购企业为其担保；二是第三方专业物流企业为其担保；三是合作企业与第三方专业物流企业共同为其担保。

④ 当中小型融资企业的融资资质被审查通过后，金融机构（银行等）、中小型融资企业和第三方专业物流企业签订《订单融资合同》等，与此同时，中小型融资企业将订单合同（原件）质押给金融机构（银行等），下游采购企业向金融机构（银行等）提交付款承诺书原件。

⑤ 金融机构（银行等）贷款给中小型融资企业，贷款只能用于完成订单所涉及的原材料的采购、生产和配送等活动。

⑥ 金融机构（银行等）与第三方专业物流企业合作对融资企业的采购环节和生产环节进行监控，通过综合运用物流金融的各种模式，确保专款专用以及订单实现等具体情况，使金融机构（银行等）和物流企业合理、高效地规避可能带来的各种风险。

⑦ 中小型融资企业完成订单、进行交货时，下游采购企业支付货款。

⑧ 中小型融资企业完成订单、进行交货时，如果下游采购企业能够直接支付货款，银行在收到下游采购企业的货款后，扣除融资本息和相关费用后，即金融机构（银行等）直接收回本息，将余款（如有）支付给中小型融资企业，订单融资合同注销，项目结束。

⑨ 中小型融资企业完成订单、进行交货时，如果下游采购企业采用赊销方式获得货物，金融机构（银行等）需要结合其他融资方式延续对资金或货物的控制，如金融机构（银行等）将原先的仓单质押融资转化为应收账款融资，或将对卖方的仓单质押融资转化为对买方的仓单质押融资。当下游采购企业将所有货款全部付清后，由金融机构（银行等）在扣除融资本息及相关费用后，将余款（如有）支付给融资企业，综合化订单融资合同注销，业务完成。

综合化订单融资模式作为订单融资业务的扩展性业务，是一种创新的物流金融产品，能够较好地解决银行和中小型融资企业之间的矛盾，为中小型企业开辟了一条重要的融资途径。但是，综合化订单融资模式在实践中将避免不了面对各种风险，既有业务操作流程不规范、模式自身缺陷等内部因素造成的风险，又有经济政策、法律法规不健全等外部因素造成的风险。因此，只有充分分析研究这些风险因素，采取有效的风险规避措施，

M5-1 综合化订单融资

才能使综合化订单融资业务更加快速和健康地发展起来。

【案例 5-1】华立公司综合化订单融资

● 背景和需求

华立公司成立于 2004 年,是金融设备和档案图书装具行业集生产、科研、开发、销售于一体的现代化专业企业,在宁波鄞州工业园区拥有 32 亩(约 21000 平方米)工业用地及 16000 平方米厂房,专门生产档案图书装具、银行保管箱设备、智能电子汇单箱、文物柜、文件柜等系列产品。华立公司主导产品为智能密集架和保险箱及书架,主要以参与政府采购的办公设备项目招投标方式,并通过自身的销售网络积极竞标。

华立公司资产规模一般,但毛利润率较高,连续三年保持在 20% 左右,华立公司 2016 年在北京航空食品有限公司基建项目部的食品加工设备供应项目及长江水利委员会网络与信息中心的长江档案馆档案保管设备购置项目中先后中标,而为上述项目而新增的原材料(如钢板、钢柜等)储备量较大,存货在总资产中占比约 30%,占用了大量流动资金,企业后续资金严重不足,急需银行融资。湘通第三方物流企业为华立公司的长期合作伙伴,自公司成立就与其有业务上的往来,湘通第三方物流企业对华立公司的各方面情况都非常了解。湘通第三方物流企业在得知华立公司目前存在资金方面的问题后,由其牵头向宁波银行申请融资业务。

● 融资方案设计与创新

宁波银行在了解到公司的融资需求后,对华立公司的整体情况进行了了解,得知华立公司在鄞州银行有万元的抵押授信额度,均已提款完毕,宁波银行以常规授信模式很难介入。为此,宁波银行设计了综合化订单融资的授信组合方案,并设计了相关的监管流程:

1. 华立公司填写《订单融资业务申请书》,并提供订单销售合同原件及银行要求的其他材料,同时北京航空食品有限公司和长江档案馆分别向银行出具相应的付款承诺书。

2. 宁波银行要求湘通第三方物流企业为华立公司担保,若华立公司不能按时还款则由第三方物流企业承担连带责任,并由第三方物流企业对公司采购的原材料及生产库存进行监管。

3. 将北京航空食品有限公司和长江档案馆的货款回笼账户更改为华立公司在银行应收账款保证金账户,并取得北京航空食品有限公司和长江档案馆的确认回执。

4. 华立公司将发票上的账号变更为上述账号。

5. 华立公司与宁波银行签订《非融资保理协议》。

6. 货款必须回笼至宁波银行指定的应收账款保证金账户,该账户内的资金使用须经分行审核同意方可使用,确保进入该行账户的销售回笼款优先偿付该行债务。

7. 华立公司与北京航空食品有限公司和长江档案馆所签订的订单须经分行确认。

8. 宁波银行发放的融资款仅用于购买生产用原材料（如钢板、钢柜等）。

9. 授信合同中增加补充条款：华立公司不得向除宁波银行以外的金融机构融资，不得将公司的固定资产对外抵押，未经该行许可不得提供对外担保，违反上述任一条款该行有权宣布授信提前到期。

10. 公司、银行和第三方物流企业签订《综合化订单融资合同》及相关协议，三方协议签署后方可放款。

宁波银行给予华立公司综合授信额度人民币800万元，期限1年，品种为订单融资项下的短贷，期限不超过一年，贷款利率基准上浮20%，由实际控制人及湘通第三方物流企业提供连带责任担保。

作为服务于实体经济的金融机构，宁波银行积极根据客户的特定情况和要求创新地设计了综合化订单融资方案，在降低自身风险的同时，满足了实体企业的资金需求。

学习单元二　保兑仓业务模式操作与管理

一、保兑仓业务模式介绍及特点

1. 保兑仓业务模式的含义

保兑仓业务又称厂商银业务，是指银行对商品的买方（经销商）提供授信，用于其向商品的卖方（厂家）提前支付货款，并由厂家提供阶段性连带保证，货到后经过仓储方确认，转换为存货质押担保的授信方式。保兑仓业务适用的授信业务为银行承兑汇票业务。

保兑仓最能满足大型制造类厂商的需求，厂商提供自身的信誉支持，帮助经销商在银行获得定向采购融资，在支持其发展的同时，促进厂商自身产品的销售。同时，厂商可以有效地控制货物，避免产生大量的应收账款的风险。

【知识链接】银行承兑汇票

银行承兑汇票（图5-2）是商业汇票的一种，是由在承兑银行开立存款账户的存款人出票，向开户银行申请并经银行审查同意承兑的，保证在指定日期无条件支付确定的金额给收款人或持票人的票据。对出票人签发的商业汇票进行承兑是银行基于对出票人资信的认可而给予的信用支持。

2. 保兑仓业务模式的特点

保兑仓业务是指在卖方与买方真实的商品贸易中，以银行信用为载体，买方以银行承兑汇票为结算支付工具，由银行控制货权，仓储方受托保管货物，卖方对承兑汇票保证金以外敞口金额部分提供退款承诺作为担保措施，买方缴纳保证金并提货的一种特定融资服务模式。保兑仓的发展非常迅速，从最早的钢铁行业目前拓展到了汽车、家电、化肥等多个行业。从

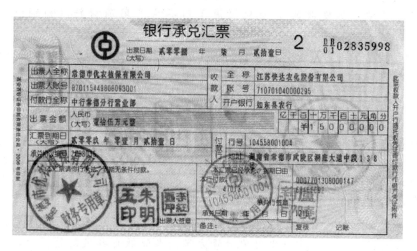

图 5-2 银行承兑汇票式样

理论上讲，只要核心厂商愿意提供回购或退款保证，任何行业都可以开展保兑仓业务。

3. 保兑仓业务操作主体

保兑仓业务操作主体包括供应商（厂商）、经销商、融资银行及物流企业（监管企业），通常以银行提供的保证措施为厂商的回购担保。回购担保是指银行向购买方提供信用支持，帮助购买方购入供应方的产品；同时供应方向银行承诺在购买方不能及时偿还银行债务时，由供应方从购买方处购回产品，并将款项归还银行，用以偿还购买方银行债务的一系列金融服务。由于该产品以供应方提供商品回购为前提，因而回购担保可以理解为有条件的保证担保行为，实质是对银行债权的维护。

二、保兑仓业务的开展条件

保兑仓中核心厂商一般提供回购承诺，即银行承兑汇票到期前，如果经销商没有存入足额的保证金（即经销商没有从物流企业提走全部货物），核心厂商负责退还银行承兑汇票票面金额与经销商提取的全部货物金额之间的差额款项。银行对于接受授信的企业及其卖方和监管方都有一定的条件限制。

首先，经销商（买方）应满足的条件是：主营业务突出，进销渠道通畅稳定，信用记录良好；具备一定资产规模，资产负债率适中；并且必须是银行额度授信客户，具有银行承兑汇票业务分项授信额度。

对于上游生产商的要求是：首先，生产经营正常且主营业务突出；其次，要具备较大经营规模，进销渠道通畅稳定，财务管理规范；第三，企业无不良信用记录。

对监管方的要求更为复杂：应具备法人资格并从事仓储业，地理位置优越、交通便利；仓储业务量大，管理、财务状况良好，信誉好，具备一定违约责任承受能力；已实行计算机管理，能够对货物的进出实行动态监控；具备自有或长期租赁的仓储设施，长期租赁合同期限长于银行授信期限1年以上且已付租金；申请人货物占仓储方全部货物的比重低于30%等。

三、开展保兑仓业务对各方的益处

1. 对买方（经销商）的益处

（1）依托真实商品交易结算，买方借助厂商资信获得银行的定向融资支持。

（2）买方可以从厂商获得批发购买优惠，使其享受到大宗订货优惠政策，降低了购货成本。

（3）能够保证买方商品供应通畅，避免了销售旺季商品的断档。

（4）巩固了与厂商的合作关系。

2. 对卖方（厂商）的益处

在保兑仓模式下，卖方获益较多，向经销商提供更多的价格折扣是保证经销商有动力参与保兑仓操作的关键，否则经销商更倾向于有多少钱提多少货。

（1）可以有效地扶持经销商，巩固、培育自身的销售渠道，建立自身可以控制的强大销售网络。

（2）卖方既促进了产品销售，又牢牢控制货权，防范了在赊账方式下买方可能的迟付、拒付风险。

（3）卖方将应收账款转化为应收票据或现金，应收账款大幅减少，改善了公司资产质量。

（4）卖方提前获得订单，锁定了市场销售，方便安排生产计划。

（5）卖方支付了极低的成本（自身信用），借助买方间接获得了低成本的融资（票据融资）。

3. 对银行的益处

（1）可以实现链式营销。该产品针对整个产业链条，满足客户在产、供、需各个环节的需求，银行可针对厂商及经销商进行链式营销，有利于银行进行深度拓展。

（2）风险控制优势。业务双向结算封闭在银行，销售回款覆盖融资本息，可以较好地保证银行信贷资金安全。银行有实力强大的卖方的最终保证，可以在一定程度上降低授信风险。

（3）借助在产业链中处于强势地位的核心厂商，"顺藤摸瓜"关联众多的经销商，形成"以点带面"的营销效果。

（4）较好的综合收益。银行可以获得银行承兑汇票手续费、存款等直接收入，还可以参与对仓储公司的仓储监管费分成。

4. 对物流企业的益处

（1）增加收入。物流企业通过与银行等金融机构联合开展保兑仓业务，在向客户收取传统物流作业所产生的费用的同时还可以向客户收取监管费，从而增加物流企业的收入。

（2）拓展客户。物流企业通过保兑仓这项增值服务，可以获得更多的客户，通过与供应商、经销商的合作，建立长期的商业联盟，从而达到共赢的目标。

四、保兑仓业务模式操作的操作流程

四方保兑仓业务模式操作如图 5-3 所示。

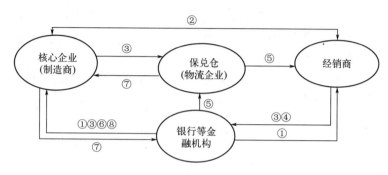

图 5-3 保兑仓业务操作流程图

具体业务流程：

① 银行为卖方（供应商）和买方（采购商）核定一定金额的授信额度，明确买方首次保证金比例和可以使用的授信品种（通常为银行承兑汇票）。

② 卖方和买方签订《商品购销协议》，约定结算方式，为买方提供一定的预付款，卖方分批发货，银行和卖方、买方、仓储公司签订《保兑仓四方合作协议》。

③ 根据《商品购销协议》，买方签发以卖方为收款人的银行承兑汇票，银行办理承兑。买方一般首次需提交 30% 承兑保证金，卖方应在规定时间内，将货物发送至银行指定的监管企业，同时卖方向银行提供回购担保。

④ 根据《保兑仓四方合作协议》规定的条款，买方在银行存入一定保证金，并向银行提出提取货物的申请，即《提货申请书》。

⑤ 银行核对买方缴存的保证金数额与《提货申请书》中的提货金额，如相符则向监管企业签发《发货通知书》，通知监管企业将等额货物发至买方或允许买方提取等额货物。

⑥ 根据《保兑仓四方合作协议》规定，在银行承兑汇票到期前，若买方提货金额不足银行承兑汇票金额，银行向卖方发出《退款通知书》。

⑦ 卖方收到《退款通知书》后，核对台账，办理退款，卖方将退款汇入银行指定账户；银行通知监管企业，货物全部转让给卖方，由卖方进行处置。（通常为卖方通知其他经销商，调剂销售货物）。

⑧ 银行扣收退款兑付银行承兑汇票。

五、保兑仓业务模式操作要点

（1）保兑仓业务开展前，采购方和供应商需向银行等金融机构提供

M5-2 "保兑仓"业务四方协议(范本)

M5-3 保兑仓业务操作流程

《商品购销合同》原件,为了保证交易的真实性,还需提交采购商与供应商的历史交易记录、前期交易已履行的证明资料,如增值税发票、货运证明等。

(2) 交易的商品必须是技术标准明确、易于保管的大宗商品;在可以预见的期限内,产品不会被淘汰,不会发生物理、化学变化,如家电、汽车、机械设备、医疗器械、金属材料、化工原料等。

(3) 购货商采购商品须以销售为目的,与供货商具有代理销售商品长期(1年以上)、真实的代理关系,所代理销售的商品收入占其全部销售收入的40%以上,具有一定销售该商品的能力和渠道。

(4) 如供货商和购货商之间,因货物质量、规格及交货手续等方面产生纠纷,银行等金融机构不承担任何责任,任何一方出现不履约的情况,即停止业务办理,供应商须按照协议进行回购。

(5) 融资到期前的规定时间内,如果银行承兑汇票对应的保证金金额不足100%或融资债务本息尚未清偿完毕,即供货商根据统计的累计发货的总金额小于银行承兑汇票票面金额时,供货商须在收到银行发出的《退款通知书》后一定的工作日内,将差额款项汇入指定的银行账户。

(6) 保兑仓业务模式中采购商办理银行承兑汇票,并缴纳首笔保证金,一般为银行承兑汇票金额的30%,可以直接用于第一次提货。后期采购商若提货,则其必须继续向银行提交保证金,银行据此确定并通知供应商向采购商发货的金额。

(7) 银行承兑汇票到期之前,保证金如数存入保证金账户,只进不出,采购商不得动用。

(8) 保兑仓业务的操作方法也呈现多样性,经销商既可以采用现金方式提货,补足银行承兑汇票保证金敞口,也可以采用合格的银行承兑汇票(符合贴现要求的银行承兑汇票)质押提货。

【知识链接】银行承兑汇票敞口

银行承兑汇票敞口:企业在取得银行承兑汇票授信额度后,根据银企承兑汇票协议中的约定,明确保证金与敞口的比例,也叫差额的票。所谓的敞口,通俗地可以这样理解,企业取得1000万的银行承兑汇票额度,如果保证金比例是35%,那么敞口就是65%,即存入350万可以开出1000万的票,敞口的比例相当于融资的额度。

六、保兑仓业务模式中相关四方协议和表格范本

由于不同类型商品、经销商、生产厂家均具有不同的特点和要求,保兑仓业务需要根据标准协议文本进行相应的改造。在实际操作中,应针对不同类型商品、生产商的销售模式、销售网络的结构及厂家与经销商的强弱关系进行设计,采取不同的授信方案和文本,并由律师对文本条款严格审查,出具法律意见书。协议须包括但不限于以下内容:

(1) 当事人的权利和义务,其中必须明确生产厂家的回购责任。

(2) 授信金额、期限、利率和担保方式。

(3) 协议各方的违约责任。

保兑仓业务模式中相关单据范本如表 5-2～表 5-7 所示。

表 5-2 银行承兑汇票收到确认函

（适用于保兑仓业务项下供货商向银行发出的收到货款的确认）

编号：_____

_____银行：

作为编号为_____的《四方保兑仓合作协议书》项下的供货商，我公司已收到由_____公司（购货商）签发的、贵行承兑的编号为_____的《购销协议》项下金额合计为_____（大写）元的银行承兑汇票共____张，具体明细如下：

	1	2	3	4	5
汇票号码					
汇票金额					
出票日期					
汇票到期日					

特此确认。

_____公司

（预留印鉴）

有权签字人：_____

____年____月____日

表 5-3 提货申请书

（适用于购货商向银行申请提货）

_____银行：

根据编号为_____的《四方保兑仓合作协议书》及编号为_____的《购销协议》约定，我公司现申请提取_____（数量）的_____（商品名称），金额为人民币_____（大写）（明细如下）。我公司已经

□将相应款项交存到我公司在贵行开立的保证金账户中（银行承兑协议编号：____）。

□偿还相应金额的债务（借款合同编号：_____）。

请贵行核查后向_____公司（供货商）开出《发货通知书》。

申请提取货物明细：

名称	规格	重量	数量	金额	相关凭证号	备注

此次提货经办人为：_____，身份证号码为：_____。

申请人：_____公司

（预留印鉴）

有权签字人：_____

____年____月____日

表 5-4　发货通知书

（适用于保兑仓业务项下银行向供货商发出的发货通知）

编号：_____

_____公司(供货商)：

根据我行与贵公司及_____公司（购货商）签订的编号为_____的《四方保兑仓合作协议书》及编号为_____的《购销协议》约定，经本行审查，同意_____公司（购货商）向贵公司提取数量为_____的_____（商品），其金额为_____（大写），请贵公司予以审核按此金额为限（明细如下）办理发货手续。

到本次发货通知书（含本通知书）为止，本行通知贵公司向购货商发货的累计金额为_____（大写）。

货物明细：

名称	规格	重量	数量	金额	相关凭证号	备注

此次提货经办人为：_____，身份证号码为：_____。

_____银行
（预留印鉴）
有权签字人：_____
____年____月____日

表 5-5　发货通知书收到确认函

（适用于保兑仓业务项下银行向供货商发出发货通知后，其出具收到通知的确认函）

编号：_____

_____银行：

我公司于____年____月____日收到贵行出具的编号为_____的《购销协议》项下编号为_____的《发货通知书》，我公司审核后将按《发货通知书》中告之的限额（明细如下）发货。

货物明细：

名称	规格	重量	数量	金额	相关凭证号	备注

特此确认。

_____公司
（预留印鉴）
有权签字人：_____
____年____月____日

表 5-6　货物收到告知函

（适用于保兑仓业务项下购货商收到供货商发出的货物后向银行发出的通知）

编号：_____

_____银行：

我公司于____年____月____日收到_____（供货商）发出的编号为_____的《购销协议》项下_____（货物名称），数量为_____，金额为_____（大写）。

货物明细：

名称	规格	重量	数量	金额	相关凭证号	备注

特此告知。

                    _____公司
                     （预留印鉴）
                  _____年___月___日

表5-7 退款通知书

（适用于保兑仓业务项要求供货商退款时）

                    编号：_____

_____公司（供货商）：

  根据我行与贵公司及_____公司（购货商）签订的编号为_____的《四方保兑仓合作协议书》及编号为_____的《购销协议》约定，贵公司于_____年___月___日收到我行承兑的银行承兑汇票/款项共计_____元（大写）。该汇票/款项将于_____年___月___日到期。截止到今日，贵公司已累计发货金额为_____（大写），未发运货物共计_____元（大写）。根据约定，贵公司应退货款_____（大写）。请贵公司于收到本通知书后___日内将上述应退款项付至以下银行账户。

开户行：_____

户 名：_____

账 号：_____

备 注：_____

                    _____银行
                     （预留印鉴）
                  有权签字人：_____
                   _____年___月___日

退款通知书（回执）

                    编号：_____

致：_____银行

  贵行签发的编号为_____退款通知书我公司业已收到，本公司确认在_____年___月___日前将_____万元付至_____在贵行开立的账户：_____。此复。

                  公司盖章：_____
                   _____年___月___日

七、保兑仓业务模式适用条件

（1）四方保兑仓多适用在：产品质量稳定（不易发生化学变化）、属于大宗货物、易变现、产值相对较高、流通性强的商品。在销售上采取经销商制销售体系。具体行业为汽车、钢铁等。

（2）卖方经营管理规范，销售规模较大，回购担保能力较强，属于行业的排头兵企业。

（3）买卖双方在过去两年里合同履约记录良好，没有因为产品质量或交货期限等问题产生贸易纠纷。

八、保兑仓业务模式操作中各方的风险分析

1. 供货方

保兑仓融资业务中供货商的风险来自经销商,一旦经销商违约或无法执行经销合同,则要向银行退款。这种风险将会造成生产企业产品库存积压,占用流动资金,甚至直接影响企业的正常经营,扰乱生产计划。因此,供应商必须选择具备一定经销网络和营销能力的经销商,才能顺利完成与经销商之间的购货合约。

2. 需求方

保兑仓业务要求经销商必须存入足额保证金才能得到银行的提货单,而在买卖市场中,客户通常要先拿到货物才能决定是否付款,因此要求经销商具备提前付款的实力。这就将造成经销商的资金占用风险和财务成本。当市场出现需求饱和或下降趋势时,产品销售竞争相当激烈,将会造成经销商资金压力过大,直接影响企业正常运作。

3. 监管方

保兑仓业务中的监管方,承担供应商直接违约风险和货物的监管、拍卖等造成的各种风险。由于保兑仓对银行货物的承兑担保,一旦供应商违约将直接造成监管企业的损失。当然,货物的监管过程中产品的自然风险以及产品拍卖造成的风险也会加大仓储企业的损失。

4. 银行

银行运作保兑仓融资业务时,将承担卖方和买方的违约风险。一方面,如果融资企业经营规模小、经济实力不强,可能无法退回承兑金额与发货金额的差价,将造成银行损失;另一方面,如果经销企业不管是产品市场还是经营决策原因,无法完成合约,也将会造成银行的成本支出。

M5-4 保兑仓业务风险及防范

【案例 5-2】湖南凉水钢铁股份有限公司四方保兑仓融资业务操作案例
一、企业基本情况

湖南凉水钢铁股份有限公司注册资本 36 亿元,公司年度主营业务收入 312 亿元,净利润 17.9 亿元,全年主要产品产量:铁 475.6 万吨,钢 535.7 万吨,材 481.6 万吨。公司财务状况、资信状况良好,负债合理。主要产品是各种线材以及各类特殊用途钢,年生产线材 520 万吨,是国内规模较大的线材生产基地。公司经营范围:钢铁冶炼,钢压延加工;铜冶炼及压延加工、销售;烧结矿、焦炭、化工产品制造、销售;高炉余压发电及煤气生产、销售;工业生产废异物加工、销售;冶金技术开发、技术咨询、技术转让、技术服务、技术培训;销售金属材料、焦炭、化工产品、机械电器设备、建筑材料;设备租赁(汽车除外);仓储服务。

湖南凉水钢铁股份有限公司二级经销商衡阳达立金属材料有限公司注

册资本为2500万元，总资产6.1亿元，年销售额近30亿元，是衡阳地区金属材料流通行业的龙头企业，是湖南凉水钢铁股份有限公司等大型钢厂的一级代理商。

二、银行切入点分析

银行考虑可以为衡阳达立金属材料有限公司提供银行承兑汇票额度，湖南凉水钢铁股份有限公司提供回购担保。为了保证对货物的控制，湖南凉水钢铁股份有限公司在衡阳投资建立了一个大型钢铁物流市场，市场管理方湖南西凉钢铁市场管理有限公司，在市场内聚集了超过20家湖南凉水钢铁股份有限公司的经销商。可以由其将钢材发运到湖南西凉钢铁市场管理有限公司，如果衡阳达立金属材料有限公司不能在银行承兑汇票到期前交存足额保证金，湖南凉水钢铁股份有限公司可以调剂销售钢材，帮助衡阳达立金属材料有限公司填满银行承兑汇票敞口。

三、银企合作情况

业务流程：

（1）衡阳达立金属材料有限公司与湖南凉水钢铁股份有限公司签订《钢材采购合同》，合同总价款1000万元，约定采取四方保兑仓方式交易。

（2）衡阳达立金属材料有限公司向银行递交授信申请，并联系湖南凉水钢铁股份有限公司配合银行调查两家公司的财务资料，银行为湖南凉水钢铁股份有限公司核定担保额度，为衡阳达立金属材料有限公司核定银行承兑汇票额度。湖南凉水钢铁股份有限公司、衡阳达立金属材料有限公司、湖南西凉钢铁市场管理有限公司和银行签订《保兑仓业务四方合作协议》。根据单笔交易合同，衡阳达立金属材料有限公司签发以湖南凉水钢铁股份有限公司为收款人的银行承兑汇票，银行办理承兑。

（3）银行为衡阳达立金属材料有限公司核定1000万元的授信额度，专项用于开立银行承兑汇票，衡阳达立金属材料有限公司交存保证金30%，银行办理1000万元银行承兑汇票。

（4）湖南凉水钢铁股份有限公司将钢材发运到指定钢材市场湖南西凉钢铁市场管理有限公司。

（5）衡阳达立金属材料有限公司交存保证金，用于提货，银行为其办理3个月定期存款。

（6）湖南西凉钢铁市场管理有限公司根据银行出具的《发货通知书》向衡阳达立金属材料有限公司发放等额货物。

（7）根据《四方合作协议》规定，在银行承兑汇票到期前，若衡阳达立金属材料有限公司提货金额不足银行承兑汇票金额，湖南凉水钢铁股份有限公司回购货物，将回购款汇入银行指定账户。

本案例中如果只考虑衡阳达立金属材料有限公司自身情况，银行不可能提供授信。而湖南凉水钢铁股份有限公司经营状况较好，属于银行争夺的优质大户，银行可以借助湖南凉水钢铁股份有限公司担保对衡阳达立金属材料有限公司提供一定的授信。现代商业模式不再是零和博弈，而是供应链上的企业相互协作，达成共赢。

学习单元三　应收账款融资业务模式操作与管理

应收账款融资是指企业将自己的应收账款转让给银行并申请贷款，银行的贷款额一般为应收账款面值的 50%～90%，企业将应收账款转让给银行后，应向买方发出转让通知，并要求其付款至融资银行。应收账款融资一般分为应收账款质押融资和保理融资。

一、应收账款质押融资

（一）含义及特点

应收账款质押融资是应收账款融资方式的一种。应收账款是一种债权，应收账款质押是一种权利质押，是指企业与银行等金融机构签订合同，以应收账款作为质押品。在合同规定的期限和信贷限额条件下，采取随用随支的方式，向银行等金融机构取得短期借款的融资方式。

应收账款质押融资是国际上针对中小企业的主要信贷品种之一，可盘活企业沉淀资金，是缓解中小企业融资担保难、增强中小企业循环发展、持续发展能力的重要途径。在我国，由于法律上的障碍，该业务在我国一直发展缓慢，中小企业融资还主要依靠不动产担保。2007 年 10 月 1 日正式实施的《物权法》第 223 条扩大了可用于担保的财产范围，明确规定在应收账款上可以设立质权，用于担保融资，从而将应收账款纳入质押范围，这被看作是破解我国中小企业贷款坚冰的开始（2021 年《物权法》已并入《中华人民共和国民法典》）。为配合《物权法》的实施，央行公布了《应收账款质押登记办法》（最新版于 2020 年 1 月 1 日开始实施），应收账款质押登记制度的建设，为应收账款质押融资顺利实施提供了保障。

（二）应收账款质押融资业务流程

此项业务流程如图 5-4 所示。

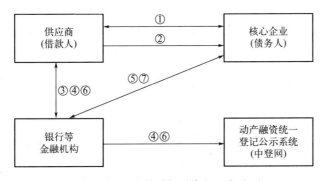

图 5-4　应收账款质押融资的业务流程

① 供应商与核心企业签订贸易合同，明确货物信息和金额。

② 供应商向核心企业发货，产生应收账款。

③ 供应商向银行等金融机构申请应收账款质押融资贷款，银行等金融机构除对授信申请人、应收账款债务人的主体资格、经营状况等进行调查外，还应特别针对应收账款的真实性、有效性、付款计划和获得支付的可能性等进行深入调查。

④ 通过人民银行"动产融资统一登记公示系统（中登网）"对拟进行质押的应收账款质押信息进行查询，避免重复质押的风险，如无问题，则批准贷款。

⑤ 银行等金融机构与借款人共同将《应收账款回款付款通知书》（表5-8）送达应收账款债务人，要求其必须在约定的时间内划入应收账款质押融资账户中，同时取得回执（表5-9）。

⑥ 在人民银行"动产融资统一登记公示系统（中登网）"办理质押登记，办妥后即可按照有关规定和相关约定发放贷款。

⑦ 核心企业到应收账款到期前，分期逐笔向银行还款，直至所有贷款还清，则该业务结束。

（三）应收账款质押操作要点

（1）应收账款是指权利人因提供一定的货物、服务或设施而获得的要求义务人付款的权利，包括现有的和未来的金钱债权及其产生的收益，但不包括因票据或其他有价证券而产生的付款请求权。

（2）应收账款债务人是指与借款申请人因业务往来而发生债权债务关系的法人，是所质押应收账款的最终付款人。

（3）应收账款质押应符合如下条件：

① 应收账款权属清晰，其合法性和有效性不存在法律瑕疵。

② 原则上应明确应收账款有关要素，包括金额、期限、支付方式、债务人的名称和地址、产生应收账款的基础合同等。

③ 应收账款尚未超过诉讼时效。

（4）以下情况的应收账款不准办理应收账款质押融资：

① 该应收账款已经设定质押，且其所担保的债权额度并非远小于应收账款额度。

② 该应收账款所对应的动产（如存货）已经办理质押。

③ 产生该应收账款的不动产（如房屋）已经设定抵押。

（5）对贷前对应收账款的调查包括但不局限于以下内容：

① 借款申请人纳税的资料，包括完税证明等。

② 借款申请人法定代表人及主要股东个人的个人信用记录。

③ 以往的交易合同等资料。

④ 以往交易的销售回款凭证等资料。

⑤ 应收账款质押清单。

⑥ 债务人上年度财务报表和近期财务报表（如可以取得）。

⑦ 表明真实贸易背景的经济合同、相关发票、发货证明等。

（6）应收账款质押单笔授信与循环授信的含义如下：

① 应收账款质押单笔授信是银行等金融机构根据借款申请人产生的单笔应收账款确定授信额度，为借款申请人提供授信，主要适用于应收账款发生频率较小、单笔金额较大的情况。

② 应收账款质押循环授信是根据借款申请人一段时间内连续稳定的应收账款余额，为其核定应收账款质押最高授信额度，主要适用于应收账款发生频密、回款期短、周转快，特别是连续发生的小额应收账款、应收账款存量余额保持较为稳定的情况。

（7）应收账款质押率依据被质押的应收账款质量及借款人的经营、财务和资信状况等因素予以确定，一般应收账款质押率最高不能超过80%。

质押率的计算公式：

质押率＝[应收账款质押融资金额/应收账款金额（发票金额）]×100%

（8）应当要求借款人或出质人向指保险公司购买以银行等金融机构为第一受益人的保险（如国内贸易信用险）。

（9）按照人民银行《应收账款质押登记办法》《中国人民银行征信中心应收账款质押登记操作规则》等相关规定的要求在中国人民银行"动产融资统一登记公示系统（中登网）"办理质押登记手续，写明以下要素：付款人、金额、账期和相关的发票号。

（10）质押展期：质押登记的期限应根据合同期限合理确定，登记期限内授信未全部归还的，分行应按照人民银行《应收账款质押登记办法》的相关规定办理登记展期。

（11）台账管理：应建立应收账款质押融资业务台账，记录销售合同编号、合同签订日期、合同金额、应收账款质押授信金额、分期收款金额及到账日期、应收账款余额等，每月与借款人查询核对。

（12）相关单据如表5-8、表5-9所示。

编号：_____

表5-8 应收账款回款付款通知书

_____公司(债务人)：

因_____公司(借款人)与××银行_____分行_____支行签订了□《权利质押合同》/□《最高额权利质押合同》(合同编号_____)，_____公司(借款人)将其与贵方从_____年____月____日起至_____年____月____日止的下列全部应收账款质押给××银行_____分行_____支行,请贵方按相关合同约定按时足额将应付给_____公司(借款人)的上述全部已质押应收账款付至下列银行账号,如采用银行承兑汇票或其他支付工具,则请贵方提前____个工作日以传真和电话的方式通知××银行_____分行_____支行派专人领取,以保障应收账款按时兑付,特此通知。

合同名称及编号	应收账款金额	到期日

收款行：××银行_____分行_____支行
收款账号：_____
户　名：_____
××银行_____分行_____支行联系方式：_____
传真：_____
联系电话：_____

　　　　　　　　　　××银行_____分行_____支行
　　　　　　　　　　_____公司（借款人）
　　　　　　　　　　_____年___月___日

编号：_____

表 5-9　应收账款回款付款通知书（回执）

××银行_____分行_____支行：
　　我司确认已收到贵行与_____公司（借款人）共同签发的编号为_____的《应收账款回款付款通知书》，知悉有关押安排。我司同意并承诺：将上述《应收账款回款付款通知书》所列账款按时足额付至贵行指定的账户，遵循《应收账款回款付款通知书》的全部要求，未经贵行许可不改变付款账户、金额及付款时间。

　　特此确认。

　　　　　　　　　　　　　　　　　　　_____公司（债务人）
　　　　　　　　　　　　　　　　　　　_____年___月___日

二、保理融资

1. 保理的含义

保理全称保付代理，又称托收保付，卖方将其现在或将来的基于其与买方订立的货物销售或服务合同所产生的应收账款转让给保理商（提供保理服务的金融机构），由保理商向其提供资金融通、买方资信评估、销售账户管理、信用风险担保、账款催收等一系列服务的综合金融服务方式。它是商业贸易中以托收、赊账方式结算货款时，卖方为了强化应收账款管理、增强流动性而采用的一种委托第三者（保理商）管理应收账款的做法。

【知识链接】应收账款质押融资和保理融资的区别

（1）应收账款质押业务债权所有权没有转移，仍归融资方所有，资金融出方属于质权人。保理业务则属于应收账款转让，应收账款债权已转让给保理商，其属于债权受让人。但是为了防止应收账款多次质押或转让，都需要在动产融资统一登记公示系统（中登网）进行质押和转让的登记。

（2）对于业务的生效条件，应收账款质押业务的生效条件是在动产融资统一登记公示系统（中登网）官方办质押登记，而保理业务通知到债务人才生效。

（3）应收账款质押的质权人到期无法收回资金的，优先质押的，质权人有优先受偿权，并且可以向出质人和债务人主张质权。但是对于保理业务来说，尤其是无追索保理，原债权已经发生转移，并不承担被追索的责任，不能再要求原债权承担付款责任。

（4）应收账款质押业务，首先需要出质人进行偿还，在出质人违约的情况下处置应收账款，可以向应收账款的债务人进行追偿。但是若收到的款项比质押融资金额多，还须将剩余部分退还给出质人。而无追索的保理业务，应收账款的回收就跟债权人没有关系了，即使有追索保理业务，第一还款人也是债务人，在债务人到期不付款时，再向原债权人进行追索或者要求回购应收账款。

（5）应收账款质押一般不能再转让，但是保理业务可以，也就是市场上所说的再保理业务。因此保理业务在资产流动性方面还是优于应收账款质押融资的。

综上，保理业务，在优化企业财务指标方面优于质押融资，并且保理业务可以转让，对于质押业务有调节保理商资产配置、报表的功能。

2. 保理的本质

保理不仅围绕融资展开，而且围绕着债权展开。从保理的全过程看，从将应收款转让给保理商的那一刻起，保理商获得债权而向卖方融资，然后通过债权的管理，尽量消除坏账，最后收回债款，如果出现买方破产或其他情况，保理商尚需提供坏账担保，甚至在应收款转让融资以前就帮助卖方核查买方的可以发放信用的额度（即债权的额度）。保理融资的最大特色在于运用对融资企业的资产负债管理来实现债权保全，再结合债权让与和债权担保等制度，确保收回融资。对于融资企业而言，不仅获得了急需的资金，而且取得了保理商专业性的债权管理。所谓债权管理，指企业为确保债权的顺利回收而实施的有组织的管理活动，一般由三部分内容构成，即信用调查与管理、债权保全条款和担保权设定。保理商为融资企业提供上述内容的债权管理服务，对自身融通资金的回收也是有利无害的。

【知识链接】保理服务内容

保理又称保付代理、托收保付，是贸易中以托收、赊销方式结算贷款时，出口方为了规避收款风险而采用的一种请求第三者（保理商）承担风险的做法。保理业务是一项集贸易融资、商业资信调查、应收账款管理及信用风险承担于一体的综合性金融服务。与传统结算方式相比，保理的优势主要在于融资功能。保理商为客户提供下列服务中的至少两项：

● 贸易融资

保理商可以根据卖方的资金需求，收到转让的应收账款后，立刻对卖方提供融资，协助卖方解决流动资金短缺问题。

- 销售分户账管理

保理商可以根据卖方的要求，定期向卖方提供应收账款的回收情况、逾期账款情况、账龄分析等，发送各类对账单，协助卖方进行销售管理。

- 应收账款的催收

保理商有专业人士从事追收，他们会根据应收账款逾期的时间采取有理、有力、有节的手段，协助卖方安全回收账款。

- 信用风险控制与坏账担保

保理商可以根据卖方的需求为买方核定信用额度，对于卖方在信用额度内发货所产生的应收账款，保理商提供100%的坏账担保。

三、物流保理的含义

根据应收账款的承购方的不同，物流保理业务又可以分为金融机构作为保理商的物流保理业务和物流企业作为保理商的物流保理业务。具体如下：

1. 金融机构作为保理商的物流保理的含义

物流企业作为融资企业，将其在提供物流服务过程中所产生的应收账款打包出让给保理商（银行等金融机构），保理商对应收账款进行考察，按应收账款的一定比例融资给物流企业，由保理商在应收账款到期时间内向客户催缴应收款。

物流行业赊销和延期支付现象较为普遍。大多数物流企业若从事物流活动必须先垫付巨额的物流成本和相关管理费，产生了物流应收款，其应收账款有三大特点。第一，规模大。物流行业的赊销和延期支付的结算方式，使得企业的流动资金受限，如果企业的应收账款数额过大，会使得本已资金紧张的企业变得雪上加霜。第二，坏账多。企业大量发放信用以占据市场份额，导致信誉值大大贬低。企业逾期的应收账款越聚越多，易形成高坏账风险。第三，回款难。物流企业作为非核心企业往往处于弱势地位，一旦客户企业发生资金链问题，物流服务的费用往往无法结算。物流企业在长期的营业活动中产生了大量有关监管、运输、仓储和流通加工等物流服务的应收账款，可以将打包的应收账款进行保理服务，一方面可以加快物流企业内部资金链的顺畅度，另一方面可以提高客户满意度，确保了供应链的利益最大化。

2. 物流企业作为保理商的物流保理的含义

卖方将其现在或将来的基于其与买方订立的货物销售或服务合同所产生的应收账款转让给物流企业（保理商），由物流企业向其提供资金融通、买方资信评估、销售账户管理、信用风险担保、账款催收等一系列服务的综合金融服务方式。此种模式下物流保理实际就是把开办保理业务的主体由银行转变为专业物流公司，从保理业务的服务内容来说，物流保理业务与银行保理业务并无本质的不同，但是其经营的主体由银行变为了为客户经营物流业务的物流企业,使物流和金融流的联系更为紧密,由此衍生出许多银行保理业务所不具备的优势。由物流企业作为保理商开展应收账款的保理业务,因其控制买卖双方的货物,可降低风险,但对其资金有一定的要求。

四、物流保理业务的一般操作流程

(一) 金融机构作为保理商的物流保理业务模式的业务流程

金融机构作为保理商的物流保理业务操作流程如图 5-5 所示。

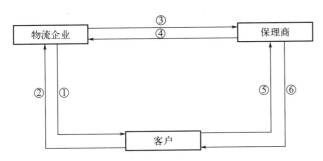

图 5-5 金融机构作为保理商的物流保理业务操作流程图

金融机构作为保理商的物流保理业务模式中一般有三个主体,即物流企业、保理商、客户。具体做法是:

① 物流企业接到客户的订单,并为客户提供物流服务,包括运输、仓储、保管、报关报检、监管等物流服务。

② 物流服务产生了相关单证和费用记录,物流企业为客户进行资金垫付等费用。

③ 物流企业将现有的一定额度的应收账款进行打包出让给保理商。

④ 保理商对应收账款进行考察,并按照一定比例融资给物流企业,一般根据应收账款的具体额度和到账时间,依赖真实的贸易确定融资比例,并收取一定的费用。

⑤ 保理商在应收账款到期时间内向客户催缴应收款。

⑥ 客户在规定期限时间范围内向保理商缴纳所有余额。

(二) 物流企业作为保理商的物流保理业务流程

物流企业作为保理商的物流保理业务流程一般可分以下几个步骤(图 5-6):

① 卖方交货到物流企业,由物流企业负责货物的仓储与运输。

② 卖方交货给物流企业后,按以

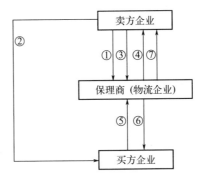

图 5-6 物流企业作为保理商物流保理业务操作流程图

往的方式向买方开出发票,但这些发票应附带一份转让通知,说明发票所代表的债权已转让给物流企业保理商,买方必须直接向物流企业付款。

③ 卖方在开出发票的同时将发票副本送交物流企业。

④ 物流企业根据发票金额按事先商定的比例向卖方支付预付款,即按销货额的一定比例为卖方提供融资,并从中扣除物流费用和保理费用。

⑤ 买方向物流企业付款可分期付款。

⑥ 物流企业交付货物给买方如为分期付款,货物则按付款金额交付。

⑦ 物流企业向卖方支付余下的款项。

在保理业务中所涉及的相关单据式样如表5-10～表5-14所示。

表 5-10　应收账款转让通知书(全部)

编号:＿＿＿＿＿＿＿＿＿

我公司已将自＿＿＿年＿＿月＿＿日至＿＿＿年＿＿月＿＿日对贵公司发货产生的应收账款全部债权全部转让××商业保理公司,依据相关法律法规规定,××商业保理公司为上述应收账款债权人。

贵公司只有向××商业保理公司履行付款义务方能构成对应收账款债务的有效清偿。凡涉及上述应收账款的任何折扣、折让或扣减均须经××商业保理公司同意后方能生效。

鉴于此,我公司与贵公司原定的收款账户停止使用,请贵公司直接向该行履行付款义务,付至下述账户:

户名:＿＿＿＿＿＿＿＿＿＿＿＿＿＿＿＿＿＿＿＿＿

账号:＿＿＿＿＿＿＿＿＿＿＿＿＿＿＿＿＿＿＿＿＿

开户行:＿＿＿＿＿＿＿＿＿＿＿＿＿＿＿＿＿＿＿

特请贵公司付款时注明"支付第××号发票款"字样,明确该付款是履行何笔发票项下的付款义务。

该商业保理公司的通信地址:＿＿＿＿＿＿＿＿邮政编码:＿＿＿＿＿联系人:＿＿＿＿

联系电话:＿＿＿＿＿＿＿＿传真:＿＿＿＿＿＿＿＿

我公司的通信地址:＿＿＿＿＿＿＿＿＿＿＿邮政编码:＿＿＿＿＿联系人:＿＿＿＿

联系电话:＿＿＿＿＿＿＿＿传真:＿＿＿＿＿＿＿＿

贵公司若有异议,请尽快与我公司或该商业保理公司联系。

本通知未经该商业保理公司同意不得撤销和变更。

特此通知。

签章:＿＿＿＿＿＿＿＿＿

法定代表人(或授权代理人):＿＿＿＿

＿＿＿＿年＿＿月＿＿日

备注:本通知一式三份,一份寄送买方,一份由卖方留存,一份交商业保理公司。

表 5-11　回执

编号:＿＿＿＿＿＿＿＿＿

××商业保理公司:

我公司已收悉第＿＿＿＿号《应收账款债权转让通知书(全部)》(以下简称《通知书》),并知晓、理解其全部内容。

我公司确认《通知书》所述应收账款债权(包括其全部附属权利)已全部转让给贵公司,贵公司为上述应收账款债权的合法受让(购买)人,我公司确保按《通知书》要求及时、足额付款至贵行的指定账户。

签章:＿＿＿＿＿＿＿＿＿

法定代表人(或授权代理人):＿＿＿＿

＿＿＿＿年＿＿月＿＿日

备注:本通知一式三份,一份寄送买方,一份由卖方留存,一份交商业保理公司。

表 5-12 应收账款转让确认书

编号：_____

商业保理公司：

  根据贵我双方签订的编号为_____的《_____保理合同》（以下简称《保理合同》），我公司已将《保理合同》所约定的该笔应收账款全部转让给贵公司。我公司现已完成《应收账款转让确认清单》（以下简称《确认清单》）所列的应收账款的发货，特申请贵公司予以确认。

  我公司一并附上相关合同、发票等单据，并保证我公司已完全履行《确认清单》所列的应收账款项下应尽的义务，并且无瑕疵地拥有上述应收账款债权。如果我公司未能完全履行应收账款项下应尽的义务或应收账款债权有瑕疵或发生《保理合同》任一违约情形，我公司或将赔偿贵公司由此产生的一切损失。我公司特别声明：同意贵公司有权依自身判断，按贵行审核条件确定贵公司所受让的每笔应收账款是否为合格应收账款，我公司将不提出任何异议。

签章：_____
法定代表人（或授权代理人）：_____
_____年___月___日

表 5-13 应收账款转让确认清单

付款人	发票号	币别	发票票面金额	已收回金额	质保金	应收账款金额	账款到期日	备注
合计								

备注：

  （1）应收账款金额＝发票金额－已收回金额－质保金。

  （2）已收回金额包含的内容提要有订金、分期付款已付款总额。若合同项下分期收款，应分别说明每期应收账款金额、到期日。

  （3）本清单与应收账款转让确认书同时提交，一份由卖方留存，一份由商业保理公司归档。

签章：_____
法定代表人（或授权代理人）：_____
_____年___月___日

表 5-14 应收账款受让确认书

编号：_____

  ××商业保理公司已收悉贵公司第_____号《应收账款转让确认书》（附《应收账款转让确认清单》）。根据与贵公司签订的编号为_____的《保理合同》的约定及商业保理公司审查判断，确认受让以下应收账款，明细见所附的《应收账款受让确认清单》。每笔受让的应收账款是否为合格应收账款请参考商业保理公司针对每笔应收账款所确定的预付款比例，如预付款比例为 0，则为不合格应收账款。

附:应收账款受让确认清单

应收账款受让确认清单

编号:_____ 日期:_____年____月____日

付款人	受让应收账款						保理预付款比例(%)	保理预付款支用核定额	备注
	发票号	发票日	币别	发票票面金额	应收账款金额	到期日			

业务主管:_____ 经办人:_____

签章:_____
法定代表人(或授权代理人):_____
_____年___月___日

备注:本通知一式两份,一份交卖方,一份由商业保理公司归档。

五、金融机构作为保理商的物流保理业务模式的风险分析

供应链管理的环境下,企业之间以一种动态联盟的形式加入供应链,企业之间是一种亲密的合作伙伴关系,在供应链中的企业都会从自身利益出发,展开合作对策研究,形成委托与代理的合作协调机制和委托代理机制。为此,物流保理的风险主要包括信用风险、操作风险和市场风险。

1. 信用风险

信用风险主要体现在保理商、物流企业与客户企业之间。信用风险主要来自各主体之间本身存在的信息不对称以及客户企业的经营风险导致的信用违约。对保理商来说,主要面临来自物流企业和客户企业两方面的信用风险。物流保理业务可以增加保理商的业务量,增加物流企业资金链流动的强度,对客户企业乃至整个供应链来说都是一种成本低廉的引进资金到供应链的方式。对物流企业来说,为客户企业提供了物流服务之后,一旦客户企业本身的经营状况较差,就容易给物流企业和保理商都带来了巨大的经济损失。

2. 操作风险

保理商和物流企业在物流保理业务中会面临一些操作风险。对保理商来说,操作风险一方面由于物流保理业务法律法规不完善,缺乏专业的管理人员,在贷款设计上也存在缺陷,容易出现操作风险;另一方面,由于过度依赖物流企业提供服务的无形性,容易出现物流企业与客户企业勾结的现象,增加信贷风险。针对物流企业来说,物流保理业务增加了物流企业管理的复杂性,物流保理业务是通过对客户企业的资金流和物流服务的全程控制来控制风险的,其业务流程复杂,操作繁琐,且目前我国小企业开具的单证大多不规范,因此来自操作过程的风险主要有:票据格式不统

一，票据的合法性问题存在法律风险。

3．市场风险

市场风险主要包括运费市场的价格风险和客户企业与物流企业的经营风险，运费的价格风险受到诸多因素的影响，主要有货物的性质，数量，货物的始发地、目的地，订解约月完成日期，使用的运输工具，竞争对手等因素。物流保理业务的市场风险主要来自市场因素，包括经济环境、政府政策以及自然灾害等因素的变化所导致的变动。另外仓储保管过程中质押物的种类、质押物是否投保和质押物市场是否稳定等会在一定程度上影响到仓储管理经费等问题。而客户企业经营风险是指客户企业受到经济环境和政府政策的影响，还款能力和担保能力出现不确定性，是影响保理信用风险大小的重要因素。

六、物流企业作为保理商的物流保理业务模式的限制条件

1．保理法律、法规不健全

在我国开展物流保理业务首先不能回避的是法律上的障碍。在我国，中国人民银行把保理业务作为金融创新业务对待，《中华人民共和国商业银行法》商业银行可从事的12项业务中没有对保理业务做出明确规定，也没有明确的禁止性规定。对于从事保理业务的非金融机构的主体资格问题，更没有任何的法律法规有所涉及。鉴于金融行业的巨大风险，在没有明确的法律规定的情况下，我国能否在短期内允许物流企业进入保理这一领域尚是一个未知数。

2．信用环境不佳

保理业务是一种建立在商业信用基础上的金融业务，需要一个良好的市场信用环境作为保障，否则在保理业务的经营过程中很容易发生信用纠纷，导致保理业务不能顺利开展。但是根据我国目前的信用环境来看，我国企业的资信程度普遍较差，这就使保理公司处于两难的选择当中。如果放宽对信用审查的限制，就有可能引起信用风险，使得保理公司得不偿失；如果加强信用审查，则能够通过审查的企业数量有限，可能使保理业务达不到最低的市场规模要求。

3．物流企业缺少金融部门

如前所述，根据物流保理业务的要求，从事物流保理业务的物流企业都应该具备相当强的实力。一方面，它必须拥有足够的分支机构，以保证对各地客户的信用评估；另一方面，仅仅依靠物流方面的实力还不足以保证物流保理业务的开展，从事物流保理业务的公司还必须拥有对资金流的控制权。以 UPS 为例，为推出物流保理业务，UPS 专门并购了美国第一国际银行，并将其改造成 UPS 的金融部门。而从我国物流企业的状况来看，由于国家对金融业的严格限制，除中国邮政拥有邮政储蓄以外，其他的物流企业都没有相应的金融部门可以依靠。而且即便是邮政储蓄，其经营范围也受到了严格的限制，并不能迅速地转型为可以从事物流保理业务的金

融部门。

物流保理业务作为一种新的物流融资模式，不仅可以促进贸易的繁荣，而且能够通过提供增值服务增强我国物流企业的竞争力，推动物流行业的发展。并且，作为物流行业一种创新性的金融服务，它符合我国金融开放的发展趋势。目前保理市场的经营机构仍然主要由银行构成。从物流创新的角度来说，如果能够提供增值的物流保理服务，将有利于物流企业增强其竞争能力。

七、物流企业作为保理商的物流保理业务模式融资优势分析

物流企业作为保理商在开展保理业务时相比金融机构有其一定的优势，具体如下：

1. 风险降低

物流保理最大的优势在于融资风险的降低。融资风险是指由融资方式的选择带来的财务风险、信用风险、经营风险等。

（1）财务风险是企业的偿债能力指标，主要有资产负债率和已获利息倍数，资产负债率一般认为50％比较合理。物流保理业务融资是应收账款承购，不存在债务融资清偿能力的问题。可见物流保理业务融资有较小的财务风险。

（2）经营风险方面，从目前物流的发展趋势来看，物流供应商越来越多地介入客户的供应链管理当中，因而往往对于买卖双方的经营状况和资信程度都有相当深入的了解，因此在进行信用评估时不仅手续较银行更为简捷方便，而且其经营风险也能够得到有效降低。

（3）在信用风险方面，银行保理业务的主要风险来自买卖双方对银行的合谋性欺骗，一旦银行在信用评估时出现失误，就很可能陷入财货两空的境地。而在物流保理业务中，由于货物尚在物流企业手中，这一风险显然已经得到大大降低。

2. 融资快速方便

根据物流保理业务的要求，物流客户在其产品装箱（柜）的同时就能凭提单获得物流企业预付的货款，物流运输和保理业务的办理是同时进行的。而银行保理业务一般必须在货物装运完毕后，再凭相应单据向银行要求预付货款。比较而言，显然前者更为简洁方便。

3. 货物易于变现

与仓单质押贷款一样，提供保理业务的公司也有可能因无法追讨货款而将货物滞留于手中。但前者需要处理货物的是金融机构，而后者则为物流企业。金融机构一般都没有从事商品贸易的工作经验，与商品市场也缺乏必要的沟通和联系，因此在货物变现时常常会遇到很多困难。而物流企业，尤其是一些专业化程度很高的物流企业，对于所运输货物的市场却会有相当深入的了解，而且由于长期合作的关系，与该行业内部的供应商和销售商也往往有着千丝万缕的联系，因此在货物变现时能够享受到诸多的便利。

学习单元四 海陆仓业务模式操作与管理

一、海陆仓业务模式产生背景

随着我国对外贸易的快速发展,仓单质押、保兑仓和融通仓三种业务模式已无法满足对外贸易企业的融资需求和银行的放贷需求,海陆仓模式开始进入众人的视线。中国中小型企业的加工贸易带动了国民经济的长期发展,但在众多从事国际贸易出口的公司中,中国企业在强势的国外进出口商面前往往缺乏话语权。目前,中国的进口企业在信用证开立之后,仍有可能承担出口商不交货或以坏货、假货、假单据进行诈骗的风险,而中国出口贸易中以信用证结算的约占20%,大量的中国出口企业被迫接受缺乏信用保障的电汇类条款,甚至面临应收账款风险。与此同时,大量无形的资本寄居在有形商品身上,被冻结在远洋运输中,使得国内中小型进出口企业面临巨大的资金压力,亟须利用银行资金解决企业原料采购到成品销售的资金使用时间限制和自有资金的制约问题,加快资金周转,提高资金的使用率,优化企业报表,利于再融资。

一些大型物流企业,如中远物流,借用自身功能齐全的操作网络和丰富的物流运作经验,协助国内中小型进出口企业以产权清晰的海运在途货物向银行申请质押融资,解决商品生产和进出口贸易过程普遍存在的运输空间跨度大、时间长导致资金周转不灵的问题,解决国内中小型企业在供应链中库存和在途运输货物积压占用资金的难题,为银行和弱势的国内中小型企业探索提高资金绩效、控制进出口风险和扩大贸易规模的有效方法。在国内对外贸易快速发展的同时,企业有着强劲的资金需求,为解决这一问题,银行和物流公司从中看到了发展空间和盈利机会,从而孕育了海陆仓这一新型物流金融业务模式。

二、海陆仓业务模式的含义和作用

1. 海陆仓业务模式的含义

海陆仓业务模式是建立在真实的进出口贸易背景上,由传统的"仓单质押"融资模式发展成为集"提单质押""在途货物质押"和"仓单质押"为一体的全程供应链融资模式,贯穿企业采购、生产及进出口贸易等过程,横跨商品流通的时间和空间,可以更大限度地满足供应链中各环节企业的融资需求。在实际运作过程中,物流企业受银行委托,采用多式联运、点线结合的方式,负责质物在境内外在途、异地实施监管服务操作,监管范围可以覆盖生产地到消费地,以及中间的海运和陆运全程过程,表现为"仓储监管""陆路运输监管""铁路运输监管""沿海运输监管"和"远洋运输监管"等环节的任意组合。

银行联合第三方物流企业,实现对商品的货权控制,将未来物权与银行操作成熟的现货质押、现金流控制等手段联系起来,通过内部作业组织重组、流程优化来替代企业的重复作业环节,通过对贸易背景的把握和对大宗商品未来货权的有效控制。货物未到前,提供未来货权质押融资服务;货物到港后,银行委托第三方物流企业提供代理报关、代理报检、物流等服务,进一步转为"现货监管"方式继续提供融资;货物进入仓库直至销售,仍可提供融资。全流程满足企业的资金需求,直到该笔货物销售款项回笼,打破了单个业务环节融资的局限,极大地便利了客户。海陆仓业务模式所提供的授信可以覆盖客户的开证(信用证方式)、到单、通知、报关、报检、货物运至仓库直至销售的全过程,将未来货权质押开证、进口代收项下货权质押授信、进口现货质押授信集合在一起,极大地延长了银行对企业融资需求的服务周期。海陆仓是融资物流方案主要涉及国外采购,银行给出质人开具国内或国际信用证,出质人拿已离港货物物流公司开具的仓单作为授信条件,监管点一般在国内港口,涉及的各方有银行、物流监管公司、出质人,还有货代、港务局,出质人根据监管公司的放货指令放货。

2. 海陆仓业务的作用

海陆仓供应链融资可解决三大问题:一是通过物流企业的全程参与,提供监督,通过质押的方式,帮助生产企业有效缩短资金使用周期,提高资金流转速度;二是物流企业扮演银行和中小企业桥梁的角色,帮助银行将金融资服务真正传导到中小企业;三是可帮助银行有效提升融资过程中的信用风险控制力。此项解决方案的推出,不仅为中小企业、银行带来了好处,同时能够尽快提升物流企业在供应链资金流转方面的能力,提升整体竞争力。

三、海陆仓业务类型及操作流程

从业务是否涉及外贸业务来划分,可分为内贸海陆仓业务和外贸海陆仓业务两种形式。

(一)内贸海陆仓业务模式操作流程

内贸海陆仓业务模式操作流程如图 5-7 所示。

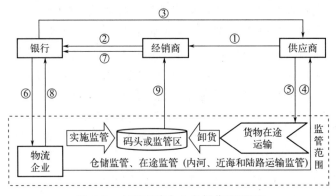

图 5-7 内贸海陆仓业务操作流程图

① 经销商和供应商双方签订《购销合同》，物流企业、银行、经销商和供应商四方签订海陆仓协议。
② 经销商向银行缴纳一定的保证金，并申请贷款，获得定向采购融资。
③ 银行结合具体信贷政策，向供应商开出汇票。
④ 物流公司监管人员进入供应商处开始实施监管，保证货物出厂数量、品质等与相关协议或单据相符。
⑤ 供应商发货，物流企业开始实施在途监管（内河、近海和陆路运输监管），运达到码头或监管区后实施仓储监管。
⑥ 物流企业向银行提供仓单（提单）等单据。
⑦ 经销商向银行偿还贷款。
⑧ 银行通知物流企业按还款比例放货，物流公司向所属堆场下达可放货数量。
⑨ 经销商提货，堆场按操作流程开始放货。

（二）外贸海陆仓业务模式操作流程

外贸海陆仓业务模式又可细分为进口海陆仓和出口海陆仓两种业务模式。进口海陆仓主要是进口信用证项下的未来货权质押与清关后现货质押相结合模式，出口海陆仓既可在货物出口装船前以仓单质押、先货后票、先票后货等业务模式向融资企业办理订单融资业务，还可以在承运至目的港交付提单后继续办理应收账款质押、出口保理等贸易融资业务。但总体而言，不管何种海陆仓业务模式，其质押监管范围均可能涵盖融资企业起运港库存、在途库存及目的港库存。

1. 进口海陆仓业务模式操作流程

进口海陆仓业务模式操作流程如图 5-8 所示。

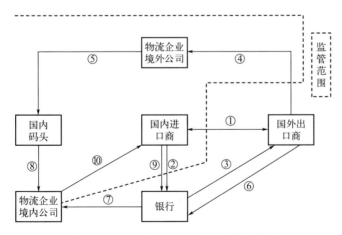

图 5-8 进口海陆仓业务模式操作流程图

具体步骤：

① 国外出口商和国内进口商签订《国际贸易合同》，国内进口商、银行和物流企业三方签订《海陆仓业务商品融资质押监管协议》，第三方物流接

受银行委托，根据协议内容承担监管责任。

②～③ 进口商向银行提交相关资料，申请授信额度，提出开证申请。经银行有关审批部门核定授信额度，与进口商签订《授信协议》，同时进口商提交一定金额的保证金，银行开立以国外出口商为受益人的信用证。

M5-5　扫一扫看《海陆仓业务商品融资质押监管协议(范本)》

④～⑤ 国内第三方物流企业境外公司需与其国外装货港代理公司联系，国内银行业与该国外通支行保持联系。国外出口商将货送至港口，按信用证要求发货，国外物流代理公司进行装货，装完船后，第三方物流境外企业接收货物开始实施远洋运输和在途监管。

⑥～⑦ 进口商银行收到并持有全套单据，经进口商确认后，银行签发《单据交接通知》并通知第三方物流企业。

⑧ 收到货物后，第三方物流企业履行货物报检及通关手续，将货物运至指定仓储地点。第三方物流企业签发以银行作为质权人的《进仓单》，银行与进口商共同在第三方物流企业办理交接登记，由第三方物流企业按照合同规定监管质押货物，进入现货质押流程。

⑨～⑩ 进口商根据其生产或销售计划安排提货，在提货前都必须归还银行相对应的货款，第三方物流企业在审核银行签发的《出库单》无误后，放行相应货物。

货物在途监管过程中第三方物流企业需确保货物的安全。在船舶抵港前，船代需进行船舶进港申报，等船舶靠岸后由货代安排船舶卸货、换单、进口清关商检等事宜。进口商银行可在进口商需要时，向其提供一定量的贷款，作为通关交税的费用。

此种融资模式下的特点：

（1）可为企业免除部分或全部保证金。

（2）从国外出口商交货后即由物流企业实施监管，降低了银行的开证融资风险。

（3）实现了开证和进口押汇的一体化融资模式。

【知识链接】进口押汇

进口押汇是指开证申请人在于开证行结算时，暂时无款向开证行支付，因此以进口货物的货权或者其他抵押物等作为抵押，向开证行申请贷款，并由开证行对受益人付款，开证申请人在申请的该笔贷款到期时再向开证行付清余款和做结算。

2. 出口海陆仓业务模式操作流程

一般来说，出口海陆仓融资监管范围可以涵盖融资企业成品仓库库存（在途库存及目的港库存），大致运作流程如图5-9所示。

具体步骤：

① 作为融资企业的中国出口商与国外的进口商签订货物出口贸易合同，

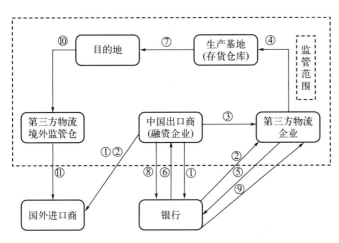

图 5-9　出口海陆仓操作流程示意图

融资企业向银行申请将在库、在途出口货物出质；银行的海外机构调查国外收货人的信用或要求国外收货人开立履约保函或由中国出口商购买出口信用保险，规避风险。

② 银行、融资企业签订融资授信协议后，银行、第三方物流企业、融资企业签订出口货物质押监管协议，确定各方权利、义务，第三方物流企业接受银行委托，根据协议承担监管责任。

③ 在银行、第三方物流企业、融资企业三方协议的基础上，融资企业接受第三方物流企业监管，由第三方物流企业提供质物仓储和全程运输监管服务。

④ 根据融资企业与其收货人订立的贸易条款，第三方物流企业为融资企业提供全程运输服务，主要包括海运订舱、货物集港、装船、运输等。

⑤ 货物起运后，融资企业将背书后的提单和目的港所需清关单据一同转给银行，如合同（副本即可）、正本装箱单、正本发票、正本委托报关协议书等材料。银行审核确认无误后，通知第三方物流企业对海运途中相应质押提单项下的货物进行在途监管；第三方物流企业确认能有效控制在库质物和质押提单后，向银行开出全程海陆仓仓单。

⑥ 银行向融资企业提供贷款支持。

⑦ 质押提单项下的质物抵达目的港。

⑧ 融资企业根据需要，采用补充在库质物、置换质押提单、向银行还款，或由国外的收货人付款给融资企业在银行的保证金账户等方式向银行申请提单解押。

⑨ 银行向第三方物流企业下达相应提单的解押指令。

⑩~⑪ 第三方物流企业根据银行指令情况，通知海外操作点在融资企业的国外客户配合下清关、放货，或通知将质物暂存第三方物流境外监管仓继续监管，等待进一步放货指令。

在以上各类型的海陆仓业务中所产生的各项费用，如质物的监管费、海运费、仓储费、运杂费、装卸费、检验费、查验费、货运代理费等因质物仓储保管运输产生的相关费用由出质人（借款人）承担。同时出质人（借款人）应当按照《质押合同》的规定对质物办理各项保险手续，并将保单正本交由质权人保管。

四、海陆仓风险防控措施

由于海陆仓流程的复杂性和特殊性，物流企业承担着较传统质押监管业务更加巨大的责任，在风险控制和处理方面也将面临更多难以预料的新挑战，需要从关注贸易条款、监控单据及质物、道德风险防范和落实保险覆盖等方面做好风险控制，确保海陆仓模式稳固和运作正常。

1. 贸易条款

海陆仓业务是对在途进出口货物和提单设置质押权，需要详细调查融资企业的贸易背景，确保其真实、长期、稳定，关注货物权属识别，防止法律瑕疵，以免导致质押不成立、质权落空，给银行和物流企业造成巨大的风险。因此，如何确定货权转移时间点是对物权能否有效控制的前提和基础，银行和物流企业需要共同探讨分析，以明确货物权属。

对比分析常见的国际贸易付款方式，同时综合考虑货权转移和相关费用支付等风险，在进口贸易中，FOB、CIF 或 CFR 条款为在指定装运港越过船舷时完成交货，但进口海陆仓模式中，建议采用 FOB 条款，既有利于银行和进口企业防范假提单诈骗，又有利于物流企业从租船或订舱开始扩大服务范围；在出口海陆仓模式中，建议采用 DDU 条款，即货权转移至进口方的指定目的地，货物价格为到达指定地点不含进口税和清关费用的价格，以有效控制物权并降低贸易风险。

2. 提单风险与控制

货物装船后，已经脱离物流企业的实质占有，只能通过持有提单来实现对货物的控制。由于提单涉及贸易关系、质押关系、委托关系和监管关系等多种法律关系，情形复杂，需要防范提单签发、背书、占有、保管或遗失等流转过程中的风险。尤值一提的是，提单规则要求尽快将提单流转出去，而监管人的身份要求物流企业控制提单，相互之间的矛盾还将产生不可预测的风险。

3. 现货监管风险防范

在日常监管工作中，物流企业要理顺运营管理流程，根据融资企业的生产工艺和销售程序，明确监管专员的分工，做好出账、单据签发、放货、印章管理等工作。首先，物流企业应做好每日库存动态跟踪，将相关信息录入信息系统，实时向银行和融资企业发布监管库存信息、出入库信息及监管金额信息。其次，要加强对监管专员的思想教育工作，提高其责任心和忠诚度，严格执行监管专员互查、定期轮换等监督机制，防范监管专员的道德风险。最后，在关注质物自身安全的同时，银行和物流企业要高度重视融资企业的生产销售状况和资信情况，将资金往来、欠薪情况和人员流动等异动情况纳入监察范围，防止由于融资企业经营不善，或与其国内外买方二者联合对银行诈骗后携款潜逃，银行及物流企业被卷入诉讼纠纷的风险。

4. 保险覆盖

鉴于海陆仓融资范围的广泛性和复杂性，可为质物投保财产综合险和海运一切险（仓至仓条款，可延伸至国外保税区，包括平安险、水渍险和一般附加险），使得质物在库、在途、到港卸货和目的港存储全程监管范围内都处于保险状态下，被保险人为融资企业，保单受益人为银行，物流企业作为共同被保险人，同时为落实保险覆盖，物流企业可考虑投保雇员忠诚险和人身意外伤害险。

采用海陆仓业务模式，可以帮助融资企业快速回笼资金，加快资金的周转，并以较少资金量完成贸易；同时进口商可以通过批量购买获得商品和物流服务的优惠价格，冲抵部分贷款成本。对银行而言，更重要的是引入第三方物流企业作为监管方，有效地降低了放贷过程中的风险。对于第三方物流企业来说，海陆仓模式作为新型物流金融融资模式，是其利润的新来源，通过这一业务模式他们不仅能赚取监管费用，还能稳定供应链上的物流服务利润。随着物流金融实践经验的不断积累和理论研究的不断深入，可以预见海陆仓作为一种整合了所有环节的物流金融业务模式将会有很大的发展空间。

【案例 5-3】祥光铜业项目融资

● 企业背景

阳谷祥光铜业有限公司坐落在山东省阳谷县石佛镇南，是世界上一次建成的规模最大的铜冶炼厂，是继美国肯尼柯特公司之后的世界上第二座采用闪速熔炼和闪速吹炼——"双闪速炉"工艺的铜冶炼厂，是当今世界上技术最先进、环保、节能、高效的现代化铜冶炼厂。项目总投资 56 亿元。一期工程达产后，年可生产阴极铜（含 99.9935%）20 万吨、硫酸（含 98%）70 万吨、金（含 99.99%）10 吨、银（含 99.99%）300 吨；二期工程全部达产后，年生产 40 万吨阴极铜、20 吨黄金、600 吨白银、140 万吨硫酸及相关产品。

● 融资需求

祥光铜业为满足生产用原材料铜精矿以及生产过程中的资金流问题，向中国工商银行、中国建设银行等银行组成的银团提出贷款需求，银团以祥光铜业铜精矿原料、半成品、产成品为质押担保向其提供融资贷款，中远物流受银团委托对阳谷祥光铜业质押的动产履行监管职责。项目的监管环节流程为：银行开证—海上船舶、货物信息跟踪—货物抵港后的船舶代理、货运代理—卸货港货物存储—运输—原材料仓库监管—半成品仓库监管—成品仓库监管——银行下达放货指令—解除质押，如图 5-10 所示。

银行等金融机构不断创新服务产品，从最初的外币兑换服务扩展到集个人金融、贸易金融、跨境金融于一体的综合服务。在面对大量的融资需求时，银行等金融机构通过组团的形式助力中国企业海外采购，为我国实

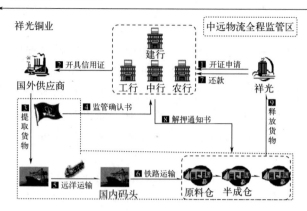

图 5-10 项目运作示意图

体产业对外贸易的发展做出了积极贡献。

实训项目

案例背景：华夏银行为迁安联钢九江钢铁有限公司提供保兑仓融资业务

一、各方需求

唐山松汀钢铁有限公司为了争夺市场份额，稳定自己的销售渠道，准备对经销商进行融资支持，但是直接对经销商融资存在较大的困难。直接融资可以采用赊销的形式，赊销会造成下游企业对核心企业资金的占用，而且下游企业的信用等级较低，如果到期不能还款，则会造成唐山松汀钢铁有限公司大量的应收账款坏账，财务报表恶化。并且在目前的供应链结构中，唐山松汀钢铁有限公司与下游企业的合作大都采取部分预付款的形式进行，占用下游企业资金进行生产经营，由于钢铁行业利润的下滑，唐山松汀钢铁有限公司的流动资金也日趋紧张，对下游企业的直接融资更加不现实。若是以担保方式提供支持，则不占用唐山松汀钢铁有限公司自有资金，在经销商产品可以顺利销售给终端客户获取回款的前提下，为下游企业提供担保的风险较低，承担回购担保为经销商获取银行资金既能改善唐山松汀钢铁有限公司的财务状况，又可以实现壮大销售网络的目标。

迁安联钢九江钢铁有限公司是唐山松汀钢铁有限公司合作最稳定也是最大的经销商，迁安联钢九江钢铁有限公司目前面临的主要问题是企业流动资金不足。迁安联钢九江钢铁有限公司想达到2013年预计实现销售收入63亿元、净利润13000万元的目标，该企业自有流动资金已不能满足其正常经营的需求。但是迁安联钢九江钢铁有限公司的资金周转速度高于行业内平均水平，如果能获得融资支持，迁安联钢九江钢铁有限公司可以较快地创造出利润还款，如果是可以循环使用的贷款，则迁安联钢九江钢铁有限公司可以在一年内创造出较高的收益。迁安联钢九江钢铁有限公司虽然利润可观，但从公司人员规模（300人左右）上看仍属于中型企业，并且没有可以提供足额担保的不动产，加上钢铁行业近几年不良贷款率较高，以传统的业务形式从银行获得贷款较为困难。

迁安联钢九江钢铁有限公司与唐山松汀钢铁有限公司有稳定的上下游合作关系，根据上文中的数据，二者合作年限长，彼此之间贸易占比高。按照银行供应链融资的营销策略，迁安联钢九江钢铁有限公司在上游对唐山松汀钢铁有限公司供应原材料形成的应收账款可以用应收类业务进行融资，在下游销售唐山松汀钢铁有限公司产品可以用预付类业务进行融资。经调查，迁安联钢九江钢铁有限公司对唐山松汀钢铁有限公司的应收账款在迁安中国建设银行首钢支行申请办理保理业务已质押，保理金额15000万元。迁安联钢九江钢铁有限公司目前存在的资金缺口主要是用于从上游供货商唐山松汀钢铁有限公司购买钢坯、带钢的预付款。

二、业务方案分析

鉴于迁安联钢九江钢铁有限公司存在的资金缺口，华夏银行为迁安联钢九江钢铁有限公司提供的授信金额将主要用于采购唐山松汀钢铁有限公司的钢坯、带钢，融资方案选取为保兑仓业务，融资模式采用流动资金贷款、银行承兑汇票承兑或商票贴现承兑人授信，用于弥补其向供货商唐山松汀钢铁有限公司购买钢坯、带钢存在的短期资金缺口。迁安联钢九江钢铁有限公司可以通过保兑仓业务获得融资支持，而唐山松汀钢铁有限公司只需要提供担保，而不需要直接的信用融资就可以实现扶持经销商、稳定销售渠道的目的。

华夏银行经授信审批委员会审议，给予迁安联钢九江钢铁有限公司3亿元的组合额度。组合额度是指在保兑仓模式下授予迁安联钢九江钢铁有限公司一个可以使用的最高额度，授信期内，在总用信额不超过这个额度的前提下可以根据实际需要采用不同的融资具体形式。此次授予迁安联钢九江钢铁有限公司的组合额度包含的融资形式有三种。第一，流动资金贷款1亿5千万元，贷款期限不超过6个月，配套自有资金比例不低于30%。第二，银行承兑汇票承兑3亿元，首笔保证金比例不低于50%；第三，商票贴现承兑人授信1亿5千万元，配套自有资金比例不低于50%。以上组合额度专项用于采购唐山松汀钢铁有限公司生产的钢坯、带钢，由唐山松汀钢铁有限公司承担未售出货物差额连带清偿责任（差额回购义务），同时由迁安联钢九江钢铁有限公司实际控制人刘某个人承担连带责任保证担保。

1. 根据以上背景案例资料

(1) 请结合案例设计保兑仓业务操作流程并绘制流程图。

(2) 请结合案例说明此项业务操作过程中存在的风险和防范措施。

2. 实施步骤

(1) 以4～6人小组为单位进行操作，并确定组长为主要负责人。

(2) 搜集资料，将各个环节操作流程、内容和工作要点填入下表，完成工作计划表。

序号	工作名称	工作内容	工作要点	责任人	完成日期

（3）组织展开讨论，确定所调查有关保兑仓业务的案例及实际操作流程。

（4）整理资料，制作PPT进行汇报。

3. 检查评估

能力		自评（10%）	小组互评（30%）	教师评价（60%）	合计
专业能力（60分）	1. 调查结果的准确性(10分)				
	2. 业务内容的准确性(10分)				
	3. 业务流程的准确性(10分)				
	4. 风险分析的合理性(10分)				
	5. PPT制作与展示(20分)				
方法能力（40分）	1. 信息处理能力(10分)				
	2. 表达能力(10分)				
	3. 创新能力(10分)				
	4. 团体协作能力(10分)				
综合评分					

思考与练习

1. 分析综合化订单融资业务的风险及风险防范措施。
2. 简述保兑仓业务操作流程及各方的益处。
3. 简述海陆仓业务的类型和各自操作流程。

技能训练

一、任务描述

长沙兴盛汽车配件有限公司和湖南远行物流有限公司均为湖南省的公司，分别从事汽车零部件加工和物流服务，两家公司均在长沙市区，距离25公里。

长沙兴盛汽车配件有限公司专门为长沙市知名的汽车制造企业比亚迪生产零部件，年销售收入5亿余元，企业经营情况良好。2022年上半年比亚迪由于汽车销量大增，已经和兴盛签下了长单供货合同。然而，基础建设已将兴盛公司的流动资金消耗殆尽，该厂急需原料款购买原料，完成订单，而兴盛公司的上游原材料供应商丰钢公司要求先款后货，下游比亚迪公司要求先货后款，如此一来，兴盛公司原本有限的流动资金变得更加紧张，融资问题的解决变得更加迫切。目前，兴盛公司可用于购买原材料的资金有230万元，而公司最近一次需要的购买的原料款达1000万元。

湖南远行物流有限公司是一家以物流金融业务为主的第三方物流公司，公司拥有5万多平方米的标准仓库、3万多平方米的钢材堆场、一条铁路专用线、各类起重设备数十台。近年来，公司先后与国内数家商业银行合作推出了物流金融服务，信用记录良好。

二、任务要求

（1）长沙兴盛汽车配件有限公司可以通过办理什么样的物流金融业务获得融资？此项物流金融业务的办理流程是什么样的？请画出此项物流金融业务流程图并说明流程中每个步骤的业务办理内容。

（2）在长沙兴盛汽车配件有限公司办理物流金融业务时，银行在开立承兑汇票时需要考虑哪些方面的因素？

（3）长沙兴盛汽车配件有限公司在办理物流金融业务期间，对兴盛公司而言有哪些潜在风险？对银行和远行物流有限公司而言又分别存在哪些潜在的风险？

（4）针对第（3）问中提到的潜在风险，试着从流程优化的角度来优化设计此项物流金融业务流程，以达到控制、减少此类风险的目的，请画出优化后的业务流程图并分步骤说明。

（5）试计算长沙兴盛汽车配件有限公司办理此项物流金融业务的成本，相关数据为：融资额1000万元，保证金200万元，融资时间为3个月，监管服务费为融资总额的0.3%，银行贷款月利率为1.3%，货物重量560吨，货物装卸费为16元/吨，存储费为50元/(吨·月)，企业财产一切险保费费率为1.3‰。

学习项目六
物流金融业务运作风险与防范

学习单元一 物流金融业务运作风险分析与产生原因

一、风险的含义与构成要素

（一）风险的含义

由于国家、时间、环境和制度不同，人们对风险有不同的认识和定义。总体而言，根据对有关风险及其内容的分析和观点形成的不同学术观点，可以归纳为客观实体派和主观建构派。客观实体派认为风险是指损失发生的可能性；由于风险导致的损失一般是指非计划、非预期和非故意的经济价值的减少，能够直接或间接用金钱衡量的人身伤害；风险的主要特征是客观存在、具有不确定性和可测性。主观建构派认为风险具有建构性，即风险不是客观存在物，而是人们主观建构而成；风险具有社会和团体性；风险具有不确定性和不可测性。

（二）风险的构成要素

风险的产生离不开风险因素、风险事故和损失等三个构成要素，也就是说风险是风险因素、风险事故和损失的统一体。

1. 风险因素

一般认为，风险因素是指足以引起或增加风险事故发生可能的条件，也包括风险事故发生后，致使损失扩大的条件。风险因素是风险事故发生的潜在原因，是造成损失的内在或间接条件或隐患，它促进风险事故发生或增加风险频率与损失幅度。

2. 风险事故

风险事故也称危险，一般指造成生命财产损失的偶发事件，是导致损失发生的直接原因或外在原因，如导致物流仓库发生损失的叉车碰撞、员工触电、供应链金融客户故意隐瞒信息等。风险事故发生的原因就是风险因素。风险事故在多数情况下是外露的、显性的,是人们可以感受得到、看得见或摸得着的事件或事故。

3. 损失

损失是风险因素和风险事故作用下的最终结果。如叉车的毁损、人员的受伤、贷款的坏账等都需要花费一定的经济成本进行恢复或处理。而毁损的叉车、受伤的人员和变成坏账的贷款等损失的载体成为损失暴露体。虽然,风险不一定以损失为果,损失也不一定以风险为因,但是风险程度与损失机会存在一定的相关性,即风险程度越大,损失越大。

综上所述,由于风险因素在其自身发展到一定程度时直接转化为风险事故或在外部诱因的影响下转化为风险事故,风险事故可能会导致损失的发生。风险因素、风险事故和损失的转化互动过程就是风险的生成过程。

二、物流金融风险定义及其分类

将物流金融风险定义为在开展物流金融业务的过程中,造成业务主体损失的可能性。物流金融风险首先具有金融风险的所有特征,金融风险可以分为利率风险、外汇风险、市场风险、法律风险和信用风险;其次由于其处于供应链特定环境中,会深深打上供应链的烙印,供应链风险可以分为合作风险、信息风险、道德风险、契约风险以及外部环境风险等。本文结合供应链和金融风险的定义和特征,将物流金融风险定义为在开展物流金融业务的过程中,造成业务主体损失的可能性。据此,在金融风险和供应链风险的基础上进行适当整合,将物流金融风险分为信用风险、操作风险、安全风险和环境风险,其中信用风险、操作风险和安全风险为供应链金融内部风险,具体如表6-1。

表6-1 物流金融风险分类及内容

序号	风险类别	风险内容
1	信用风险	指由供应链上下游成员、银行和物流监管公司违约导致损失的可能性,包含合作风险、道德风险和契约风险
2	操作风险	指在信用调查、融资审批、处理和授信后管理与操作等环节上由操作不善,以及因价值评估技术不高、评估系统不完善或网络信息技术的落后导致发生损失的可能性
3	安全风险	指因质物选择或保管不当导致货物丢失、变质引起价值下降而发生损失的可能性
4	环境风险	由自然灾难(如地震、海啸、洪水、台风等)、社会环境(如法律的变更和理解的误差、恐怖活动、罢工、战争、网络攻击等)、市场环境(如市场需求、交易环境的动态变化,导致质押物市场价格的波动和变现能力的改变,甚至被认定为非法物等)、技术原因(如基础设施中断、政府相关标准的改变、财务危机等)等导致发生损失的可能性

从以上分类可以看出,安全风险的解决应该从技术的角度来采取措施,环境风险的解决更多地应该从转移和规避上寻求手段和方法,而信用风险和操作风险可以从管理方法上来进行防范。

三、物流金融的风险因素

物流金融风险分为信用风险、操作风险、安全风险和环境风险，其中信用风险、操作风险和安全风险为供应链金融内部风险。从物流金融的定义及分类中可以看出：物流金融风险的产生与物流金融参与主体、其组成的完整系统以及环境息息相关。

1. 物流金融主体因素

物流金融的参与主体包括银行、核心企业、中小企业（贷款企业，即供应商或者经销商），他们本身的以下原因可能会导致损失的发生。

第一，风险意识和法治观念淡薄。金融的市场化导致金融风险增大，而供应链金融作为一种针对中小企业的金融创新服务，在我国产生的时间还不太长，由于有交易背景和核心企业作为风险控制的工具，目前看来风险不太大，导致各参与主体的风险意识不强，甚至认为银行的钱是国家的钱，银行亏损由国家承担，国家不会让银行倒闭。一些银行急于在供应链金融中占领市场，忽视对金融风险的良好管理，导致大量贷款不能如期偿还，从而产生了风险。

第二，风险防范机制不健全。随着我国金融业的发展，风险防范的机制在逐步建立，但是部分金融机构内部监督制约机构没有建立，监管流程不顺畅，机制不健全，缺乏科学、严密、有效的内部相互制约机制，包括贷款审批、发放、资金支付在内的一些金融业务活动中，没有构建良好的风险防范机制。

第三，跨组织的风险管理机构的缺乏。供应链中没有建立起跨组织的风险管理机构，难以对供应链中包括供应链金融等需要各参与主体合作的业务进行风险管理，一旦出现风险，核心企业和中小企业、商业银行和物流监管公司有可能成为零和博弈的利益主体，为各自利益采取不同处理措施，导致供应链金融的风险放大。

2. 物流金融系统因素

物流金融参与主体所组成的系统一般包括供应链成员企业、银行和物流监管公司，该系统所具有的一些特征有可能导致损失的发生。

第一，物流金融系统的复杂性。需求信息逐级放大、失真，需求变异放大，也就是通常所说的牛鞭效应会导致供应链中盲目扩大生产规模和资金需求规模，整条供应链中实际需求小于生产规模，供过于求，出现产品滞销、资金回流困难，供应链金融风险就产生了。

第二，物流金融系统的扩展性。物流金融系统中的主体之间是相互依赖的，任何一个主体出现问题都可能波及其他主体，造成整条供应链难以正常运作，甚至导致供应链的破裂和失败。例如供应链中核心企业产品质量出现问题，销售受阻，将导致整条供应链需求的紧缩，供应链回款困难，资金流断裂。

第三，物流金融系统的文化差异性。物流金融涉及的主体众多，关系错综复杂。各主体组织文化的差异,导致处理问题的方式存在很大的差异。文化差异可以表现在管理制度、信息应用平台和危机事件处理流程等方面。例如面对一个需要大家步调一致、共同解决的问题的时候,不同的主体可能会采用不同的处理措施,从而可能造成损失的发生。

3. 物流金融环境因素

物流金融突破了单个企业的边界,其动态性和不完善性导致风险的产生。

第一,物流金融环境的动态性。政策法律、市场需求和交易环境等的动态变化会导致物流金融风险的产生。首先,国家经济政策影响和制约供应链企业的成立、运营和发展。当进行产业结构调整时,国家会出台很多相应的政策来保障产业结构的顺利升级,这些政策大多数都会鼓励和促进与产业结构升级相适应的企业的发展,而限制不符合产业结构升级需求的企业的发展,将导致许多处于传统供应链的企业面临很大的风险。市场需求和交易环境等的动态变化导致供应链企业无力继续按协议销售商品或者提供服务,不能准时还款,产生物流金融风险。典型的风险因素有:需求趋势预测失误或者是某种更加先进的替代品的出现。当风险因素出现,而供应链企业没有应对策略时,销售量就会下降,存货相应增加,回款减少,供应链断裂,整条供应链将受到致命的打击。十八大以来,我国明确了市场对资源配置具有决定性作用,正式进入由粗放型发展向集约型发展的经济转型期,近两年经济发展出现了一定程度的下行趋势,更应该注重加强对供应链金融环境风险的认知、评价、防范与管理,降低物流金融风险。

第二,外部环境条件的不完善性。一是行政干预物流金融的情况依然存在。二是有些供应链企业受某一时间段市场利好的影响,会出现盲目扩张的可能性,对银行信贷资金具有很强的依赖性。三是物流金融法治环境不健全。物流金融是近几年来金融机构为响应国家支持中小企业发展的号召,进行金融服务创新开展的业务,中小企业是资金需求者,参与主体还有核心企业和承担物流监管的公司,主体很多,关系复杂,而国家对于在供应链金融中各主体要承担的责任、义务和享有的权利,还没有完善的法律进行规范。

四、物流金融风险产生机理

结合以上对风险三要素、供应链金融定义和分类、供应链金融风险定义和风险因素的分析,可以构建如图6-1所示的供应链金融风险生成机理图。

从图6-1可以看出,物流金融风险的生成是由于物流金融主体及其组成系统的自身原因发展转化为风险事故,或在一定外部诱因的影响下引起风险事故,风险事故可能会导致损失的发生。根据引起风险发生的因素的性质不同,物流金融风险有信用风险(包括违约风险、合作风险和道德风险等)、操作风险(包括操作风险和技术风险)、安全风险和环境风险(包括

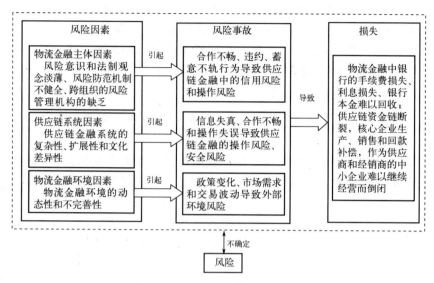

图 6-1 供应链金融风险生成机理图

法律风险和市场风险)等。了解了其生成机理,通过加强对风险因素的管理,同时有效处理风险事故和降低风险损失等一系列策略可以进行良好的风险管理。

【案例 6-1】某汽车供应链轮胎供应商质押风险因素分析

湖南 XS 物流投资有限公司与某银行长沙市分行一起合作开展了物流金融业务。在 2019 年拓展了一个汽车供应链业务,核心企业为在长沙的某汽车制造厂,贷款企业是汽车制造厂的轮胎供应商,采取轮胎作为动产质押的融资方式。受银行委托,湖南 XS 物流公司进行客户风险调查,列出了如表 6-2 所示的风险因素分析表。

表 6-2 某汽车供应链轮胎供应商质押风险因素分析表

序号	风险因素	风险事故	损失	风险类别
1	汽车供应链中的牛鞭效应会导致供应链中盲目扩大生产规模和资金需求规模,整条供应链中实际需求小于生产规模,造成供过于求	车辆销售受阻,轮胎需求减少,还款能力降低	物流金融中银行的手续费损失、利息损失、银行本金难以回收;资金链断裂,汽车生产企业生产、销售和回款补偿;轮胎供应商难以继续经营而倒闭	信用风险
2	汽车物流金融系统未采用统一的企业资源计划系统(也称 ERP 系统)导致信息传递的差异性	操作出现问题,处理危机速度降低		操作风险
3	轮胎供应商风险意识和法治观念不强,跨组织的供应链风险管理机构的缺乏	不愿意还款		信用风险
4	物流金融环境的动态性。长株潭两型社会的建设和长沙车辆保有量的增加导致汽车限号出行影响汽车的销售	汽车销售受阻,轮胎价格下降		安全风险环境风险

表 6-2 中显示了该案例的风险因素、可能引起的风险事故和将导致的损失。该案例中因银行主营业务为金融,对借款企业财务以外的风险因素无法做

出合理评估，委托对汽车供应链较熟悉的物流企业开展贷前风险分析与调查，让物流企业深度参与其中，增强其责任意识，同时降低了银行自身的风险，体现了其良好的合作意识和风险意识。

学习单元二 物流金融风险防范

前面分析了物流金融业务运作过程中可能产生的风险有信用风险（包括违约风险、合作风险和道德风险等）、操作风险（包括操作风险和技术风险）、安全风险和环境风险（包括法律风险和市场风险）等。

一、市场风险防范措施

在物流金融服务过程中，能够对市场做出迅速准确的判断是十分重要的。

市场风险防范主要是针对商品价格的波动。因而，物流企业必须要建立完善的市场商品信息收集和反馈体系，不但要根据不同市场的具体行情来选择最适合的经销商来进行商品的销售，同时，还要对信贷的比例进行合理的设置。为了掌握实时的市场动态，物流企业还需要对经销商的销售趋势和价格走势进行跟踪监控，以防止由于对市场信息不够了解而错失避免风险发生或者降低风险损失的最佳时机。物流企业在对进出口商品进行监管时，往往会涉及汇率波动的风险。此时，物流企业必须跟金融机构建立良好的信息沟通机制，在信息平台上，能够了解到最新的汇率变动情况，同时预测汇率的走势，以做出合理的对策。

二、环境风险防范措施

在物流金融过程中，金融机构应当提高自身的响应能力，以应对随时发生变化的国内外经济形势。当经济形势较好时，可以适当放宽借款准入标准，经济形势动荡时，提高借款准入标准，以防止无法及时回收借款。金融机构必须密切关注国内外的经济形势，并且能够对未来的经济状况做出预测，只有防患于未然，才能够将风险损失降低到最小的程度。因而，金融机构必须建立严格有效的经济形势预测体系。金融机构构建策略库，对不同的经济形势做出各种响应。当国内外经济形势发生重大变化时，能够根据策略库内相似的信息进行对策实施，以在最短的时间内进行响应。如果策略库内没有相类似的情况，则在响应之后，将响应的信息记录在策略库内，以便下次发生类似情况时可以作为响应的依据。

三、操作风险防范措施

第三方物流企业同时被金融机构和中小借款企业所信任，因而更需要加强内部每个环节的具体操作规范性。

1. 制定严格的操作规定

在操作风险中，具体操作风险的影响程度最大。第三方物流企业在物流金融业务开展的过程中，应当制定严格的操作规定，并加强巡查，以防止由监管人员的操作失误带来的风险。

（1）按照国家标准和行业标准的要求，制定合理的货物仓储保管规则。同时，如果出质人有附加的保管要求，则必须要在仓储协议中明确指出，并据此来严格执行。

（2）库外监管与实际保管人签订《仓储保管协议》，对每一个环节的操作都做出具体责任和义务的规定，一旦发生操作失误，责任能够追究到个人。

（3）与银行保持紧密的联系，一旦质押物的外观、质量、数量等发生变化，能够及时告知银行，以便快速采取应对措施。

（4）换货时，必须要求出质人提供完整的品质证明。

（5）与相关部门做好沟通，保持密切的联系，确保当发生特殊情况时，能够对货物进行直接控制。

（6）对于那些没有保管经验的工作人员，必须要进行培训后再上岗，务必使每个工作人员都能够对自己的工作有一个非常详细的了解，并保证工作中操作零失误。对重要岗位人员，必须要求其忠诚可靠，也可以通过本单位员工的担保或者推荐。

2. 制定相对统一的业务流程和规范

物流金融业务的操作风险中，模式风险与业务流程风险的影响程度是相近的。目前，物流金融发展了多种不同的模式，不同的地区、不同的银行所采用的模式都不相同，其操作流程也不尽相同。因而，第三方物流企业与金融机构必须制定相对统一的业务流程和规范。这样，即便不同地区的员工也能够按照相同的业务流程进行工作，降低因物流金融模式的不同和业务流程的不同和不规范带来的风险。

规范物流金融风险的业务流程应当从以下几个方面着手：

（1）加强合同管理。在物流金融过程中，第三方物流企业只是作为监管的第三方，只对质押品承担监管和保管的责任，而不承担任何法律责任。因而，在合同的签订过程中，物流企业要约定自己的责任范围。

（2）物流金融业务的相关单据一定要保证其规范性，要有"签字意识"，所有资料的台账都必须有相关人员的签名，明确各自的责任范围和义务范围，这是出于保护自身合法利益的需要。

（3）将业务巡查加入物流金融业务环节中，以弥补工作人员因为操作失误带来的风险。

四、法律风险防范措施

到目前为止，我国还没有完善的物流金融业务的法律规章制度，因此，在物流金融业务的开展过程中，更加要注重一切依照法律程序来实施，防止钻法律漏洞的不法分子。对于一些有争议的事项，可以事先进行协商，达成一致的协议以后再进行，以免发生不必要的损失。

（1）在法律风险中，要想完善现有的法律法规体系，一方面需要政府发布相关政策体系，另一方面，要提高这些法律规章制度的可操作性，加大执法力度，以避免一些不法行为的发生。

（2）对于质押物货权的合法性方面，金融机构要对那些不符合质押物要求的商品进行罗列，在开展物流金融业务之前，必须对质押物的货权进行详细的考察，不符合质押物要求的商品，坚决不能接受。

【知识链接】《动产和权利担保统一登记办法》（节选，2022年2月1日起实施）

为规范动产和权利担保统一登记，保护担保当事人和利害关系人的合法权益，根据《中华人民共和国民法典》《优化营商环境条例》《国务院关于实施动产和权利担保统一登记的决定》（国发〔2020〕18号）等相关法律法规规定，制定本办法。

办法中规定了纳入动产和权利担保统一登记范围的担保类型包括：

（一）生产设备、原材料、半成品、产品抵押；

（二）应收账款质押；

（三）存款单、仓单、提单质押；

（四）融资租赁；

（五）保理；

（六）所有权保留；

（七）其他可以登记的动产和权利担保，但机动车抵押、船舶抵押、航空器抵押、债券质押、基金份额质押、股权质押、知识产权中的财产权质押除外。

纳入统一登记范围的动产和权利担保登记通过统一登记系统（中国人民银行征信中心的动产融资统一登记公示系统，即中登网）办理。担保权人办理登记。担保权人办理登记前，应当与担保人就登记内容达成一致。中国人民银行征信中心（以下简称征信中心）是动产和权利担保的登记机构，具体承担服务性登记工作，不开展事前审批性登记，不对登记内容进行实质审查。征信中心建立基于互联网的动产融资统一登记公示系统为社会公众提供动产和权利担保登记和查询服务。

五、质押物本身的风险防范措施

1. 质押物的选择

质押物的选择直接关系着物流金融业务所面临风险的大小。一般而言，通常会选择那些价格起伏不是很大的商品，例如金属等，以保证质押物能够在市场中以稳定的价格畅销。另外，考虑到国内外的经济形势，稀缺性物资往往由于与国民经济息息相关，且价格稳定性较强，而备受物流金融业务的钟爱。同时，那些使用范围较大，处置起来比较方便，物流质量稳定、不容易变质的商品也是作为质押物的理想商品。各种原材料由于其稳定的市场需求，也是可以作为质押物的。

随着物流金融业务的逐渐发展，各参与主体的经验和技术都发展到了较为成熟的阶段，质押物的品种也越来越多，诸如建材、食品、汽车、家电等商品作为质押物也逐渐为物流金融各参与主体所接受。

2. 质押物仓储风险的防范措施

（1）第三方物流企业首先要对自身硬件设施进行一定程度的改善。为了给质押物提供良好的存储条件，物流企业的仓库一定要符合标准的规模。仓库中的专业设备要符合一定的标准，以防在仓库内进行位移时产生不必要的风险。

（2）在质押物进行仓储期间，必须要严格按照规章制度进行操作。质押物入库时，需要合理规范、严格控制凭证的检验。仓单的领取、批准和发放都要进行登记，由专人进行负责。在质押物出库时，必须要对印鉴进行认真的核对，并同货主、提货人和银行保持密切的联系，以便随时进行沟通。

3. 是否投保风险防范措施

一般而言，在实际的操作过程中，银行通常会要求融资方对质押物进行投保，以避免质押物在业务期间发生非人为的意外而造成大范围的损失。为质押物购买保险往往是防止质押物风险损失的最有效措施。

六、客户资信风险防范措施

1. 重点考察客户的财务状况

在物流金融业务中，在对客户的选择上，财务指标往往是一个至关重要的考察指标。一般认为，那些财务状况越好的企业，往往越有能力按时还款给银行。因而，银行在对中小企业做财务调查时，应重点关注客户的资产负债率等财务指标。

2. 考察客户的信誉状况

对融资企业的信誉状况的考察，通常通过收集资料、管理档案、调查资信等方式来实现，主要考察该企业的历史履约情况和履约意愿，包括偿还债务的历史情况，是出于自愿还是被法院强制执行来履行还款约定，以及以往对于合约的执行能力等。同时，对融资企业进行全方位的信誉管理，建立客户的信誉数据库，对于过往信誉较好的企业可以适当放宽贷款准入标准；对于过往信誉相对较差的企业，适当调高贷款的准入标准，并在业务开展过程中，进行实时监控。

3. 考察客户未来成长潜力

在物流金融业务中，银行对于融资企业的考察不仅仅是财务和信誉状况的考察，必须深入对融资企业所在行业的发展潜力，以及融资企业自身所具备的能力进行全方位的综合考虑。对于那些目前发展并不是太好，但具有未来发展潜力的融资企业，可以适当放宽贷款的准入标准。相反，对于那些目前发展较好，但行业发展后劲不足的企业，银行应当酌情对其提供贷款。

4. 考察客户的经营能力

企业的经营能力主要体现在企业主营业务的增长情况上。因而，第三方物流企业在考察融资企业时，往往选择那些产品质量稳定、退货率和返修率低、订货量大、行业地位较高的生产商，或者是销售渠道畅通、销售能力及业绩稳定的销售商。同时，制定对融资企业经营能力的硬性标准要求，凡是无法达到该硬性标准的企业，均不接受其参与物流金融业务。

七、监管风险防范措施

1. 与实力强大的物流企业进行合作

银行在开展物流金融服务前，对第三方物流企业进行充分的调查是十分必要的，必须选择那些库存管理水平、仓管信息水平较高，资产规模较大，具有一定偿付能力的大型专业物流公司进行合作才能够保证其在监管过程中，有足够的能力进行风险控制。

2. 加强物流企业监管的管理制度

第三方物流企业所构建的组织构架必须结合自身的状况和特点，在分工和职责的界定方面尽量做到详细规范，同时部门之间又要相互激励，相互监督。针对不同的情况，对监管员工和项目经理的工作职责做出明确的规定。实行监管轮岗制，可以有效防止监管人员与企业串通。

3. 构建信息平台，加强各参与者之间的沟通

信息平台的构建，能够使物流企业更好完成监管工作，提高工作效率。通过信息平台，物流企业可以随时进行质押货物数量和储存状态的查询，并且可以实现打印仓单、存量控制、打印出库单等过程。同时，银行和融资企业也可以对上述信息进行查询。信息平台的构建还能够使物流企业与金融业务各个参与者随时进行信息的沟通和分享，以防范信息不对称所造成的风险。

【知识链接】国家标准——《质押监管企业评估指标》

一、质押监管企业的资格和条件

1. 质押监管企业应是在国家工商行政部门登记注册的企业法人，也可以是企业法人承担担保责任的非法人企业。
2. 从事仓储保管业务三年（含）以上。
3. 注册资本和净资产规模达到委托方的要求。
4. 有良好的商业信誉，三年内无违法违规等行为。
5. 有完整的组织架构和相应的从业人员，并有明确的职责。
6. 有与业务需求相符的规章制度。包括质物进出库、保管、监管、统计、档案管理、安全等。
7. 有与业务需求相符的流程管理。包括质物计量、外观质量查验、质物交接、单证制作和流转、通信联系、进出库、装卸搬运、盘点、业务检查、过程控制等。

8. 有产权明晰、实际控制数量足够的质物存储和装卸场所。在监管人自有库监管，监管人需要提供拥有合法所有权的材料。在出质人和第三方仓库，监管人需要取得监管地或监管库的合法使用权。

9. 监管场所应安全可靠，具有防火、防水、防风、防雷、防盗功能；必要时装备监视探头。

10. 有符合国家要求的计量工具和计量方式。

11. 监管场所装卸搬运、包装、供暖、电力等设备性能良好和运转正常。

12. 监管人员应有独立的办公场所和通信设施，包括电话、互联网、电子计算机、传真机等，并保持 24 小时畅通，故障率不超过 10%。

13. 应配有计算机仓储管理系统，具备客户查询、追踪功能。

14. 在出质人或第三方库实施监管的，当事人应按上述要求划分权利和责任。

15. 出质人、质权人、监管人三方协商一致的其他条件。

二、质押监管企业评估表

表 6-3 质押监管企业评估表

类别	序号	指标	评估分数	证明材料
基本条件	1	企业法人或企业法人担保的非法人企业(10分)		1. 企业营业执照； 2. 企业组织机构代码证； 3. 企业税务登记证
基本条件	2	财务资产情况:注册资本 500 万元以上(10分)		1. 资产负债率； 2. 利润分配表； 3. 事务所出具的审计报告
基本条件	3	监管库的所有权和使用权(10分)		1. 监管人自有仓库的产权证； 2. 第三方仓库的产权证和租赁协议； 3. 出质人仓库的权属证明
管理状况	4	监管场所安全情况(10分)		1. 监管仓库、货场、容器满足需要； 2. 防火、防洪、防雷、防盗设施设备齐全； 3. 计量工具合格,并按照规定进行年检； 4. 作业设备齐全有效
管理状况	5	监管部门和人员(10分)		1. 监管部门设立的文件； 2. 监管人员职务及任职文件； 3. 培训证明(专业)
管理状况	6	制度(10分)		1. 出入库制度； 2. 监管制度； 3. 监管业务流程； 4. 单证管理； 5. 安全制度； 6. 巡查制度； 7. 合同管理制度； 8. 仓储管理办法

续表

类别	序号	指标	评估分数	证明材料
管理状况	7	作业(20分)		1. 监管区域标识明显； 2. 质物标识标签明显； 3. 装卸搬运操作规范； 4. 质物存放安全； 5. 盘点规定及记录； 6. 账卡物相符率； 7. 电话、打印机、传真机、计算机配备情况； 8. 监视探头使用情况； 9. 监管员工作环境
诚信情况	8	信誉(20分)		1. 银行信用等级； 2. 不良行为记录； 3. 安全事故史； 4. 重大诉讼事项； 5. 质量 ISO9001 认证情况
综合评估结果(100分)				

说明：1. 评估采取打分累计的原则执行。2. 评估结果的运用：综合评估结果为 85 分（含）以上，属优秀监管企业；综合评估结果为 60（含）~85 之间，属合格监管企业；综合评估结果为 60 分以下的，属不合格监管企业，不准开展监管业务。

八、信用风险防范措施

建立完善客户资信评估体系，物流金融业务中，无论银行对物流企业的评价，还是物流企业对经销商的评价都需要一个完善的信用评价体系。物流企业自身的信用评价体系可能并不完善，可以向银行的评价体系进行学习，并根据自身的货物流动和市场波动的特点，构建适用于物流企业自身的信用评价体系。

【案例 6-2】客户信用评价实证案例

XS 物流公司与某银行合作开展物流金融业务，为一条汽车供应链提供金融服务，供应链的轮胎供应商申请贷款。物流公司受银行委托进行风险评估和质押物监管，物流公司安排风控部门进行客户资信调查和出具客户信用评级报告。公司针对此项业务对客户设计了信用评价指标体系和评价标准，由公司 10 个资深资信评级员工打分，如表 6-4。

表 6-4　物流金融客户信用评价指标

一级指标	二级指标	信息来源
A_1 客户信用状况	B_1 企业及其负责人信誉 *	客户调研
	B_2 违约记录	信用记录
	B_3 速动比率	财务报表
	B_4 资产负债率	财务报表

续表

一级指标	二级指标	信息来源
A_2 供应链信用状况	B_5 跨组织管理水平*	业内评价
	B_6 盈利能力	财务报表
	B_7 产权明晰程度*	财务报表
	B_8 担保状况	供应链内部协议
A_3 地区信用状况	B_9 地区信用状况*	信用评级机构
	B_{10} 地区法治环境*	

注："*"的指标难以进行定量评价,专家采用百分制评分。

运用层次分析法确定各指标权重(过程略),并通过模糊综合评价法进行评估,如表 6-5 所示。

表 6-5 二级指标评价标准和轮胎供应商信用状况评分表

评价指标	评分标准					权重
	100	75	50	25	0	
B_1 企业及其负责人信誉	好	较好	一般	较差	差	0.1385
	90	10	0	0	0	
B_2 违约记录	最近12个月内违约记录次数					0.1385
	0次	1次	2次	3次	4次	
	0	100	0	0	0	
B_3 速动比率	速动比率高于行业平均值的比率					0.2769
	20%	10%	0	−10%	−20%	
	0	100	0	0	0	
B_4 资产负债率	低于行业平均值的比率					0.0461
	20%	10%	0	−10%	−20%	
	0	100	0	0	0	
B_5 跨组织管理水平	好	较好	一般	较差	差	0.0783
	80	10	10	0	0	
B_6 盈利能力	资产利润率高于行业平均值的比率					0.0391
	10%	5%	0	−5%	−10%	
		100				
B_7 产权明晰程度	很明晰	明晰	较明晰	基本明晰	不明晰	0.0261
	80	20	0	0	0	
B_8 担保状况	担保比例					0.1565
	20%	15%	10%	5%	0%	
	0	100	0	0	0	
B_9 地区信用状况	好	较好	一般	较差	差	0.0667
	50	40	10	0	0	
B_{10} 地区法制环境	好	较好	一般	较差	差	0.0333
	80	10	10	0	0	
I	8125.825					81.258

I 为模糊综合评价值,其得分在 [90~100] 区间的客户定义为优质客

户，在 [60～90) 区间的为一般客户，在 [0～60) 区间的为劣质客户。优质客户优先发放贷款；一般客户应根据信用评价值进行细分，并以此为依据确定授信额度；劣质客户不发放贷款。

经统计计算，该汽车供应链中的轮胎供应商信用评价指标体系计算得分为 81.26，银行和物流监管公司将该公司确定为一般客户，可以发放一定额度的贷款。该指标体系和评价标准具有一定的实用性，能用于开展供应链金融客户信用评价。

银行与合作的监管企业可以根据服务的客户、供应链和地区信用状况，调整上述信用评价指标和权重。当贷款客户不是上市公司，收集不到公开的财务信息的时候，必须要求客户提供具有公认公信力的第三方审计机构出具的资信证明，也可以调整指标，重新构建评级指标体系。有效的客户信用评价手段可以帮助企业自身降低业务开展过程中的风险，同时筛选并分类不同层级的客户，做到高效和精准的管理。

学习单元三 保险在物流金融风险管理中的应用

发展物流金融能给客户、银行和物流企业带来三方共赢的效果，但也面临风险。银行和物流企业作为物流金融的提供商，其盈利来源就是提供服务，帮助客户分担风险的同时能够管理自身风险。有效分析和控制风险是物流金融业务成功开展的关键。

物流金融的风险转移方法主要包括合同和保险。合同可以将风险转移给其他参与者；保险可以通过固定的财务支出将不确定的风险转移给保险人，是使用最为广泛的风险转移方式。

一、物流金融的风险分析

1. 银行面临的风险

根据新巴塞尔资本协议，银行的风险主要包括信用风险、市场风险和操作风险。具体而言，物流金融中银行面临的风险主要有：

(1) 信用风险　融资的真实性、客户的诚信和还款能力等。

(2) 市场风险　政策制度、经济环境的改变引起质押财产价格波动，汇率造成的变现能力改变等。

(3) 法律风险　合同条款及质押财产的所有权、合法性争议等。

(4) 安全风险　质押财产在监管过程中的变质、损坏或灭失等。

【案例 6-3】风险案例：以次充好、以假乱真　　风险等级：★★★★

某贸易公司以出质人的身份将作为质物的"羊绒"存入某物流公司仓库，开展自管库逐笔控制模式的质押监管业务，按照三方监管协议的约定，贸易公司将每包"羊绒"打上了有该公司印鉴的封条，外包装上没有其他标记。贷款银行向物流公司出具了一份质物的查询通知，品种规格写着"羊绒"，物流公司按照银行的查询通知回复也写"羊绒"，在整个监管期间没有进行任何质物的置换与解押。到了还款期，贸易公司没有归还贷款并且公司负责人逃匿，银行拟变卖这批"羊绒"，可是到物流公司的所属库内抽取样品送至检验机关，检验的结果却是"羊毛"，于是银行将物流公司告上法庭，要求承担监管不力的责任，赔偿银行经济损失。

点评：以次充好、以假乱真的情况往往在质押货物入库接收时发生。对难以判定质量的质物品种，应事先安排质量检测。如果质权人（银行）对质物质量要求的态度模糊，监管方应主动要求约定监管的方式，是仅外观审查，还是按比例拆包抽检，以明确双方的权利和义务。

2. 物流企业面临的风险

（1）运营风险　从仓储、运输，到与银行及客户供应商的接触往来，物流环节众多，风险无处不在。

（2）管理风险　物流企业管理制度不健全，工作人员素质和诚信水平不高，安全管理水平较弱等。

（3）技术风险　物流企业缺乏信息管理技术、价值评估技术等。

【案例6-4】风险案例：强行出库　风险等级：★★★★★

某加工厂向银行申请开展总量控制模式的质押监管，监管地点在某加工厂的厂区内，质物品种为钢坯、带钢。不久，由于钢材市场每况愈下，出质人为顺应市场形势，减少生产线。后来加工厂为了交付客户订单货物，强行出库，造成亏货，货值近3000万元。

点评：该情况往往出现在市场行情持续走低或者企业经营恶化的时候，监管公司一定要做好预防工作，当库存临近限额时，提前通知银行和企业做好应对措施。当企业在库存达到限额仍要强行出库时，银行与监管公司应互相配合，及时采取警告、阻拦、报警等方式，并做好现场证据采录。

二、保险在物流金融风险管理中的作用

从物流金融的风险分析情况看，质押是物流金融产生风险的重要环节。根据银行（质权人）和物流企业（质押监管人）面临的不同风险状况，可以提供相应的保险产品以转移风险。

1. 银行的质押财产风险

我国《民法典》规定：质权人负有妥善保管质押财产的义务；因保管不善致使质押财产毁损、灭失的，应当承担赔偿责任（第四百三十二条）。担保期间，担保财产毁损、灭失或者被征收等，担保物权人可以就获得的保险金、赔偿金或者补偿金等优先受偿。被担保债权的履行期未届满的，也可以提存该保险金、赔偿金或者补偿金等。（第三百九十条）。当事人一方因不可抗力不能履行合同的，根据不可抗力的影响，部分或者全部免除责任，但法律另有规定的除外。当事人迟延履行后发生不可抗力的，不能免除责任。（第五百九十条第一款）

综上所述，银行对质押财产负有保管义务，因保管不善造成损失须承

担赔偿责任。此外，法律虽然规定在不可抗力情形下，银行对质押财产损失免责，但这种损失导致的质押担保金额不足，对银行贷款安全直接带来风险。也就是说，根据法律以及质押合同的规定，银行对无论是保管不善还是不可抗力造成的银行质押财产损失都具有明显的可保利益。开发专门的银行质押财产保险产品可以较好地满足这种风险保障需求。

2. 物流企业的质押监管责任风险

《民法典》规定，保管人应当按照约定对入库仓储物进行验收。保管人验收时发现入库仓储物与约定不符合的，应当及时通知存货人。保管人验收后，发生仓储物的品种、数量、质量不符合约定的，保管人应当承担损害赔偿责任。（第九百零七条）储存期间，因保管不善造成仓储物毁损、灭失的，保管人应当承担损害赔偿责任。（第九百一十七条）

根据质押监管协议，银行将质押资产委托给物流企业保管，并在协议中约定其他质押监管业务，如财产价值评估等。由此，物流企业根据法律和合同的规定，承担质押监管风险和责任。

银行质押财产险发生保险事故，银行作为被保险人可获得相应的保险赔偿。对质押监管原因造成的保险损失，保险人依法取得被保险人的代位权向物流企业追偿。也就是说，银行或客户投保银行质押财产险并不能免除物流企业的责任。对于这种基于法律和合同产生的风险，物流企业可以通过投保责任保险的方式将风险转嫁给保险人。

三、物流金融相关保险的产品与创新

（一）银行质押财产险

1. 投保人与被保险人

银行质押财产险可由银行对质押财产进行投保并支付保险费用，作为被保险人享有保险保障。保险费作为银行质押业务费用之一，最终由申请质押的客户（出质人）承担；也可根据我国目前银行业务收费的一般原则，在质押合同中要求客户进行投保并承担保险费，将银行作为被保险人或保险赔偿金优先受益人。上述两种方式均符合可保利益原则。

在后者的操作中，银行不作为投保人（保险合同当事人），而仅作为被保险人或保险赔偿金优先受益人（保险合同关系人）时，对于是否能同时作为保险人的兼业代理人，我国法律没有明确的规定，在实践中存在这种操作。

2. 保险财产与保险责任范围

我国现行的普通财产保险包括财产基本险、综合险和一切险。现行财产险的承保财产范围过于宽泛，不利于控制质押财产承保风险；从保险责任看，现行财产险有的过窄，有的过宽，无法准确覆盖质押财产风险。

银行质押财产保险可以针对质押财产类型，在提供各种自然灾害和火灾、爆炸等常见意外事故保障的基础上，重点承保由于盗窃、抢劫、破坏等恶意行为造成的质押财产损失;并可扩展承保因保险事故造成质押财产损失后,引起质押担保金额不足而导致的银行贷款财产损失。

需要特别指出的是,与普通财产保险不同,由于质押财产由物流企业负责监管,银行质押财产保险应当承保由物流企业的监管过失(但不包括恶意和重大过失)导致的损失。此外,如保险合同以银行作为投保人,应当将客户及其代表或员工的恶意行为(包括法人行为和非法人行为)、物流企业的员工的恶意行为(非法人行为)也作为保险责任,而仅将物流企业及其代表的恶意行为(法人行为)作为除外责任;如保险合同以客户作为投保人,则应在此基础上,增加客户及其代表的恶意行为(法人行为)作为除外责任。也就是说,除投保人的恶意和重大过失行为之外,第三人的恶意行为应当作为本保险的责任范围,以充分保障质押财产的安全。

当然,对于承保的恶意行为造成的损失,保险公司履行赔偿义务后,依法取得代位权向第三人追偿。这种追偿对减少保险人赔偿损失的影响,可以在保险收费标准厘定上予以适当考虑。

3. 保险金额与保险期限

本保险应规定以质押财产的市场重置价值作为保险价值。未按保险价值作为质押财产保险金额足额投保的(如按质押融资金额投保),保险赔偿将按照相应比例承担责任。

保险期限内,质押财产的保险金额可根据银行的许可进行调整,保险费做相应增减。

保险期限应与质押合同规定的质押生效日及到期日相一致,以确保银行的合法权益。未经银行同意,本保险不能提前到期或退保。

4. 保险收费标准与保险费缴纳

本保险的收费标准应当根据质押财产类型、质押监管的环境和管理水平综合确定。保险费实行按保险期限一次性收费,不允许拖延付款或分期付款,避免导致合同失效的情形。

(二) 质押监管责任险

1. 投保人与被保险人

物流企业为本保险的投保人和被保险人,支付保险费并享有保险保障。保险费作为物流企业向银行收取的监管费用之一,由申请质押的客户承担。

2. 保险责任与除外责任

物流企业过失(但不包括故意)行为造成银行财产损失的,根据法律和质押监管协议的约定应由物流企业承担的经济赔偿责任,保险人根据保险合同的约定予以赔偿。

质押监管责任险可以根据质押监管协议约定的质押监管业务范围,在保管责任基础上对其他业务和责任进行扩展承保。

非物流企业的原因、非保险损失、保险合同规定的免赔额等,不在保险赔偿范围之内。

3. 赔偿限额与保险期限

保险合同赔偿限额根据质押财产金额确定,并作为计算保险费的依据。

保险期限根据质押监管协议期限确定,采用期内发生式,即对发生在保险期限内的事故承担赔偿责任。为避免保险合同期限过长,可约定保险合同标准期限为一年,超过一年的另外收取保险费。

4. 保险收费标准与保险费

质押监管责任险保险的收费标准应当根据质押监管业务范围、质押财产类型、质押监管的环境和管理水平综合确定,并按保险期限一次性收费,不允许拖延付款或分期付款,避免导致合同失效的情形。

【知识链接】国内首款商品融资物流保险条款——《物流监管责任综合保险条款》诞生

2010年9月,中远物流公司商品融资物流项目正式起保,国内首款商品融资物流保险条款——《物流监管责任综合保险条款》诞生,这对于物流和保险两个行业都意味着新的突破。该商品融资物流监管责任险由江泰保险经纪为中远物流公司量身定制。江泰保险经纪对外合作部总经理助理钟先生表示,该产品的出现与我国商品融资物流的发展息息相关。

目前,银行业正在大力发展商品融资业务,商品融资是指购买商或者销售商以其未来或者已持有的商品权利为抵(质)押,向银行申请短期融资的业务。随着我国商品融资的抵/质押贷款模式从单一的不动产抵押向不动产/动产抵押、动产质押多元化发展,为解决银行动产质押业务中对质押物的仓储与监管能力不足的问题,银行与物流企业合作创造了一种新型业务模式——商品融资物流。在此业务模式下,银行借助物流公司在传统物流及货物监管等方面的专业能力,来保障信贷资产的安全;物流企业在对信贷资产实施监管的同时,也为自身带来新的利润增长点和客户增长渠道。

与传统第三方物流业务相比,商品融资物流业务中物流企业代表银行提供物流服务,对仓储物的管控能力有所减弱。在实际监管操作中,受业务形式的限制,大部分融资物流业务采取输出监管的形式,即物流公司委派人员在客户指定的仓库或地点监管货物,防止出质方因破产、经济危机或其他原因而主动转移质押物致使银行质权受损。由于输出监管的仓库通常非物流企业自主选择,物流企业对质押资产不具有完全的控制权,存在货主以暴力、胁迫等手段强行出货、监管人员因疏忽未及时通知银行,以及客户指定的仓库存在安全隐患等风险。这些融资物流业务中的特色风险,在传统物流责任保险项下无法得到转嫁,成了制约我国商品融资物流发展的一大瓶颈,也是物流企业急于解决的问题。

由于相关业务风险较特殊且无经验数据,保险公司对承保与开展仍较为谨慎,江泰对商品融资物流业务经营过程中的风险进行了调研和探讨,在条款设计时发掘其业务经营中的可保因素,与保险公司协商、推动,促成了中远项目的成功。

考虑到融资物流业务的发展趋势，该险种并没有局限在仓储环节，而是全面考虑了储存、运输、装卸、搬移、报关、报检、报验等全部物流环节。风险设计上，在传统物流责任风险的基础上特别扩展了物流企业融资物流业务过程中关注的强行出货、监管人员的不忠实行为等风险。承保范围囊括了全部物流环节的保管、监管以及放货等活动导致的货物损失责任、第三者责任等综合责任，集货损货差责任、额外费用责任、第三者责任、物流服务费用损失于一体。

江泰保险经纪对外合作部总经理助理钟先生表示："物流监管责任综合险属国内首例，我们将积极研究中小物流企业相关风险的转嫁方式和方法，促进保险及物流行业共同健康快速发展。"

我国现阶段的物流保险主要运用在国内货物运输保险、进出口货物运输保险和财产保险三个方面。企业可以通过短期贸易信用保险避免赊销时应收账款不能按时按量回收的经营风险，利用信用保险将风险转接出去，保单收益权可转让给银行或质押，以便获得贸易融资。中小物流企业可以通过购买"中小企业贷款保证保险"拓宽融资渠道，实现更好的发展。作为物流金融风险管理的重要工具，银行质押财产险和质押监管责任险具有广阔的市场空间。

实训项目

案例背景

华中 ZC 物流公司与 HX 银行武汉市分行一起合作开展了物流金融业务。在 2018 年拓展了一个钢材供应链业务，核心企业为在武汉的 WH 钢材生产厂，贷款企业是 WH 钢材生产厂的原材料供应商——XB 矿业：其为西部有色金属矿业公司之一，截至 2018 年 12 月，公司铁储量 29452.47 万吨，采取铁矿石作为动产质押的融资方式。受银行委托，华中 ZC 物流公司进行客户风险调查，列出了如表 6-6 所示的风险因素分析表。

表 6-6　某钢材供应链铁矿石供应商质押风险因素分析表

序号	风险因素	风险事故	损失	风险类别
1				
2				
3				
4				

1. 请结合背景案例分析

该质押业务中可能的风险因素、风险事故、损失和所属风险类别。

2. 实施步骤

（1）以 4～6 人小组为单位进行操作，并确定组长为主要负责人。

（2）搜集资料，将各个环节操作流程、内容和工作要点填入下表，完成工作计划表。

序号	工作名称	工作内容	工作要点	责任人	完成日期

（3）组织展开讨论，确定所调查有关该质押业务中可能存在的风险及其造成的损失和风险类别。

（4）提炼总结，整理资料，制作PPT进行汇报。

3．检查评估

能力		自评（10%）	小组互评（30%）	教师评价（60%）	合计
专业能力（60分）	1．调查结果的准确性(10分)				
	2．风险因素分析的准确性(10分)				
	3．风险事故、损失分析的准确性(10分)				
	4．风险类别分析的准确性(10分)				
	5．PPT制作与展示(20分)				
方法能力（40分）	1．信息处理能力(10分)				
	2．表达能力(10分)				
	3．创新能力(10分)				
	4．团体协作能力(10分)				
综合评分					

思考与练习

1．物流金融的风险因素有哪些？

2．物流金融的风险防范措施有哪些？

学习项目七
供应链金融服务

学习单元一　供应链金融服务认知

近年来，供应链金融作为一个金融创新业务在我国得到迅猛发展，已经成为商业银行和物流供应链企业拓展业务空间、增强竞争力的一个重要领域。一般来说，一个特定商品的供应链从原材料采购，到制成中间及最终产品，最后由销售网络把产品送到消费者手中，将供应商、制造商、分销商、零售商，直到最终用户连成一个整体。在这个供应链中，竞争力较强、规模较大的核心企业因其强势地位，往往在交货、价格、账期等贸易条件方面对上下游配套企业要求苛刻，从而给这些企业造成了巨大的压力。而上下游配套企业恰恰大多是中小企业，难以从银行融资，结果最后造成资金链十分紧张，整个供应链出现失衡。随着社会化生产方式的不断深入，市场竞争已经从单一客户之间的竞争转变为供应链与供应链之间的竞争，供应链内部各方相互依存，"一荣俱荣、一损俱损"。与此同时，由于赊销已成为交易的主流方式，处于供应链中上游的供应商，很难通过传统的信贷方式获得银行的资金支持，而资金短缺又会直接导致后续环节的停滞，甚至出现"断链"。维持所在供应链的生存，提高供应链资金运作的效力，降低供应链整体的管理成本，已经成为各方积极探索的一个重要课题，因此，供应链融资系列金融产品应运而生。

一、供应链金融综述

1. 供应链金融的概念

供应链金融是商业银行信贷业务的一个专业领域（银行层面），也是企业尤其是中小企业的一种融资渠道（企业层面）。它指银行向客户（核心企业）提供融资和其他结算、理财服务，同时向这些客户的供应商提供贷款及应收账款融资，或者向其分销商提供预付款代付及存货融资服务。简单地说，就是银行将核心企业和上下游企业联系在一起，提供灵活运用的金融产品和服务的一种融资模式。供应链金融是一种较为复杂的融资模式，涉及多个企业之间的合作和协调，主要包括金融机构、第三方物流企业、中小融资企业及供应链中占主导地位的核心企业。另外，良好的外部商务环境能为企业的发展和相互合作带来很多方便，在供应链金融服务中也是一个很重要的因素。供应链金融的整体框架如图7-1所示。

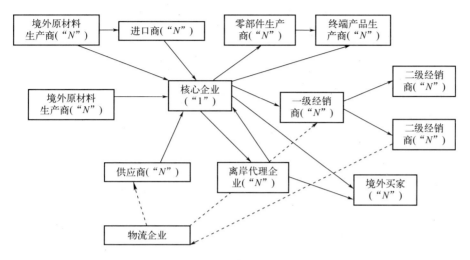

图7-1 "1＋N"供应链融资构成要素和相互关系分析

对于供应链金融可以有三种不同的理解，它们分别来自供应链核心企业的视角、电子交易服务平台的视角以及银行的视角。

（1）供应链核心企业的视角　供应链金融是一种在核心企业主导的企业生态圈中，对资金的可得性和成本进行系统性优化的过程。这种优化主要是通过在对供应链内的信息流进行归集、整合、打包和利用的过程中，嵌入成本分析、成本管理和各类融资手段而实现的。

（2）电子交易服务平台的视角　供应链金融的核心就是关注嵌入供应链的融资和结算成本，并构造出对供应链成本流程的优化方案。而供应链融资的解决方案，就是由提供贸易融资的金融机构、核心企业自身，以及将贸易双方和金融机构之间的信息有效连接的技术平台提供商组合而成。技术平台的作用是实时提供供应链活动中能够触发融资的信息按钮，比如订单的签发、按进度的阶段性付款、供应商管理库存（VMI）的入库、存货变动、指定货代收据的传递、买方确认发票项下的付款责任等。

（3）银行的视角　从银行业务拓展方式的角度，供应链金融是指银行通过审查整条供应链，基于对供应链管理程度和核心企业信用实力的掌握，对其核心企业和上下游多个企业提供灵活运用的金融产品和服务的一种融资模式。从供应链融资的功能角度，供应链金融就是要将资金流整合到供应链管理中，既为供应链各个环节的企业提供商业贸易资金服务，又为供应链弱势企业提供新型信贷融资服务的服务产品创新模式。从融资的功能指向角度，供应链融资是通过对供应链成员间的信息流、资金流、物流的有效整合，运用各种金融产品向供应链中所有企业（尤其是中小企业）提供的组织和调节供应链运作过程中货币资金的运作，从而提高资金运行效率的一种新型融资模式。

2. 供应链金融的特点

从产业供应链角度出发，供应链金融的实质就是金融服务提供者通过对供应链参与企业的整体评价（行业、供应链和基本信息），针对供应链各渠道运作过程中企业拥有的流动性较差的资产，以资产所产生的确定的未来现金流作为直接还款来源，运用丰富的金融产品，采用闭合性资金运作的模式，并借助中介企业的渠道优势，来提供个性化的金融服务方案，为企业、渠道以及供应链提供全面的金融服务，提升供应链的协同性，降低其运作成本。具体看，供应链金融的特点有：

(1) 现代供应链管理是供应链金融服务的基本概念　供应链金融是一种适应新的生产组织体系的全方位金融性服务，特别是融资模式，它不是单纯地依赖客户企业的基本面资信状况来判断是否提供服务，而是依据供应链整体运作情况，从企业之间真实的贸易背景入手，来判断流动性较差的资产未来的变现能力和收益性。通过融入供应链管理理念，可以更加客观地判断客户企业的抗风险和运营能力。可以说没有实际的供应链做支撑，就不可能产生供应链金融，而且供应链运行的质量和稳定性，直接决定了供应链金融的规模和风险。

(2) 大数据对客户企业的整体评价是供应链金融服务的前提　整体评价是指供应链服务平台分别从行业、供应链和企业自身三个角度对客户企业进行系统的分析和评判，然后根据分析结果判断其是否符合服务的条件。

(3) 闭合式资金运作是供应链金融服务的刚性要求　供应链金融是对资金流、贸易流和物流的有效控制，使注入企业内的融通资金的运用限制在可控范围之内，按照具体业务逐笔审核放款，并通过对融通资产形成的确定的未来现金进行及时回收与监管，达到过程风险控制的目标。即供应链金融服务运作过程中，供应链的资金流、物流需要按照合同规定的确定模式流动。

(4) 构建供应链商业生态系统是供应链金融的必要手段　供应链金融要得以有效运行，还有一个关键点在于商业生态网的建立。在供应链金融运作中，存在着商业生态的建立，包括管理部门、供应链参与者、金融服务的直接提供者以及各类相关的经济组织，这些组织和企业共同构成了供应链金融的生态圈，如果不能有效地建构这一商业生态系统，或者相互之间缺乏有效的分工，不能承担相应的责任和义务，并且进行实时的沟通和互动，供应链金融就很难得以开展。

(5) 企业、渠道和供应链，特别是成长型中小企业是供应链金融服务的主要对象　与传统信贷服务不同，供应链金融服务运作过程中涉及渠道或供应链内的多个交易主体，供应链金融服务提供者可以获得渠道或供应链内的大量客户群和客户信息，为此可以根据不同企业、渠道或供应链的企业，尤其是成长型的中小企业往往是供应链金融服务的主体，从而使这些企业的资金流得到优化，提高企业的经营管理能力。传统信贷模式下中小企业存在的问题，都能在供应链金融模式下得到解决（表 7-1）。

表 7-1 传统金融和供应链金融视角下对中小企业认知的差异

传统金融视角下的中小企业	供应链金融视角下的中小企业
信息披露不充分	供应链中的交易信息可以弥补中小企业信息不充分、采集成本高的问题
信用风险高	供应链成员中小企业要成为供应链运行中的参与者或合作伙伴,往往有较强的经营能力,而且其主要的上下游合作者有严格的筛选机制,因此信用风险低于一般意义下中小企业的风险
道德风险大	供应链中对参与成员有严格的管理,即认证体系,中小企业进入供应链是有成本的,资本本身也是资产。声誉和退出成本降低了道德风险
成本收益不经济	借助供应链降低信息获取成本,电子化、外包也可以降低一部分成本

(6) 流动性较差的资产是供应链金融服务的针对目标　在供应链的运作过程中，企业会因为生产和贸易的原因，形成存货、预付款项或应收款项等众多沉淀环节，并由此产生了对供应链金融的迫切需求，因此这些流动性较差的资产就为服务提供商或金融机构开展金融服务提供了理想的业务资源。但是流动性较差的资产要具备一个关键属性，那就是良好的自偿性。这类资产会确定的未来现金流，如同企业经过"输血"后，成功实现"造血"功能。供应链金融的实质，就是供应链金融服务提供者或金融机构针对供应链运作过程中，企业形成的应收、预付、存货等各项流动资产进行方案设计和融资安排，将多项金融创新产品有效地在整个供应链各个环节中灵活组合，提供量身定制的解决方案，以满足供应链中各类企业的不同需求，在提供融资的同时帮助提升供应链的协同性，降低其运作成本。

3. 供应链金融的构成

完整的金融体系包括金融产品、金融市场、金融主体和金融制度。对于供应链金融而言，这几个要素有其特殊之处：从广义上讲，供应链金融是对供应链金融资源的整合，它是由供应链中特定的金融组织者为供应链资金流管理提供的一整套解决方案。静态层次上，它包含供应链中参与方之间的各种错综复杂的资金关系；供应链金融服务通过整合信息、资金、物流等资源，来达到提高资金使用效率并为各方创造价值、降低风险的目的。

一个完整的供应链金融体系包括以下要素：

(1) 供应链金融产品　供应链金融产品主要是金融机构提供的信贷类产品，其中包括对供应商的信贷产品，如存货质押贷款、应收账款质押贷款、保理等，也包括对分销商的信贷产品，如仓单融资、原材料质押融资、预付款融资等。此外，除了资金的融通，金融机构还提供财务管理咨询、现金管理、应收账款清收、结算、资信调查等中间增值服务，以及直接对核心企业的系列资产、负债和中间业务提供服务。因此，供应链金融的范畴大于供应链融资或供应链授信。

(2) 供应链融资市场　供应链融资市场基本上属于短期的货币（资金）市场，尽管供应链金融有着特异化的风险控制技术、自成体系的产品系列以及特别的盈利模式，但是从融资用途和期限的角度看，基本上可以归入广义的短期流动资金授信的范畴。

(3) 供应链金融体系中的参与主体　供应链金融体系中的参与主体大致包括以下四类：第一类，资金的需求主体，即供应链上的节点企业；第二类，资金的供给及支付结算业务的提供主体，主要是以商业银行为代表的金融机构；第三类，供应链金融业务的支持型机构，包括物流监管公司、仓储公司、担保物权登记机构、保险公司等；第四类，监管机构，在国内目前主要是各级银保监部门。

(4) 供应链金融制度　供应链金融制度主要涉及两方面的内容：一是相关法律法规，比如动产担保物权的范围规定、设定程序、受偿的优先顺序、物权实现等的相关法律，以及监管部门的业务监管相关制度；二是技术环境，主要包括与产品设计相关的金融技术和信息技术。

4. 供应链金融的意义

供应链金融发展迅猛，原因在于其拥有"既能有效解决中小企业融资难题，又能延伸银行的纵深服务"的双赢效果。

(1) 企业融资新渠道　供应链金融为中小企业融资的理念和技术瓶颈提供了解决方案，中小企业信贷市场不再可望而不可即。对于很多大型企业财务执行官而言，供应链金融作为融资的新渠道，不仅有助于弥补被银行压缩的传统流动资金贷款额度缺口，而且通过上下游企业引入融资，自己的流动资金需求水平也会持续下降。

(2) 银行开源新通路　供应链金融提供了一个切入和稳定高端客户的新渠道，通过面向供应链系统成员的一揽子解决方案，核心企业被"绑定"在提供服务的银行。通过供应链金融，银行不仅跟单一的企业打交道，还跟整个供应链打交道，掌握的信息比较完整、及时，银行信贷风险也少得多。在供应链金融这种服务及风险考量模式下，由于银行更关注整个供应链的贸易风险，对整体贸易往来的评估会将更多中小企业纳入银行的服务范围。即便单个企业达不到银行的某些风险控制标准，但只要这个企业与核心企业之间的业务往来稳定，银行就可以不只针对该企业的财务状况进行独立风险评估，而是对这笔业务进行授信，并促成整个交易的实现。

(3) 经济效益和社会效益显著　供应链金融的经济效益和社会效益非常突出，借助"团购"式的开发模式和风险控制手段的创新，中小企业融资的收益-成本比得以改善，并表现出明显的规模效益。

(4) 供应链金融实现多流合一　供应链金融很好地实现了物流、商流、资金流、信息流等多流合一。

【知识链接】八部门规范发展供应链金融　支持供应链产业链稳定循环和优化升级

为深入贯彻落实党中央、国务院决策部署，加强金融精准服务供应链产业链完整稳定，促进经济良性循环和优化布局，中国人民银行、工业和信息化部、司法部、商务部、国资委、市场监管总局、银保监会、外汇局联合印发《关于规范发展供应链金融 支持供应链产业链稳定循环和优化升级的意见》（以下简称《意见》），从六方面提出23条政策要求和措施。

《意见》提出，要准确把握供应链金融的内涵和发展方向。提高供应链产业链运行效率，降低企业成本；支持供应链产业链稳定升级和国家战略布局；坚持市场主体的专业优势和市场定位，加强协同配合；注重市场公平有序和产业良性循环。

《意见》明确，要稳步推动供应链金融规范、发展和创新。提升产业链整体金融服务水平，探索提升供应链融资结算线上化和数字化水平，加大对核心企业的支持力度，提升应收账款的标准化和透明度，提高中小微企业应收账款融资效率，支持打通和修复全球产业链，规范发展供应链存货、仓单和订单融资，增强对供应链金融的风险保障支持。

《意见》指出，要加强供应链金融配套基础设施建设。措施包括完善供应链票据平台功能，推动动产和权利担保统一登记公示。

《意见》提出，要完善供应链金融政策支持体系。一方面优化供应链融资监管与审查规则，另一方面建立信用约束机制。

《意见》强调，要防范供应链金融风险。加强核心企业信用风险防控，防范供应链金融业务操作风险，严格防控虚假交易和重复融资风险，防范金融科技应用风险。

《意见》要求，要严格对供应链金融的监管约束。强化支付纪律和账款确权，维护产业生态良性循环和加强供应链金融业务监管。

5. 供应链金融与传统信贷的区别

供应链金融与传统信贷的区别主要有：

（1）国外供应链金融注重贸易融资，力图维护供应链稳定，避免核心客户流失，这是国外商业银行的竞争格局导致的。国内供应链金融有明显的新客户导向，以及缓解中小企业融资困境的政策背景，思路并不相同。

（2）对贷款风险控制的重点从单一企业的主体信用评估转变为通过控制供应链运作过程来降低风险，强调贷款的自偿性。为实现对供应链运作过程的控制，单纯依靠银行传统的信贷功能已经无法满足要求，因此，实践中银行通常与掌握供应链信息的物流企业进行合作，双方建立联盟（简称贷方），向有融资需求的供应链企业（简称借方）进行贷款。

（3）传统信贷的评估聚焦于单个企业节点，贷款质量基本上由企业经营情况决定。而供应链金融的风险关键在于链条的稳定性，对于供应链的评价不仅优先，而且更加复杂。譬如供应链节点之间的关系是否"健康"，这一超出经营数据的因素在供应链金融中至关重要。

（4）在实现模式上，传统信贷评估的是企业综合信用，这一动态指标相对难以掌握，这也是资产支持型融资成为主流的原因。但供应链金融强调的是交易确定性和资金封闭性，要求资金与交易、运输、货物出售严格对应，对供应链信息流的掌控程度，决定了供应链金融方案的可行性。传统信贷依赖报表和货权，在供应链金融中还要加上动态信息，因为风险已经从单一节点沿着供应链上移。

（5）与一对一的传统信贷相比，供应链金融还附加了核心企业这一变数，其配合意愿、对成员企业的约束力也是影响供应链质量的重要指标。换句话说，既然供应链金融集成了整个链条的信用，那么单一节点的风险也会因此更复杂。

（6）从客户群体来看，传统信贷更注重资产价值，对于所在行业的特征没有严格要求。比较而言，供应链金融对行业运行模式的要求更苛刻。

【知识链接】中远物流发展供应链金融

中远物流依托中国远洋集团的良好信誉和业界声望，与深圳发展银行、民生银行等十三家银行结成了战略联盟，并投身供应链金融服务，为有潜力的客户提供金融信贷支持，扶持了一批中小客户，使其快速成长。中远物流还在提升和充分挖掘客户价值的基础上，加大与码头运营商的合作力度，首创了"海陆仓"模式，并通过建立多个物流金融专业平台（实体公司），强化了中远物流在码头进出口、远洋运输、船代、货代、报关报检、存储、货物质押贷款监管、公路运输、铁路运输、内贸海运等现有物流业务。在中远物流的示范带动下，中国外运股份有限公司、中储发展有限公司、中铁快运股份有限公司等国有大型物流企业也开始发展类似业务。

二、物流金融与供应链金融的关系

（一）两种融资方式的相关概念

1. 物流金融的概念界定

（1）定义　物流金融是包含金融服务功能的物流服务，指贷款企业在生产和开展物流业务时，为降低交易成本和风险，通过物流企业获得金融机构的资金支持；同时物流金融也是物流企业为贷款企业提供物流监管及相应的融资及金融结算服务，使物流产生价值增值的服务活动。物流金融模式如图7-2所示。

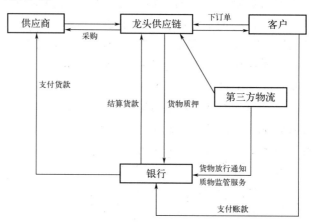

图 7-2　物流金融服务模式

图 7-2 为通常意义上的物流金融业务关系，从图中可以看出，物流金融仅为供应链或非供应链的某一贷款企业进行服务，由于仅面向一个企业，此融资方式流程简洁，不存在关联担保，且融资关系简单清楚，风险性小。

（2）运作主体　从定义可以看出，物流金融主要涉及三个主体：物流企业、金融机构和贷款企业。贷款企业是融资服务的需求者，物流企业与金融机构为贷款企业提供融资服务，三者在物流管理活动中相互合作、互利互惠。

（3）运作模式　根据金融机构参与程度的不同，物流金融的运作模式可分为资本流通模式、资产流通模式及综合模式。其中资本流通模式是金融机构直接参与物流活动的流通模式，包含四种典型模式：仓单质押模式、授信融资模式、买方信贷模式和垫付贷款模式。资产流通模式是金融机构间接参与物流活动的流通模式，其流通模式有两种：替代采购模式和信用证担保模式。综合模式是资本和资产流通模式的结合。

2. 供应链金融的概念界定

（1）定义　供应链金融指给予企业商品交易项下应收应付、预收预付和存货融资而衍生出来的组合融资，是以核心企业为切入点，通过对信息流、物流、资金流的有效控制或对有实力关联方的责任捆绑，针对核心企业上下游长期合作的供应商、经销商提供的融资服务，其目标客户群主要为处于供应链上下游的中小企业，目前供应链金融已应用在了汽车、钢铁、能源、电子等大型、稳固的供应链中。如图 7-3 所示。

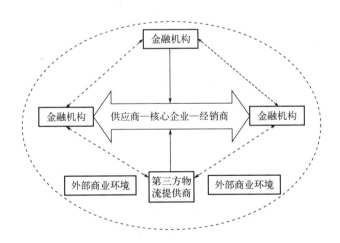

图 7-3　供应链金融构成要素和相互关系

由图 7-3 可以看出，供应链金融是为某供应链中一个或多个企业的融资请求提供服务，它的出现避免了供应链资金短缺造成的断裂。在具体融资过程中，物流企业辅助金融机构完成整条供应链的融资，供应链金融模式不同，其参与程度也不同。由于面对整条供应链的企业，金融机构易于掌握资金的流向和使用情况。

（2）运作主体　供应链金融主要涉及三个运作主体：金融机构、核心企业和上下游企业。其中核心企业和上下游企业是融资服务的需求者；金融机构为融资服务的提供者；物流企业仅作为金融机构的代理人或服务提供商，为贷款企业提供仓储、配送、监管等业务。

（3）运作模式　从风险控制体系的差别以及解决方案的问题导向维度，供应链金融的运作模式分为存货融资、预付款融资、应收账款融资模式；采取的标准范式为"$1+N$"，即以核心企业"1"带动上下游的中小企业"N"进行融资活动，"$+$"则代表两者之间的利益、风险进行的连接。

（二）两种融资方式的区别

1. 服务对象

物流金融面向所有符合其准入条件的中小企业，不限规模、种类和地域等；而供应链金融为供应链中的上下游中小企业及供应链的核心企业提供融资服务。

2. 担保及风险

开展物流金融业务时，中小企业以其自有资源为担保，融资活动的风险主要由贷款企业产生。供应链金融的担保以核心企业为主，或由核心企业负连带责任，其风险由核心企业及上下游中小企业产生，供应链中的任何一个环节出现问题，将影响整个供应链的安全及贷款的顺利归还，因此操作风险较大。但是，金融机构的贷款收益也会因整条供应链的加入而随之增大。

3. 物流企业的作用

对于物流金融，物流企业作为融资活动的主要运作方，为贷款企业提供融资服务；供应链金融则以金融机构为主，物流企业仅作为金融机构的辅助部门提供物流运作服务。

4. 与异地金融机构的合作程度

在融资活动中，物流金融一般仅涉及贷款企业所在地的金融机构；对于供应链金融，由于上下游企业及核心企业经营和生产的异地化趋势增强，因而涉及多个金融机构间的业务协作及信息共享，同时加大了监管难度。

5. 融资方式的选择

金融机构正确、合理地为贷款企业选择融资方式是各运作主体收益最大化的前提。若其未详细考察企业的内部经营情况和外部环境，仅凭以往放贷经验盲目地为贷款企业提供融资方案，将导致金融机构降低收益、失去潜在客户群及增加不良贷款，同时，影响贷款企业的生产经营，甚至阻碍所在供应链的发展。

学习单元二 供应链金融的主要业务模式

供应链金融包括动产质押、保兑仓、先票款后货、国内保理、应收账款质押、仓单质押等业务。

一、动产质押业务

动产质押业务是指融资企业在正常经营过程中，以其已经拥有的银行认可的动产作质押，交由银行认可的监管企业进行监管，以动产价值作为还款保障，以融资企业成功组织交易后的货物销售回笼资金作为融资企业第一还款来源，偿还银行信贷资金的融资业务。银行提供静态质押和动态质押两种业务模式，静态质押模式下客户必须通过打款赎货的方式提货；动态质押模式下客户可通过以货换货的方式，采用银行认可的新的等值货物置换已质押的货物。其融资产品优势和运作流程如下：

1. 产品优势

对融资企业（上下游企业）来说，提供了一种新的融资担保形式，降低了融资门槛，拓宽了融资渠道；盘活了客户的存货资产，降低了因增加存货带来的资金周转压力；融资品种多样，操作简便灵活。对核心企业来说，稳定了与上下游购销关系，强化了对上下游企业的控制力度，提升了供应链整体竞争力；扩大了产销量及客户群体，提升了行业竞争力和品牌地位；减少了直接融资，节约了财务成本，优化了财务数据。

2. 适用范围

（1）除存货以外缺乏其他合适的抵（质）押物或者担保条件的客户。

（2）客户所持有的存货应所有权清晰，性质稳定，规格明确，便于计量，价格波动不大且易于变现。

（3）核心企业愿意在银行帮助下借助自身信用为供应商和经销商融资提供支持，从而稳定上下游销售渠道。

【知识链接】动产质押业务申办流程

一、动产质押业务申办条件

1. 为经工商行政管理机关或主管机关核准登记的企事业法人或其他经济组织。

2. 能够通过银行的债项评级。

3. 拟质押动产为银行已批准开办质押的动产或符合《动产质押业务管理办法》要求的条件。

4. 核心企业已经银行认定或符合《动产质押业务管理办法》要求的条件。

5. 信贷用途符合国家法律法规相关规定和银行规定。

二、客户需提供的资料

客户除需要提供银行授信业务的基础资料外，还需提供如下资料。

1. 动产质押业务申请书。

2. 表明融资企业对动产拥有所有权、处分权的证明（购销合同、付款凭证、发票等），及同意质押的有关文件、材料。公司作为出质人的，应根据其公司章程要求，提供由股东会或董事会出具的同意质押的决议。

3. 提供质物清单，包括品种、规格、数量、生产厂商、进货价格、国家许可生产或进口证明、质量合格证明、产品说明书等。

4. 最近两个年度与核心企业的购销合同、发票等过往交易记录。融资企业为核心企业下游经销商的，还应提供核心企业对于经销商的准入、退出机制，以及认定为核心企业经销商的证书等相关材料。

三、动产质押授信流程

1. 在银行、客户、监管方三方鉴定《仓储监管协议》的前提下，客户向监管方交付抵押物。

2. 银行对客户进行授信。

3. 向银行追加保证金（或补充同类质物）。

4. 银行向监管方发出发货指令。

5. 监管方发货。

二、标准仓单质押融资业务

标准仓单质押融资业务是指银行以借款企业自有或有效受让的标准仓单作为质押物，根据一定质押率向借款企业发放短期流动资金贷款。在借款企业不履行债务时，银行有权依照《民法典》及相关法律法规，以该标准仓单折价或以拍卖、变卖该仓单的价款优先受偿。

三、先票/款后货

先票/款后货是基于核心企业（供货方）与经销商的供销关系，经销商通过银行融资提前支付预付款给核心企业并以融资项下所购买货物向银行出质，银行按经销商的销售回款进度逐步通知监管企业释放质押货物的授信业务。

四、保兑仓业务

保兑仓是指以银行信用为载体，以银行承兑汇票为结算工具，由银行控制货权，卖方（或仓储方）受托保管货物并对承兑汇票保证金以外金额部分由卖方以货物回购作为担保措施，由银行向生产商（卖方）及其经销商（买方）提供的以银行承兑汇票的一种金融服务。

五、国内保理业务

国内保理业务是指保理商（通常是银行或银行附属机构）为国内贸易中以赊销的信用销售方式销售货物或提供服务而设计的一项综合性金融服务。卖方（国内供应商）将其与买方（债务人）订立的销售合同所产生的应收账款转让给保理商，由保理商为其提供贸易融资、销售分户账管理、应收账款催收、信用风险控制与坏账担保等综合性金融服务。

六、应收账款质押

应收账款质押是指融资企业将合法拥有的应收账款质押给银行，银行以贷款、承兑等各种形式发放的、用于满足企业日常生产经营周转或临时性资金需求的授信业务。

【知识链接】供应链金融服务商——深圳发展银行（平安银行）

深圳发展银行是国内最全面、最专业的供应链金融服务提供商，无论企业处于供应链的任何环节，深圳发展银行都有融资解决方案，丰富的贸易融资产品可以全方位地满足广大流通企业、生产企业的贸易融资需求。深圳发展银行的"1+N"供应链服务方案，渗透到以核心企业为中心的产、购、销各个环节，操作品种涉及粮食、汽车、有色金属、钢材、煤炭、矿石、油品、木材、化工等行业。这种融资方案既包括对供应链单个企业的融资，也包括该企业与上游卖家或下游买家的段落供应链的融资安排，更可覆盖整个"供—产—销"链条，提供整体供应链贸易融资解决方案。

深圳发展银行的贸易融资产品分为三大类：预付类融资、存货类融资和应收类融资。

（一）预付类融资

主要包括：先票后货标准模式、先票后货担保提货模式、信用证项下未来货权质押开证模式（国际信用证、国内信用证）、商票保贴等。

1. 先票后货标准模式

先票后货标准模式是一种授信项下对未来货权的监管和质押模式，由银行先行开出银行承兑汇票（或贷款、商票保贴函、信用证等），并对整个采购过程实施封闭运作，严格控制在途货物单据，当授信资金项下的货物到达后，形成现货抵（质）押。

先票后货标准模式主要适用于现有库存不足的经销商，主要缓解企业预付款和在途货物的资金压力。

2. 先票后货担保提货模式

先票后货担保提货模式与先票后货标准模式的不同之处在于，厂商见银行指令发货，货物无须抵（质）押，直接发送给经销商，减少中间仓储环节，加快周转速度。

3. 信用证项下未来货权质押模式

信用证项下未来货权质押模式是指利用信用证的有条件付款特征和其他相关措施控制未来货权的模式，在货物到达之前以提单等物权凭证作为质押标的，待货物到后转为现货抵（质）押。

国际信用证项下未来货权质押模式主要解决进出口企业因自身规模实力限制或缺乏担保而出现的融资困难。国内信用证项下未来货权质押模式主要解决上游企业实力较弱和陌生交易资信不透明的问题，借助银行公信力，促进交易完成。

(二) 存货类融资

主要包括：现货抵（质）押模式、标准仓单质押模式、非标准仓单质押模式等。

1. 现货抵（质）押模式

现货抵（质）押模式是指授信客户先将自己合法拥有的动产或货权进行抵（质）押，银行经审核确定抵（质）押物所有权明确、数量或价值充足，抵（质）押手续有效后，通过开立银行承兑汇票或流动资金贷款等方式向企业提供融资支持的业务。要求授信企业在监管仓库保有一定最低库存量，入库自由；实际库存量如果高于最低存量，多余部分可以自由出库；最低存量临界点以下的货物出库，必须补足相应的保证金。

现货抵（质）押模式适用于正常经营情况下保有一定存货量的企业，主要解决企业库存占用资金的问题。

2. 标准仓单质押模式

标准仓单质押模式是指以期货交割仓库出具的标准仓单作为质押向银行融资的业务。该模式适用于棉花、大豆、有色金属等期货交易所认可的大宗商品经销商。

3. 非标准仓单质押模式

非标准仓单质押模式是指以具备出单资格的仓储公司出具的非标准仓单作为质押向银行融资的业务。

(三) 应收类融资

主要包括：国内保理业务、池融资业务、离在岸联动出口保理业务、融资租赁保理业务、国内保理业务商业汇票结算方式、信用保险项下国内保理业务等。

1. 国内保理业务

国内保理业务指银行受让国内卖方因向另一同在国内的买方销售商品或提供服务所形成的应收账款，并在此基础上为卖方提供应收账款账户管理、应收账款融资、应收账款催收和承担应收账款坏账风险等的一系列综合性金融服务。该业务主要解决企业应收账款问题。

2. 池融资业务

池融资是深圳发展银行首创的融资理念，具体应用是将企业日常、琐碎、零散、小额的应收款、背书商业汇票、出口退税申报证明单据等积聚起来，转让给深圳发展银行，深圳发展银行为企业建立相应的应收账款"池"，并根据"池"容量为企业提供一定比例的融资，企业可随需而取，将零散应收账款快速变现。

深圳发展银行池融资业务包括出口发票池融资、票据池融资、国内保理池融资、出口退税池融资、出口应收账款池融资五大业务内容，全面系统地为盘活企业应收款、融通资金链构筑了多维通道。

3. 离在岸联动出口保理业务

离在岸联动出口保理业务秉承了银行供应链金融的理念，把在岸到离岸再到海外用户这条供应链整个纳入服务范围，以全程的应收账款债权转让为基础，为离岸公司提供信用担保，为在岸公司提供应收账款融资。

4. 融资租赁保理业务

融资租赁保理业务是在融资租赁行业的创新应用，其产品功能是，在租赁公司将融资租赁服务产生的未到期应收租金转让给银行的基础上，银行为租赁公司提供应收账款账户管理、应收账款融资、应收账款催收和承担应收账款坏账风险等一系列综合性金融服务。据了解，此产品将使融资租赁市场的各参与方同时受益，是深圳发展银行基于融资租赁行业而有针对性地研发的全新金融服务模式。

5. 国内保理业务商业汇票结算方式

国内保理业务商业汇票结算方式是指在国内保理业务项下，若企业交易采用先赊销后支付商业汇票的方式结算，深圳发展银行可以"赊销账期＋商业汇票期限"作为卖方企业的账期，给予企业更长的融资期限。在取得商业汇票后，深圳发展银行还能为卖方企业提供方便灵活的处理，企业既可以选择到深圳发展银行办理票据贴现，并以贴现款项归还银行融资；也可以将商业汇票背书转让给深圳发展银行，由深圳发展银行进行到期托收，并以托收款项来归还融资。

6. 信用保险项下国内保理业务

信用保险项下国内保理业务是指国内卖方企业在投保信用保险的前提下，银行受让其因向另一同在国内的买方销售商品或提供服务所形成的应收账款，并在此基础上为卖方提供应收账款账户管理、应收账款融资、应收账款催收和承担应收账款坏账风险等一系列综合性金融服务。

学习单元三　供应链金融风险管理

一、供应链金融主要风险类别

供应链金融作为一种针对中小企业的结构性金融创新，在运作模式上具有参与主体多元化、资金流动封闭化、强调动产担保物权等一系列特征，供应链金融业务的风险主要为以下四种：

1. 政策风险

国家政策的变化会影响相关行业的整个产业链。当进行产业结构调整时，国家会出台一系列政策，支持或限制某个产业的发展。若国家出台政策限制一个产业发展，这个产业链从源头到最后的零售商都会受到影响，或生产规模缩小，或价格被迫上涨。如果银行选取了这条产业链上的核心企业开展了供应链融资业务，那么相关信贷业务都会被波及。

2. 操作风险

供应链金融业务是以对资金流、物流的控制为基础的，其中贷后操作的规范性、合法性和严密性是贷款收回的重要保障，所以供应链金融业务的操作风险远大于传统业务。

3. 市场风险

由于在供应链金融业务中，作为贷款收回的最后防线的授信支持性资产多为动产，且根据供应链所属行业不同，动产种类也很多。这些动产的价格随市场供需的变化而波动，若贷款的收回需要将这些资产变现，而价格处在低谷，就会给银行的供应链金融业务带来市场风险。这种以动产为保障的信贷模式的市场风险在整体业务风险中所占比例也较高。

4. 供应链金融业务特殊风险

供应链金融业务与传统信贷业务相比有一些不同的特质，构成了供应链金融业务特殊风险的起因。首先，授信企业具有产业链相关性。供应链金融的授信对象是在一条供应链上的企业，以大客户为核心，而以它的上下游为扩展。这条供应链上的一系列企业在产业经济学意义上被定义为具有产业相关性的企业。给具有产业相关性的企业发放贷款是具有连带的信用风险的，这是因为供应链上任何一家企业的问题将通过供应链传导给整个链上的企业。且银行现阶段发展的供应链授信对象多集中在几个大型的产业链上，如汽车业、医疗器械类、电力类等。当这些大型产业链上的任意一个重要节点发生使银行撤出资金的风险问题时，不仅银行在链上其他企业的授信业务会受到影响，甚至整个产业链的发展也会受到波及。其次，供应链上主要授信企业规模较小。在传统的信贷业务中，银行偏向于选择信用评级较高的大型企业作为授信对象。而在供应链金融业务中，最需要资金支持的往往不是一条供应链上的核心企业，而是其上下游的供应商、分销商等相对小的企业。由于中小企业在供应链中处于买方或卖方的劣势地位，流动负债在其报表中所占份额很大。银行给这些中小企业放贷，面临着授信对象规模小、信用评级历史短或有空缺的情况，相较规模大的企业而言风险较大。最后，银行授信以交易为基础决定其风险与传统业务不同。供应链金融是基于企业间的实质性交易来发放贷款的，这就决定了交易的可控性、真实性成为贷款收回的重要保障。传统业务中，银行会将目光放在企业的评级、财务状况上，不会对企业的每笔交易都做调查。而供应链金融业务中，授信因交易而存在，如果企业交易信息造假而银行又没有及时发现，就会产生巨大的信用风险。在控制企业的交易过程中，银行也容易处于被动地位，所以说授信以交易为基础给银行信贷带来了与传统信贷不同的风险。

二、供应链金融业务的风险管理

（一）供应链金融业务的风险管理流程

供应链金融业务风险管理流程与传统业务一样分为风险识别、风险度量和风险控制，但是侧重点不同。

风险识别是风险管理工作的第一步，也是风险管理的基础。在这个过程中，银行对可能带来风险的因素进行判断和分类。这部分做法和传统信贷业务基本一致，但识别风险时，要注意与传统业务风险种类的区别。

风险度量则是运用定量分析的方法分析与评估风险事件的发生概率。传统信贷业务有多年积累的数据基础，各银行都有比较完备的数据库，量化分析时有比较成熟的模型。而供应链金融业务是一个比较新的金融服务领域，数据积累少，且客户群的中小企业较多，所以目前并不具备量化模型评估的条件。这就要求银行在供应链金融业务风险度量时注意数据的积累，逐步推进风险量化与模型构建。

风险控制指银行采取相应措施将分析结果中的风险控制在一定范围之内。通常意义上，银行对于风险可采取的措施包括：风险回避、风险防范、风险抑制、风险转移和风险保险等。在我国供应链金融业务中，风险转移和保险还很不普遍，风险防范和风险控制主要通过操作控制来完成，因此风险控制在此业务风险管理中是很重要的步骤。

(二) 供应链金融业务风险管理措施

1. 创建独立的风险管理体系

供应链金融信贷业务具有与传统信贷业务不同的风险特征，所以在对其进行风险管理时，要创建独立的风险管理体系。把供应链金融业务的风险管理系统独立出来，可以使风险管理系统的整体运行更有效率。不要用传统的财务指标来约束供应链金融信贷业务的发展，要引入新的企业背景与交易实质共同作为评判因素的风险管理系统。

2. 供应链核心企业的选择管理

供应链金融的风险管理首先是供应链中核心企业的选择问题。为了防范核心企业道德风险，银行应设定核心企业的选择标准。

(1) 考虑核心企业的经营实力　如股权结构、主营业务、投资收益、税收政策、已有授信、是否有负债、信用记录、行业地位、市场份额、发展前景等因素，按照往年采购成本或销售收入的一定比例，对核心企业设定供应链金融授信限额。

(2) 考察核心企业对上下游客户的管理能力　如核心企业对供应商、经销商是否有准入和退出管理；对供应商、经销商是否提供排他性优惠政策，比如排产优先、订单保障、销售返点、价差补偿、营销支持等；对供应商，经销商是否有激励和约束机制。

(3) 考察核心企业对银行的协助能力　即核心企业能否借助其客户关系管理能力协助银行加大供应链金融的违约成本。

3. 物流企业的准入管理

在供应链金融风险管理中，物流企业的专业技能、违约赔偿实力以及合作意愿三项是起着决定作用的关键指标。其中，专业技能和违约赔偿实力两项指标分别关系到供应链金融的违约率和违约损失率，可以进一步细化这两项指标，采用打分形式对物流企业进行评级和分类。对于合作意愿指标，除了考虑物流企业与银行合作的积极性，还应考虑物流企业具体业务操作的及时性，以及物流企业在出现风险时承担相应责任的积极性。根据上述三项指标筛选的物流企业应能在保证供应链有序运转的同时，协助银行实现对质押货物的有效监管；在出现风险时发挥现场预警作用，将质押货物及时变现，最大限度地降低银行供应链金融违约损失率。

4. 中小企业担保物权的认可管理

在供应链金融中，中小企业的预付账款、存货、应收账款作为授信的支持性资产，是较为典型的三类广义动产担保物权。银行在选择适合的动产担保物权时，要根据不同种类，设定相应的认可标准。应收账款需要具备如下特征：

（1）**可转让性** 即应收账款债权依法可以转让。

（2）**特定性** 即应收账款的有关要素，包括额度、账期、付款方式、应收方单位名称与地址、形成应收账款的基础合同、基础合同的履行状况等必须明确、具体或可预期。

（3）**时效性** 即应收账款债权没有超出诉讼时效或取得诉讼时效中断的证据。

（4）**应收账款提供者的适格** 通常要求应收账款提供者具备法律规定的保证人资格。

存货应满足如下要求：

（1）**权属清晰** 即用于抵质押的商品必须权属清晰。

（2）**价格稳定** 即作为抵质押物的商品价格不宜波动剧烈。

（3）**流动性强** 即抵质押物易于通过拍卖、变卖等方式进行转让。

（4）**性质稳定** 即谨慎接收易燃、易爆、易挥发、易渗漏、易霉变、易氧化等可能导致抵质押物价值减损的货物。对于预付账款，即取得未来货权的融资，除了应考虑上述存货的选择要求外，还应考虑供应链金融的具体模式、上游核心企业的担保资格等因素。

5. 借贷机构的内部控制管理

在国内银行当前技术手段和管理结构背景下，商业银行应在地区或城市分行层次设置供应链金融的集中操作平台，以统一对不同客户服务的界面，保证操作的规范性，促进产品的标准化。虽然在个性化服务方面可能难以完全顾及，但是分行层次的集中操作，可以避免支行的重复劳动，取得操作的规模效益，有利于及时、准确执行新的操作政策，避免政策传导的时滞和疏漏。同时，由于贷后操作环节在供应链金融风险管理中至关重要，实施集中操作的商业银行要明确界定分支行间的贷后管理责任，为支行贷后管理的信息登记与咨询提供便利渠道，以便跟踪保兑仓融资模式下的到货情况、融通仓融资模式下的赎货情况、应收账款融资模式下的货款回笼情况，及时比对操作平台提供的信息和贷后管理获取的信息，发现授信企业经营活动异常的蛛丝马迹，对抵质押物采取保全措施，提高授信企业的违约成本，实现供应链金融项下银行债权。

6. 供应链金融风险评估模型的构建

在发展供应链金融业务的同时，也要注意信用评级系统数据库中数据的逐步积累。当今银行风险控制的发展趋势是数量化、模型化，供应链金融作为一项新的信贷业务，风险评估模型更是不可或缺，而构建完善模型的基础就是具有代表性的数据的收集。所以银行要注意投入物力、人力开发供应链金融风险的评估模型，使此业务今后的风险管理成本减少、更有效率。

7. 专业的供应链融资操作队伍的组建

开展供应链金融业务的人员不仅需要掌握传统融资的方法与技巧，更需要具备创新型融资的知识与技能以及深层次的从业经验。从事供应链融资业务的人员，需要对产品特性的深入了解，也需要有卓越的风险分析能力与交易控管能力，以使银行能够掌控供应链金融业务风险。

学习单元四　供应链融资担保

在我国，信用体系建设落后于经济发展速度，金融机构不良资产过大，企业之间的资金相互拖欠严重，三角债盛行，市场交易因信用缺失造成的无效成本巨大。社会信用体系建设是一个庞大的社会系统工程，不可能一蹴而就，因此构建供应链融资下的担保体系，委托第三方专业担保机构负责担保的外包担保替代传统信用担保已成为一个必然发展趋势。展望未来，我国现行供应链融资方案将长期存在，为满足进一步优化和完善现有供应链融资方案的设计需要，供应链融资担保作为一种创新型服务产品应运而生。

M7-1　团体标准——供应链金融监管仓业务规范

一、融资担保分析

供应链融资方案中，银行通过"巧用强势企业信用，盘活企业存货，活用应收账款"三大路径将中小企业融资的风险化于无形，通过供应链融资的组合，却把原来中小企业融资难的三大障碍——"信用弱、周转资金缺乏、应收账款回收慢"解决了，从而使这一模式具有低风险的存在基础。供应链融资担保是实现了银行、供应商、采购商、担保机构四方共赢的融资担保方案。

1. 银行

通过融资担保，银行可以有效防控风险，拓展优质中小企业客户群，实现公司业务联动，拓宽零售信贷发展空间，还可以提升重点客户服务水平，巩固重点客户银企关系，实现结算资金体内循环，提高银行综合收益。

2. 核心企业

核心企业和供应商之间是相互合作、共荣共生的关系。一方面，核心企业依赖于供应商提供优质的商品服务，同时，以日益增多的商业利润不断地扩大经营规模；另一方面，供应商又依赖于核心企业销售其商品，以腾出资金和赚取利润来扩大生产规模，进行可持续的发展。合作双方为了争取最大的利润空间，有时又相互矛盾。核心企业与供应商的对抗，对企业的长期发展是很不利的，必将从相互制约、互有所图的关系向新型的相互合作、共生共荣的双赢伙伴关系发展。核心企业将会对供应商给予一定的扶持和相关的资金帮助。供应链融资将切实帮助核心企业扶持其供应链中的供应商。

3. 供应商

供应商作为供应链融资服务的受益者是显而易见的，利用应收账款自偿，做到"借一笔、完一单、还一笔"，自贷自偿。首先，从银行获得相应的融资帮助企业解决了贷款难的问题，解决了资金问题，有利于其可持续发展。其次，企业提高了资金使用的效率，赚取更多的利润。

4. 担保公司

担保公司在其间提供了新型的服务担保，获取了相关的收益。服务担保是指金融机构提供的综合融资服务项目，包括资产评估、财务服务与分析、不良资产处理等一系列融资服务。鉴于当前的银行资源、客户、风险、政策等综合性情况，银行希望并需要担保公司提供配套的相关服务担保等一系列的融资金融服务来配合银行的核心工作。中小企业群体根据自身的条件也希望有担保公司配合来满足其对发展资金的需求。

二、供应链融资担保的难点

供应链融资担保是集合了四方的新型金融服务。其涉及面广泛，企业沟通繁琐，且每个具体的供应链都有其独特的情况，给担保公司参与其中设置了各方面的障碍。具体有以下几点：

1. 供应链的寻找

供应链的寻找即核心企业的寻找，所有的融资都是以一个供应链的核心企业为中心连接点的。核心企业是在一个行业内的知名企业，如上市公司或者中国五百强企业。核心企业的资本实力雄厚，财务信用状况良好，业务链庞大，有多个企业围绕在其旁边与其形成一个完整的供应链系统。而往往核心企业凭借其实力在与供应商合作的时候在资金结算方面都有一定的优势，表现在有一定时间的账期，这样势必占用供应商的资金资源，造成供应商资金出现问题，有相应程度的融资需求。

2. 核心企业的意愿

核心企业是供应链系统的连接点，也是供应链融资系统的关键，对供应商是否有扶持的意愿是供应商是否能融资的关键。在整个融资方案中，核心企业愿意为其供应商提供相应的保证，确认供货单证及其承担相应的费用等责任都关乎整个融资服务。因此，获取核心企业的支持就变得特别重要，且核心企业为此项融资愿意付出的代价也相当重要。

3. 资金提供

银行是整个融资服务的资金提供者，根据核心企业与供应商的信用状况,结合自身的人力资源及资金状况,考虑是否融资、融资额度多少以及是否需要担保公司的介入,也是供应链融资担保的一个重要方面。针对信用资质特别好的核心企业,供应商的企业资质银行也能认可,核心企业在融资中愿意付出的代价也相对比较低,结合融资的难易度,银行可能觉得没有必要引入担保公司进行相关的担保金融服务;针对核心企业信用资质很好但供应商的企业资质一般,或者核心企业的信用资质一般的情况,银行可能会非常愿意担保公司参与以降低银行风险。因此,核心企业的选择、银行的交流、权衡利益风险的谈判沟通也变得很重要。

4. 融资成本

供应商是整个供应链融资的资金获得者。供应商获得相应的资金支持最关键的是融资成本问题。如果供应商能够接受融资成本,启动供应链融资担保就不是问题。

三、供应链融资担保的应用模式

供应链融资担保开展业务可以采用由核心企业辐射供应商的模式,也可以采用通过供应商入手切入核心企业的模式。如图 7-4 所示。

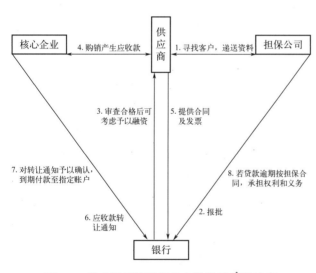

图 7-4 供应链融资担保各方关联关系及流程

1. 前期接洽

(1)针对核心企业,可通过报纸、杂志、电视、网络等媒体资源,寻找具备核心企业资质的相应企业信息,了解相关的供应链,通过电话营销(主要是采购部、财务部等主要部门负责)介绍相关的供应链融资服务,获取与企业当面会谈的机会。

(2)在与核心企业会谈中,应详细了解相关的供应链信息,主要包括供应链金额、账期等付款结算方式、对相关供应链中相关企业的支持度等与项目相关的信息。经过协商,获取核心企业的相应支持及其相关条件。

(3)与银行协商,详细介绍相应的供应链企业信息,获取银行融资额度的相关支持。

(4) 在三方协商一致的条件下，签订《三方供应链融资框架协议》。

(5) 在《协议》的支持下，通过核心企业提供的相关信息与供应商进行联系融资项目，有意向者收集融资所需要的企业资料并签订相关的供应链融资担保协议并协助企业办理相关法律登记手续。

(6) 整理供应商资料报银行审批。

2. 中期执行

供应商融资资料报送银行后，应与银行保持联系，互通相关审批信息，按照银行要求及时完成相应的资料补充等工作，并将相关信息反馈给供应商。待融资审批成功后，根据协议收取相关费用，并按照协议内容完成相应的供应链客户管理等工作。

3. 后期跟进

(1) 融资合同到期前，定期回访客户，做好融资执行过程中的衔接工作，确实保证按合同顺利进行，并做好相应的风险控制。

(2) 融资合同到期时，督促企业还款，务必做到"借一笔、完一单、还一笔"，定时与企业联系，定期对企业回访，了解其贷款使用情况，企业的生产、经营状况，并督促客户及时按约定还款等，对申请人进行监督。

(3) 融资合同到期后，被担保企业按合同约定到期偿还贷款本息，项目终止；被担保企业未能到期偿还贷款本息，担保公司履行其保证责任后，享有被担保企业的债权，应及时对该企业进行催收，尽量挽回担保损失。

4. 担保收费标准

供应链融资担保收费标准供应链融资担保收费包括银行贷款利息佣金及企业担保费两部分。其中银行贷款利息佣金为银行基准贷款利率上浮30%的利息收入，由银行返还；企业担保费根据担保公司审批的条件收取，原则上也等于银行基准贷款利率30%的利息收入，在银行放贷之日由企业收取。

实训项目

1. 训练目标

通过多个供应链金融实例的分析和经验教训的总结分享，进一步了解供应链金融的业务内容、构成要素、主要风险及如何降低风险等。

2. 训练内容

到各网站搜集供应链金融成功和失败的案例，分析供应链物流金融成功的构成要素、存在的主要风险及降低风险的主要措施，并对供应链金融的发展前景进行展望，发表自己的看法。

3. 实施步骤

(1) 借助网络搜集典型的供应链金融的案例。

(2) 以4～6人小组为单位进行操作，并确定组长为主要负责人。

(3) 搜集资料，将各个环节操作流程、内容和工作要点填入下表，完成工作计划表。

序号	工作名称	工作内容	工作要点	责任人	完成日期

（4）组织展开讨论，探讨供应链物流金融成功的构成要素、存在的主要风险及降低风险的主要措施、供应链金融的发展前景等。

（5）整理资料，撰写总结报告并制作PPT进行汇报。

4. 检查评估

	能力	自评(10%)	小组互评(30%)	教师评价(60%)	合计
专业能力(60分)	1. 案例是否典型,内容是否完整(10分)				
	2. 构成要素总结的合理性(10分)				
	3. 风险分析的合理性(10分)				
	4. 对供应链金融展望的合理性(10分)				
	5. 总结报告的撰写或PPT制作(20分)				
方法能力(40分)	1. 信息处理能力(10分)				
	2. 表达能力(10分)				
	3. 创新能力(10分)				
	4. 团体协作能力(10分)				
	综合评分				

思考与练习

1. 简述供应链金融与传统信贷的区别。
2. 简述供应链金融的主要业务内容。
3. 简述供应链金融的主要风险类型及降低风险的主要措施。
4. 简述供应链融资担保的应用模式及主要流程。

学习项目八
物流金融服务创新

学习单元一　快递企业融仓配一体化服务模式设计

我国快递企业经过近三十年的发展,已经初步搭建起了全国范围的服务网络,但快递企业间服务同质化严重,往往采取低价的方式来吸引客户,客户依赖度低,企业利润薄,使得企业不具备可持续发展的能力。而且随着网络购物体验要求越来越高,电子商务企业规模越来越大,竞争越来越激烈。传统电商物流模式下仓储由电商企业或第三方仓储物流企业负责,配送则交由快递企业运作,仓储、配送脱节的物流运作模式已不能满足当前电商企业和网络购物体验的发展需求,所以迫切需要有能够提供仓储、配送一体化运作的综合电商物流服务供应商。来自客户的服务升级需求和国内外其他企业的竞争压力,倒逼快递企业不得不进行转型升级。

一、电商物流服务模式分析

随着企业规模越来越大,竞争越来越激烈,电商企业迫切需要一个能为其提供仓储、配送、结算和融资服务的一体化物流服务供应商,以将更多的资金、时间和资源放在核心竞争力上,如商品营销、网站运营与管理和大数据分析等。以电商企业为主要客户的快递企业在自身转型升级时应首先应考虑以电商物流为切入点,了解电商企业的服务需求,为其提供综合一体化服务解决方案,提升电商企业与快递企业间的协同度。面对电商企业物流服务需求的变化,快递企业应积极拓展服务内容,延伸服务链条,从原来单纯的配送、代收货款环节延伸到仓储、融资等环节。

1. 仓配一体化电商物流服务模式分析

仓配一体化服务是指快递企业为电商企业提供仓储和配送一体化服务解决方案,其具体的运作模式是首先由电商企业向生产商或供应商发出采购信息,货物直接由供应商发往就近的快递企业的仓储设施,由快递企业负责货物的检验,然后入库并将入库信息反馈给电商企业,电商企业根据历史销售数据和商品页面浏览数据等信息计算出不同区域城市的销售比例并向快递企业发出调仓指令,将货物发往离客户较近的仓储设施,实施在库管理。当客户下单订购时,电商企业及时将订购信息通过系统传递给快递企业,快递企业在接到订单后进行电子面单打印、分拣、精细加工、包装、配送、退换货处理等实体物流服务。如果客户选择的是货到付款,则由快递公司代为收取货款并在规定的时间内转账给电商企业。具体操作流程如图 8-1 所示。

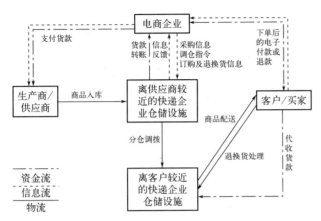

图 8-1 快递企业仓配一体化运作流程图

2. 融仓配一体化电商服务模式分析

针对有一定合作基础、产品销路好、有融资需求的电商企业,快递企业可以为其提供仓配加融资服务,即融仓配一体化服务。具体运作模式为:首先由电商企业向生产商或供应商发出采购信息,货物直接由生产商或供应商发往就近的快递企业的仓储设施,由快递企业负责货物的检验,并代电商企业向供应商支付货款,然后入库并将入库信息和货款支付信息反馈给电商企业,电商企业根据历史销售数据和商品页面浏览数据等信息计算出不同区域城市的销售比例并向快递企业发出调仓指令,将货物发往离客户较近的仓储设施,实施在库管理。当客户下单订购时,电商企业及时将信息通过信息系统传递给快递企业,快递企业在接到订单后进行电子面单打印、分拣、精细加工、包装、配送、退换货处理等实体物流服务。如果客户是通过互联网方式完成支付,则电商企业须在规定的时间内向快递企业偿还垫付的货款。如果客户选择的是货到付款,则由快递公司将代为收取的货款抵扣垫付的货款。具体操作流程如图 8-2 所示。

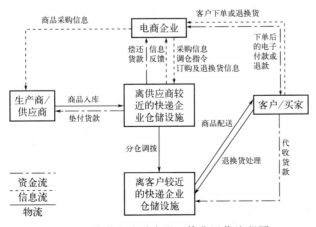

图 8-2 快递企业融仓配一体化运作流程图

二、融仓配电商物流服务模式特征分析

从图 8-1、图 8-2 中可以看出，电商企业只负责信息处理，主要将供应商的采购信息、客户的订购及退换货信息和调仓信息通过信息系统传递给快递企业，商品的物流作业完全交由第三方物流企业完成，电商企业可以将更多的资源放在发展核心竞争力上。

仓配一体化服务模式优化了传统快件流转的作业流程，降低了成本。传统电商快件寄递流程为：客户下单—上门取件—网点—分拨中心—干线运输—分拨中心—网点—客户。仓配一体化操作模式下电商快件寄递流程为：客户下单—分拨中心—区域运输或城市配送—网点—客户。仓配一体化操作模式通过大数据分析，将商品提前放置在离买家更近的仓储设施内，省去原来客户下单后的取件和干线运输环节，节省了投递时间，并且原来的异地件可能变成现在的同城件，降低了电商企业的投递成本。流程的优化缩短了商品到客户处的时间，降低了成本进而提升了客户网络购物的体验。

融仓配服务模式可以为有需求的电商企业提供融资服务，快递企业可以通过垫付货款的方式间接实现为电商企业融资，商品的流转始终处于快递企业的监控下，并且针对部分货物的货到付款方式，快递企业可将收取的货款直接抵扣垫付的货款，快递企业风险较低。

融仓配一体化服务为客户提供融资、仓储、配送等综合的一体化服务解决方案，不再像过去只提供单个环节的服务，增加了客户的依赖度和黏性。

快递企业在服务电商企业时有其天然优势，首先一些大型快递企业，如顺丰、"三通一达"等先前就积累了大部分电商客户，虽然这些客户黏度不高，但这些快递企业还是在电商物流中形成一定的口碑和知名度；其次这些快递企业有着全国范围内的配送服务网络，可以依托原有的配送服务网络，建设节点仓储设施，并将仓储和配送环节有效衔接起来。同时针对有资金需求的电商企业，快递企业可以以仓储环节为保障，为电商企业开展融资服务。

三、快递企业拓展融仓配一体化服务策略分析

快递企业开展融仓配一体化服务，关键是仓储设施网络的搭建、仓储运作的设计和充足的资金支持等。

1. 仓储设施网络规划

快递企业为电商企业提供仓储服务，应首先规划快递公司的仓储设施网络（主要指仓库），规划要素包含——一级区域配送仓库（CDC）、二级区域配送仓库（RDC）、配送中心仓库（DC）。规划内容包括不同区域内仓储中心的数量、各级仓储中心的地理位置、各级仓储中心的规模等。

快递企业仓储设施建设有两种形式。一是可以直接利用原有的分拨中心，依附于原有分拨中心，建设与分拨中心运作能力相匹配的仓储设施。

快递企业分拨中心主要功能是进行快件短时间的集结、分拣和中转等物流作业,若中转库面积较小并不具备储存大量商品的功能,可选择对其进行直接扩容来拓展仓储服务,这样做的好处是客户下单后,商品直接进入分拣、配送环节,实现仓储、配送环节的无缝对接,节省人力物力。如果没有预留地,可选择在分拨中心的周围建设仓储设施。

二是另行选址重新建设具有仓储、分拨和配送功能的分拨中心,需要分析电商行业的销售数据,合理规划区域,选择节点城市,重新建设仓储设施,以仓储设施网络为导向,重构原有的配送网络。这需要快递企业投入巨额的资金。

快递企业应逐步规划,采用对原有分拨中心扩容和另行选址新建配送中心相结合的方式搭建服务网络。

2. 拓展融资渠道

开展融仓配一体化业务要求快递企业具备充足的资金,用于仓储设施建设、信息系统升级、智能化设备改造和为电商企业融资等。而我国快递企业竞争压力大、利润薄,缺乏足够的资金用于自身转型升级,所以快递企业应积极拓展融资渠道。达到一定发展规模,具备主体资格,拥有完善的治理能力、健全的财务会计制度的快递企业可以通过上市的方式融资或采用引入战略投资和风险投资的方式获取资金。不符合上市或风投要求的快递企业可以通过将自身固定资产抵押的方式从银行获得资金。快递企业应结合自身的发展阶段选择合适的融资渠道。

学习单元二　农产品物流金融服务模式操作与管理

一、农产品物流金融的含义与特征

1. 农产品物流金融的含义

农业物流贯穿农业生产和经济活动的始终,是对农业生产前、生产中、生产后三段过程的科学管理。农业物流可以分为三段物流形式:

一是供应采购阶段的物流的形式,称为农业供应物流,是以组织农业生产所需的农药、化肥、种子、农机设备等生产资料为主要内容的物流。

二是生产阶段的物流形式,称为农业生产物流,是贯穿在整个农产品生产、加工活动过程中的生产物流。

三是销售阶段的物流形式,称为农业销售物流,即农产品物流。物流对象包括粮、棉、油(料)、茶、烟、丝、麻、蔗、果、菜、瓜等,以及乡镇企业生产的城市消费品等。

农产品物流金融是物流金融在农产品流通领域的应用,是指金融机构(银行、投资机构等)为农产品物流产业提供与资金融通、结算、保险等服务相关的新型金融业务,是现代农产品物流与资金流的有效融合。它通常涉及农产品生产加工企业、银行,同时还有经销商及第三方物流公司。

【知识链接】农产品物流分类

农产品物流根据分类标准的不同可以有不同的分类方式。按照农产品物流系统作用的对象划分,可以分为粮食产品物流、经济作物物流、林产品物流、畜牧水产品物流等。按农产品物流系统的空间范围划分,可以划分为国际性农产品物流、国内农产品物流以及地区性农产品物流。按照农产品物流业务是否外包,则可以分为自营物流、第三方物流。以下按第一类分类方式介绍。

1. 粮食产品物流

传统的粮食产品分类是根据人类可直接食用的特点将粮食产品分为谷物产品、豆类产品和薯类产品。

谷物产品主要包括稻谷、小麦、玉米、大麦、高粱等,豆类产品主要包括大豆、豌豆、绿豆等,薯类产品主要包括甘薯、马铃薯、山药、芋类等。

2. 经济作物物流

经济作物物流包括生鲜蔬菜流、瓜果流、棉花流、糖料流、油料流、烟叶流、麻类流、茶桑果流、花卉流、药材流及其他农作物物流。

3. 林产品物流

林产品是指以林木、林地资源为基础而生产的小材和以木材为原料的各种产品,主要有原木、锯材、木质人造板、各种木质和以木材为原料的各种纸制品、林化产品等,同时还包括种苗、花卉、种子、林区土特产品、林果类产品,涵盖林产品生产、收购、运输、储存、装卸、搬运、包装、配送、流通加工、分销、信息活动等环节。

4. 畜牧水产品物流

畜牧水产品物流包括畜牧产品物流和水产品物流。畜牧产品除了向人们生活提供肉、蛋、奶等食物外,还向化工、轻工、制革以及制药工业提供原料。近年来,中国城镇居民对肉、蛋、奶的消费量不断增长,畜牧产品物流发展迅速。

2. 农产品物流金融的特征

农产品物流金融由于农产品自身相关特殊属性而与工业物流金融及商贸流通下的物流金融有着很大的区别。农产品物流金融具有如下特征:

(1)质押品品种的多样性 农产品涉及农、林、牧、渔等各行业的产品,使得农产品物流金融的质押物品种纷繁复杂,其物理属性也不尽相同。

(2)农产品需求的不确定性 农业生产的特殊自然环境与经济环境,使得物流需求存在着不确定性。农产品的生产是自然再生产,在农产品变成可用于消费和加工的产品之前还需要一段比较长的周期。某些农产品因季节性、时效性在质押期间容易变质,而且随着时间的变化,某些农产品的市场价格、销售状况等也都会发生变化,从而导致质押农产品的变现能力改变。

(3) 运作过程的相对复杂性　农产品大部分都是有生命的植物或动物，或者是其他生命体的载体，因此，加工、保管、储存和运输等特殊因素的影响是农产品物流金融业务的运作过程中必须考虑到的。

(4) 生产与消费在时间和空间上的不一致性　虽然农产品的生产具有季节性，但是每天都会产生农产品的消费，这就对物流金融服务提出了更加严格的要求。农产品鲜活，量多，生产的季节性强，不容易储存运输，因此需要有更加完善的物流体系来解决农产品的集中生产与均衡消费、季节生产与全年消费之间的矛盾。

二、农产品物流金融服务模式

农产品物流金融的融资方式不同于一般的贷款抵押，它改变了传统金融贷款模式中银行与申请贷款单位一对一的局面，它的运作更倚重第三方物流企业。目前，农产品物流金融的业务可以分成两类：一类是基于存货的农产品物流金融业务模式，另一类是基于贸易合同的农产品物流金融业务模式。在农村地区，农业企业最迫切需要解决的问题是如何把流动性较差的存货变为货币资金，因而基于存货的农产品物流金融业务模式更适合农村中小企业的需求。

1. 基于存货的农产品物流金融的运作模式

基于存货的农产品物流金融的运作模式为：需要融资的企业将其拥有的动产或者存货作为向银行等金融机构贷款的质押担保品；但是，该担保物品不直接交给贷款机构，而是由资金提供方将物品转交给具有合法保管动产资格的中介公司（第三方物流企业）进行保管，银行根据第三方物流企业对质押品的担保给企业放款，从而实现农业企业的融资活动。这种业务活动既可以在企业的销售环节进行，也可以在企业的采购环节进行。这种新型融资模式使融资业务从传统的只有两方参与的方式发展成了有物流企业参与的三方契约关系。在这种融资模式下，由于质押物是流动货物或是存货，它不会被冻结，因此，商家可以通过不断"追加部分保证金—赎出部分质押物"的方式满足其正常经营的需要，不但不会影响贷款企业的商品流通，还能顺利解决其融资和资金占用的问题。

2. 农产品物流金融的业务模式

常见的农产品物流金融业务又可以分解为三种模式。

(1) 仓单质押融资业务模式　在这种业务模式下，融通仓不仅为金融机构提供了可信赖的质押物监管，还帮助质押贷款主体双方良好地解决质押物价值评估、拍卖等难题。在实际操作中，货主一次或多次向银行还贷，银行根据货主还贷情况向货主提供货单，融通仓根据银行的发货指令向货主交货。

(2) 存货质押融资业务模式　在这种业务模式下，在货物运输过程中，发货人将货权转移给银行，银行根据市场情况按一定比例提供融资，当提货人向银行偿还货款后，银行向第三方物流供应商发出发货指示，将货权还给提货人。

(3) 保兑仓模式 在这种业务模式下,农业企业、农产品经销商、银行、第三方物流供应商四方签署《保兑仓业务合作协议书》,经销商根据与农业企业签订的《购销合同》向银行交纳一定比率的保证金,款项不少于此次提货的价款,申请开立银行承兑汇票,专项用于向农业企业支付货款,由第三方物流供应商提供承兑担保,农产品经销商以货物对第三方物流供应商进行反担保,银行给农业企业开出承兑汇票后,农业企业向保兑仓交货,此时转为仓单质押。

【案例 8-1】郑明物流农产品冷链供应链金融升级之路

上海郑明现代物流有限公司成立于 1994 年,公司总部设在上海,主营业务包括冷链物流、汽配物流、电商物流、商贸物流,兼营垫付、代收货款以及融资、质押等物流金融服务。截至 2014 年底,郑明公司有冷链运输车辆 600 余辆、特种集装箱运输车辆 50 余辆、厢式及其他运输车辆 300 余辆,日物流量 1.5 万余吨,其中冷链物流量 5500 余吨。

郑明公司 1998 年布局全国物流网络;2011 年,获得红杉资本投资,成立上海郑明现代物流有限公司;2012 年,设立郑明学院、郑明实训基地;2013 年,开创国字号冷链培训基地与地方民营企业战略合作的先河——设立中仓储冷链物流培训基地;2013 年,成为中国食品物流示范基地,成功通过上海市高新技术企业认定,凯辉私募基金进入,公司成为中、美、法合资企业;2014 年,大和证券、高和创投注入资金,上海郑明国际物流新版网站正式上线,计划 3 年内完成建设 100 个冷库的目标。

1. 麦肯公司的物流及垫资难题

2013 年,郑明公司市场部在内蒙古呼伦贝尔发现该地区土豆出田外运难题。呼伦贝尔是我国较大的土豆生产基地,该地土豆出田后被一家名为"麦肯"的哈尔滨企业收购,经加工后配送至全国麦当劳、肯德基快餐店。由于运力不足,土豆在批量成熟后只有一部分能被及时送往加工厂,不能及时外运的土豆被滞留在田间地头,面临破皮、腐烂、废弃的危险。而那些被拉走的土豆也非由专业农产品运输车辆运输,而是由临时组织、未加装防护设施的一般货运卡车运输,运输人员责任度低、经验欠缺,土豆在运输装卸车时会产生损伤,土豆按照品质、大小、完整程度等级分类,每吨从 600 元到 1500 元不等,土豆品质受损直接影响豆农收益。

豆农种植土豆的培育款由麦肯公司提供,豆农需要支付一定利息,而从土豆收购、加工、分销至下游快餐门店直至收到货款需要经过两个收到账周期,通常豆农在领取土豆交货单 60 天之后才收到销售款,这期间豆农的生活资金及种植资金仍产生利息成本,不能还清借款,造成生活与作业成本升高。

在对麦肯公司进行实地查看,并与其工作人员及管理层进行座谈沟通后,郑明公司得到以下信息。每年 8 月中旬到 9 月底是内蒙古的土豆成熟季节,麦肯公司在这一时期预计收购 20 万吨土豆。按照每辆车运输 50 吨计算，需要 4000 车次的运输，平均每天要完成 150～300 辆货车的收购任务，采购部人员的工作负荷特别大。货款方面，按每吨 1200 元计算，共需 2 亿多元；垫款方面，支付豆农 20% 预付款用以购买种薯、农药、机械等。下游麦当劳、肯德基等快餐店买方市场，常有积压库存产生，最长积压达 2 年之久。

2. 构筑农产品冷链供应链金融"生态圈"

郑明公司接下来将供应链管理理论运用于麦肯土豆供应链执行业务，提供一站式供应链服务，尝试开展供应链金融物流业务，获取多点盈利，并初步确认以运输组织能力及行业经验的优势首先揽下采购物流这一业务，结合资金优势垫付给豆农 20% 种植预付款，接手麦肯的种植外包及采购、运输业务。在业务接手之后，利用自有物流行业经验、组织能力及行业影响力、号召力，通过招标整合社会车辆进行编队运输，将运输交货时间由原来的 24 小时缩短至 19 小时。为进一步解决农户资金压力同时为自己创造新的利润点，将销售前的土豆进行质押，并在质押手续完成后交付农户质押款，80% 货款得以一次性支付给豆农，到账周期由 60 天缩短至 15 天，豆农种豆积极性提高。接手麦肯土豆采购收货、质物监管及分销执行业务，质押手续费相比借款利息要低出近一半；农产品参与流通的首个环节可免交增值税及相关税费，并可在之后流转中进行增值税抵扣，土豆出田收装后，郑明工作人员到当地税务局为豆农集中办理增值税发票，实现土豆初流通环节增值税进项税抵扣；在分销执行方面，一次性购入麦肯薯条半成品，将麦当劳、肯德基快餐店与自有分销资源进行整合，在分销执行的业务基础上进行购销贸易，减少麦肯公司配送成本及库存积压，增加自身的物流收益及贸易收益。

3. 面包效应

郑明公司在与麦肯的项目中，平均利润率在 10%，有的甚至只有 5%，单业务点盈利低，多点业务盈利总和高，整体利润率高达 47.5%，这一效应被郑明集团称为"面包效应"。

自此，利用运输这一主打业务取得麦肯土豆运输业务，并根据自有管理经验，与麦肯一起对土豆到接货、生产物流进行改善、提高，利用自有配送经验接手麦肯分销物流业务，并与郑明自有销售渠道整合，消化麦肯积压库存，建立经营自有薯条购销业务，其中配送业务盈利率为 4.6%。在购销市场方面，每年麦肯大约拥有 5 万吨的薯条半成品，公司以每吨 9000 元购入，10000 元售出，每吨赚取 1000 元的价差，年获利 5000 万元。在销售环节凭借大盘货源买断优势，以及自身物流网点布局优势，整合下游需求商，构筑分销网络，整合、分享供应链利益，共担分销风险。

公司的整体业务开展按照采购物流组织、豆农种植款垫付、土豆动产质押、厂内物流效率提升、分销物流、购销业务进行麦肯项目推进，在实际业务项目考察、谈判、推进中，各子业务交叉进行、相互推动。

借助公司原有冷链物流、金融物流及其他业务市场，拓展金融物流及商贸业务，并通过自身网络优势提供必要的信息服务，实现供应链物流、资金流、商流、信息流四流整合,巩固了上下游客户关系,紧密了利益相关方合作,强化了公司在供应链中的地位,也为物流行业中全供应链化管理提供了成功案例。

4. 点评

供应链管理的真谛体现在四大核心理念上,即整合理念、合作理念、协调理念、分享理念。下面就从四大理念来分析上海郑明现代物流公司这个案例。

整合理念:该案例自始至终都体现出整合的思想。比如,郑明公司从麦肯公司在收购土豆过程中的问题中发现了机会之后,重新构建了该业务的供应链,根据新的供应链系统有目的地整合上下游的各种资源。

合作理念:有了这些资源还不够,必须让这些企业成为自己的合作伙伴,大家有了共同的利益,才能够形成一股合力。郑明在这一点上也做得很好,他们并不是简单地把合作者看作业务伙伴,而是看成战略性的合作伙伴。

协调理念:供应链运营中的协调性是决定供应链管理成败的另一关键。该案例中,为了解决收购难的问题,郑明专门制定了标准作业程序,这就在日常业务操作上保证了供应链运行的协调性和稳定性,同时加强了现场管理,不因额外的干扰造成成本上升。

分享理念:供应链管理的终极目标是合作伙伴能够分享其创造的价值。郑明的供应链整合服务,解决了豆农运输压力、收购现场压力、资金紧张压力以及库存积压压力,使原有各方都从中分享了供应链整合管理而产生的价值,这也是郑明能够成功运营麦肯供应链的关键所在。

正如案例材料中所述,上海郑明现代物流公司如果想在供应链服务上走得更远、成功扩展更多的供应链增值服务项目,必须一如既往地抓住这四大核心理念。

三、现代农产品物流金融组织形式创新

目前,我国现代农产品物流金融组织严重缺失,具体表现为独立性的农产品物流金融组织空缺、专业化农产品物流金融组织欠缺,以及农村金融机构难以开展农产品物流金融业务。现代农产品物流金融发展,不仅要创新现代农产品物流金融产品与发展模式,还有待于创新农村金融组织形式,建立新型的"现代农产品物流金融中心",由多个利益主体共同参与。

农产品金融一个关键因素是银行,加大银行对农产品的支持力度,可以从下面几点来操作:

1. 积极调整优化信贷结构

农村金融机构要围绕支持农产品出口、提高农业产业化的层次和水平,有针对性地调整农业信贷结构。在贷款投向上,要重点扶持在国际市场上具有竞争优势的产业和产品。要积极支持加工出口龙头企业引进先进技术和设备,进行精度、深度加工,进一步提高农产品的档次和附加值。要善于发现和捕捉农业领域新的经济增长点,对农产品生产、加工、储运、流

通等各个环节的合理资金需求，都要尽力予以满足，不断拉长农业产业链条。

2. 扩大支持对象

既要扶持从事种养业特别是实行合同种植的农户，也要积极支持分布于农业产业化各个环节的外资企业、股份制企业、合作组织以及农村个体工商户。同时，农村金融部门要注重发挥信贷资金的引导作用，按照区域布局、专业化生产的要求，支持农民根据各自优势发展特色高效农业，大力扶持"专业村""专业户"。

3. 做好金融业务的创新

首先，进行技术创新。要不断完善金融机构的信息管理系统，提高业务管理的技术含量。支持农产品出口企业参加国际专业展览和新市场、新产品的推销活动；加强与国际认证的相关组织的技术交流与合作；借鉴国外先进经验，有效整合信息资源，提高信息服务水平，为农产品出口企业提供市场、商品、技术标准、贸易政策等各类信息，帮助企业开拓国际市场。其次，进行业务创新。在尽力满足客户多样化需求的基础上，发挥财政和金融的合力，加大对农业企业的政策和资金支持力度。加大出口退税和税收减免优惠政策扶持力度，提高果蔬和禽肉产品出口退税率，对一部分企业减免或返还所得税，暂缓或免收有关费用。再次，农村金融机构应建立起以市场为导向的新型经营方式。加快金融产品创新，简化贷款手续，优化业务流程，为客户提供更加便捷的服务。同时，监管机构应扩大村镇银行、小额贷款公司等农村金融机构的试点范围，建立起充分竞争、富有效率的农村金融市场体系。

【案例 8-2】现代农产品物流中心金融服务

R 物流发展（集团）有限公司成立于 2006 年，主营食品物流服务，有以冷库为中心、物流配送服务为链条、交易批发市场及大型超市为终端的销售网络，整合食品物流产业链，为食品企业提供冷冻冷藏、产品交易市场、物流配送、食品代工、物流方案设计、金融服务、电子商务等一系列的服务，提升食品物流价值，特别是冷链物流整体产业链的价值，目前该公司是华东地区最大的食品集散中心之一。其具体的运行功能包括四个方面：一是展示中心和交易中心的职能，即按不同的食品划分不同的功能区，并由农产品生产基地通过交易平台和终端配送体系直连采购者，去除原来过多的中间环节，实现产销对接；二是冷藏、搬运和检测检疫的职能，即通过建立检测检疫系统和农产品的溯源系统，从源头保障农产品安全，并且通过冷链使从农副产品生产和原料加工到市场销售全供应链环节的温度处于受控状况，并且对入园产品实施抽检，以保证食品安全；三是第三方配送服务以及物流系统和方案设计职能，该物流中心一方面整合上游供应商（经纪人与农户）、下游采购商，另一方面组织协调第三方物流和自身建设的冷链，提供物流的解决方案和冷链物流管理；四是针对目前农产品供应商难以及时获得资金的问题，该物流中心通过电子交易和电子结算，降低商家的财务成本和交易风险,保障资金安全,同时提供存单、保单、担保、贴现等供应链金融业务。

在供应链物流金融方面,其具体的方案是由物流中心与金融机构形成紧密的合作关系,并由前者推介合格的经纪人(农户)和市场商户(采购商)。之后金融机构对推介的企业尽职调查,做出信用评估,并且签订合作意向书。经纪人(农户)通过物流中心的电子交易平台与市场商户进行交易,并向金融机构申请融资。物流中心为买卖双方提供物流方案,运用冷链系统对货物实施监管,并且选定第三方物流提供物流服务。金融机构根据物流中心的担保向经纪人(农户)贴现融资。到期后市场商户通过物流中心的结算平台归还货款,金融机构扣除本金和利息后,将剩余的款项通过平台返还给经纪人(农户)。具体如图8-3。

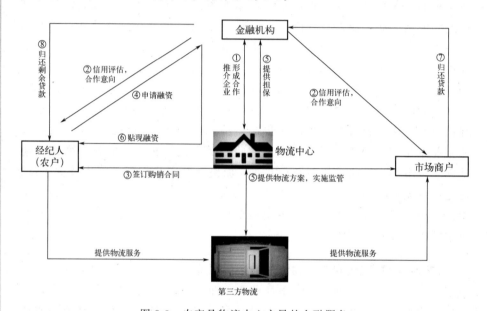

图8-3 农产品物流中心主导的金融服务

在这一物流金融模式中,物流中心不仅及时地融通了上游供应商,将原来分散的经纪人和农户与大市场有效地对接,而且借助于电子化的交易平台和结算平台,加之冷链物流系统和第三方物流之间的密切合作,有效地控制了农业供应链中信用体系不完善而造成违约的潜在风险。

学习单元三 线上供应链金融操作

一、线上供应链金融的含义和原理

线上供应链金融(又称"互联网+供应链"金融)是指通过银行服务平台与供应链协同电子商务平台、物流仓储管理平台无缝衔接,将供应链企业之间交易所引发的商流、资金流、物流展现在多方共用的网络平台之上,实现供应链服务和管理的整体电子化,为企业提供无纸化、标准化、便捷高效、低运营成本的金融服务。线上供应链金融这一创新的在线服务平台，将物化的资金流转化为在线数据，可以无缝嵌入核心企业的电子商务平台，从而在线连接供应链核心企业、经销商、供应商、物流公司和银行，把供应链交易所引发的资金流、物流、信息流实时传输与展现在共同的数据平台上并可授权共享，银行从而在线提供电子银行服务，构建对企业客户全方位、全流程、多层次的线上服务体系。上下游企业在银行有多少授信额度、还有多少库存、销量流转如何等，在网络平台上清晰罗列，一切都是可见的、实时的，并且可以授权共享。在线上供应链金融系统与核心企业电子商务平台对接之后，供应链企业即可在线下订单、签合约（包括贸易合约和授信合同）、选择融资与否、在线出账、支付结算和还款。同时线上供应链金融系统还与物流公司对接，对于那些采用了动产与货权质押授信的客户，还可以在线办理质押品入库、赎货，而物流监管公司则可以通过线上供应链金融系统实现对全国各处分散监管驻点的统一管理，在线统计和管理抵（质）押品，而且这些商品的信息（品名、规格和价格等）还可以在核心企业发货时自行取得，非常方便。概括地讲，通过线上供应链金融的对接嵌入，供应链协同电子商务得以完整实现商流、资金流、物流、信息流所有功能的在线提供、在线使用，这种将金融功能无缝嵌入供应链实体经济流转流程的安排，对于供应链管理实践和电子商务的应用具有革新意义。

【知识链接】各方主导的线上供应链金融模式

随着与互联网的结合，传统供应链金融业务发展成了线上供应链金融业务模式，也就是"互联网＋供应链"金融，根据其主导企业的不同可分为：银行主导的线上供应链金融，如中国建设银行的和兴贷、中国工商银行的电子供应链融资业务；电商平台主导的线上供应链金融，如京东的京小贝、动产融资、找钢网的白条服务以及易煤网的煤易贷；物流企业主导的线上供应链金融业务模式，如顺丰的"物流＋金融"供应链金融服务等。其中目前最为盛行的模式为电商平台主导的线上供应链金融，其综合各方的优势：电商平台的计算机处理技术和交易信息线上化动态分享、核心企业的信用和回购担保、银行的资金和物流企业的监管等物流服务。互联网供应链金融的特点是全部单据可以在线填制、传输、审核和审批，大大提升了供应链金融服务的效率。

二、线上供应链金融的运作组织架构

线上供应链金融运作架构由四大平台、外部监管者和五大参与主体构成。平台为线上供应链金融交易平台、电子商务平台、在线支付交易平台、物流与供应链管理平台。外部监管者包括工商企业和政府机构。参与主体包括商业银行、核心企业、物流企业、供应链上下游企业。线上供应链金融通过四大平台协同运作，使企业的商务活动和银行的金融服务实现了线上整合，既为各个参与主体提供了多方协作的平台，也为外部监管者提供了更有效的监管通道。如图8-4所示。

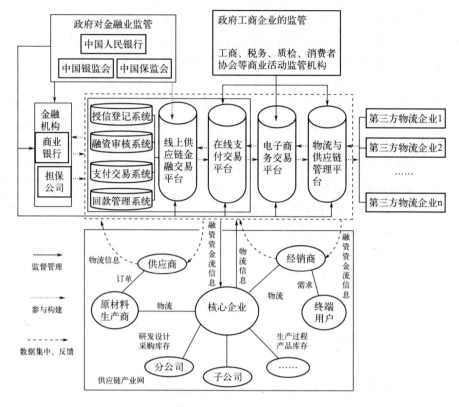

图 8-4　线上供应链金融运作组织架构

线上供应链金融各运作组织在线上供应链金融协同运作中的角色及作用如下：

1. 核心企业

核心企业在电子商务平台上与上下游中小企业进行真实的贸易活动，提高了贸易效率；同时在线上供应链金融交易平台中为链条上的节点企业提供融资，实现与银行的协作；并利用物流及供应链管理平台了解上下游企业的货物库存管理和物流运输情况，合理地安排产供销进度，提高供应链管理效率。

2. 上下游企业

供应链中的上下游企业在电子商务平台与核心企业进行真实的线上贸易活动以后，可以在线上供应链金融交易平台上申请银行的授信支持，并利用线上支付交易平台进行支付结算活动，还可在物流与供应链管理平台上及时了解货物发送和存货质押管理情况。

3. 物流企业

物流企业通过线上物流与供应链管理平台实现电子化物流运输管理及存货监管，最大程度发挥自身与供应链之间的协同效应，为线上供应链金融中的参与主体提供全方位的物流信息服务。

4. 商业银行

商业银行在线上供应链金融系统中为各企业提供综合金融服务，具体包括融资、结算、支付、财务咨询、账户管理等，并实时监控线上供应链金融的资金流及信息流，及时掌握供应链的运营情况，保障供应链金融循环运作的安全和稳定。

5. 外部监管者

外部监管者主要包括中国人民银行、银保监会和工商、质检、税务、消费者协会等，通过接入线上供应链金融的四大平台，可以完成对整个线上供应链金融的监管。如图 8-5 所示。

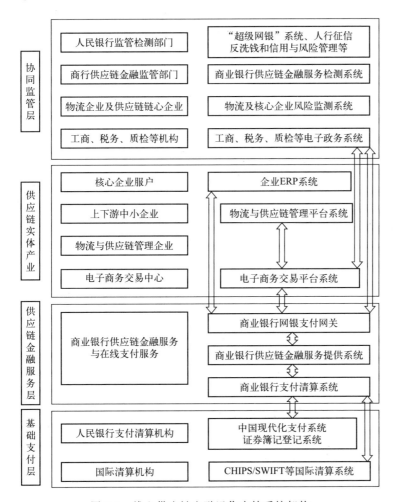

图 8-5 线上供应链金融运作支持系统架构

三、线上供应链金融的运作支持系统

线上供应链金融的运作技术支持系统由四个层面构成，即协同监管层、供应链实体产业层、供应链金融服务层和基础支付层，这四个层次结构既相互联系又相互独立，如图 8-5 所示。各信息系统之间对接的保障是信息交互和信息共享，系统对接的基础和基础是接口报文的标准。而要保证接口的标准化要解决两个关键问题：第一是人民银行的现代化支付系统与各商业银行的资金清算系统接口的标准化，第二是商业银行供应链金融服务系统与 ERP 系统、电子商务交易系统、物流与供应链管理系统及相关协同监管系统之间接口的标准化。

1. 协同监管层

协同监管层的作用是规范金融市场秩序，提高政府管理效率，便于各外部监管者实现协同监管，着重于金融监管、税务监管和质量监管，它有利于金融和政府监管部门职责与功能的划分以及利益分配机制的体现。

2. 供应链实体产业层

该层是线上供应链金融的主要参与层。主要由实体企业构成，包括核心企业、上下游企业、物流与供应链管理企业及电子商务交易中心。它们将各自的应用系统接入线上供应链金融的服务系统，能满足各参与主体的信息需求，能够将企业的 ERP 系统、电子商务交易平台系统、物流及供应链管理系统等交易支付信息流进行汇总整合，形成有序的信息共享。

3. 供应链金融服务层

该层是供应链金融服务以及在线支付服务的提供商，主要是商业银行，也可以是第三方独立机构。该层结构主要由商业银行的网银支付网关、供应链金融服务系统和商业银行的支付清算系统组成，是线上供应链金融的核心。

4. 基础支付层

包括国内的中国人民银行清算机构和国际支付清算组织。人民银行清算机构提供支付服务的系统是中国现代化支付系统。国际支付清算组织提供纽约清算所同业支付系统（CHIPS）和环球银行金融电信协会（SWIFT）等清算系统。基础支付层是线上供应链金融支付功能顺利实现的保障，主要功能是规范、链接国内外的支付系统。

四、线上供应链金融的融资模式

线上供应链金融，是一种基于电子商务交易过程的在线融资服务，这种高效协同的融资模式将上游供应商企业、核心企业和下游经销商企业紧密结合在一起，对供应链的商流、物流、信息流、资金流进行全程掌控。在供应链营运的周期中，真实的商流作为一种融资驱动力，引发资金的流动以及真实的物流运作，使资金流在各方的监控下闭环运作。线上供应链金融的融资产品，是针对供应链上交易运作流程的各个环节进行设计的，用以满足供应链上节点企业的不同需求，它贯穿在生产经营的全过程和各环节中。

图 8-6 是线上供应链金融的全程资金融通模型，它将供应链的营运周期分为两个阶段：供应商营运阶段、经销商营运阶段。

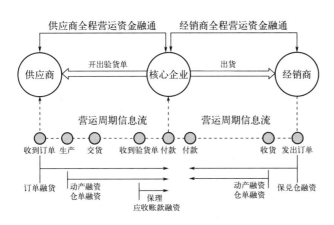

图 8-6 线上供应链金融全程资金融通模型

供应商营运阶段的融资模式有订单融资、动产融资或仓单融资、保理或应收账款融资。订单融资发生在供应商收到核心企业订单时；动产融资或仓单融资一般是在产品生产阶段；而在供应商完成交货，并收到核心企业的验货单以后，供应商可以进行保理融资或者应收账款融资。当核心企业付款给供应商时，这一阶段的资金融通过程结束。

经销商营运阶段的短期资金周转困境是核心企业的强势地位导致经销商需要支付预付账款造成的，形成了经销商的线上供应链金融融资需求。

在经销商营运阶段，融资企业可以从发出订单开始申请保兑仓融资，收到货物后，经销商企业还可以进行动产融资或仓单融资。供应商营运阶段和经销商营运阶段最终形成了一个营运周期，线上供应链金融可覆盖供应链生产营运的所有环节，能满足不同客户的资金需求。线上供应链金融的闭环运行也可获得完整的信息流，银行可以加强对资金流的监控，降低其风险。

【知识链接】平安银行电子仓单质押线上融资

电子仓单质押线上融资业务是平安银行与现货类电子交易市场合作，通过线上融资平台、市场电子交易平台和仓单管理平台等多方平台的互连互接，为市场交易会员特别订制的一项全流程在线融资产品（服务），包括拟交收电子仓单质押线上融资、已有电子仓单质押线上融资两种业务模式，买方交易会员和卖方交易会员的线上融资需求得以全覆盖。买方交易会员，可以预先利用银行融资购得仓单；卖方交易会员，则可以用经市场注册的电子仓单在银行贴现，快速获得流动资金。平安银行电子仓单质押线上融资产品的特点和优势如下。

1. 买方客户无须先行提供担保即可实现融资

不仅能满足卖方会员因电子仓单占压资金而面临的流动资金需求，也能满足买方会员支付仓单交收款项产生的融资需求，且无须先行提供任何抵质押担保。

2. 交易行为与融资服务无缝嵌入

线上融资平台通过与电子交易市场电子交易平台和仓单管理平台的互连互接和数据协同，已成功实现了会员交易、交收、支付行为与银行结算、融资服务的无缝衔接和高效融合。

3. 首推电子仓单质押在线

实现了电子仓单质押、冻结、解除的全线上操作，客户无须再办理传统质押操作的繁琐手续。

4. 全流程在线操作、高效便捷，客户体验佳

各业务参与方均可通过相应的业务处理平台轻松实现自身的各种业务操作处理，大大降低了手工线下操作压力，不仅降低成本，而且交易信息安全、易存储、易跟踪、易查证。

5. 系统稳定，业界领先

线上操作，系统稳定与安全尤为重要。作为国内领先的、最专业的供应链金融服务银行，也是最早开展线上供应链金融服务的银行，平安银行2009年即已全面推广应用线上融资系统，也是迄今为止唯一实现内外部系统全部打通、全流程线上操作的银行。电子仓单质押线上融资服务功能依托的就是这样一个成熟稳定的融资服务平台。

6. 数据高度共享，清晰可见，易实时掌控和迅速做出决策

所有交易行为均在线操作和实现，信息透明，供各方实时查询和共享。电子交易平台与线上融资平台有关交易价格信息的共享，便于会员客户迅速做出买入或卖出的决策，并可利用银行结算和融资服务，迅速达成决策所期待的效果。

五、电商平台主导的线上供应链金融运作流程

电商平台主导的线上供应链金融服务模式具有参与主体多、环节多、步骤多的特点。各主体根据自身优势明确分工：其中电商平台主要提供计算机信息处理技术和信息的收集、储存与传输，如有必要还要负责信息审核与审批；银行为资金提供者，其主要根据电商平台上的单据信息、交易信息等内容决定是否向融资企业提供资金或确定资金的额度；核心企业主要提供信用支持，核心企业一般为供应链上的大型生产企业或零售企业，因其拥有一定的资产所以具备较高的信用，通过供应链将自身的信用延伸到上下游中小融资企业，所以在线上供应链金融服务中其主要作用是进行信用担保；融资企业是资金的需求方，其作为供应链核心企业的上游或下游企业，一般规模较小，在供应链中话语权较弱，所以会产生一定的应收账款或预付款，导致企业流动资金不足，从而产生一定的资金需求；物流企业主要负责商品的质押监管和仓储等服务。

电商平台主导的线上供应链金融业务模式分上游企业的应收账款融资和下游企业的商品质押融资两种类型，其具体操作模式如图8-7所示。

首先核心企业和其上下游中小企业在电商平台进行注册成为会员，并在电商平台上完成过数比交易，中小企业如有融资需求可直接向电商平台

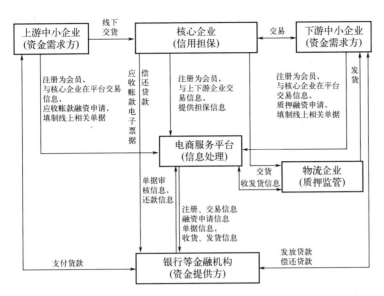

图 8-7 电商平台主导的线上供应链金融业务操作流程

申请，由电商平台根据其历史交易信息，向银行等金融机构进行推荐并将相关历史交易信息、核心企业和中小企业的注册信息（包括但不限于企业的资产、规模和主营产品等信息）传递给银行，银行负责审核核心企业的资质以及中小企业的历史交易数据信息。

在上游企业的应收账款融资中，交易双方在电商平台完成交易信息的达成和单据的填制，线下中小企业供应商向核心企业交付货物，然后核心企业向上游中小企业供应商开出应收账款电子票据，如电子商业汇票，并直接背书质押给银行，由银行代替核心企业向上游中小企业供应商支付货款，核心企业按时向银行还款，直至贷款还清，贷款注销，业务结束。

在下游企业的商品质押融资中，交易双方在电商平台完成交易信息的达成和相关单据的填制，线下由核心企业将货物交给物流企业进行监管，同时物流企业将货物相关信息，如品名、规格和数量等信息在电商平台系统中进行录入，制成电子仓单，同时电商平台将电子仓单传递给银行，银行根据入库货物的价值的比例向下游中小企业发放贷款，然后中小企业向银行偿还贷款，银行则在电商平台系统中录入需释放货物的品种、规格和数量等信息，由电商平台通过与物流企业对接的信息系统通知物流企业放货，直至贷款还清，贷款注销，业务结束。

相较于传统供应链金融模式，线上供应链金融业务模式中信息审核、单据填制、资金审批、贷款发放和贷款偿还、贷款注销等均在线上完成，大大提高了供应链金融业务开展的效率。但从其操作程序可以发现线上供应链金融操作主体多、操作环节多和操作步骤多等，所以任何一方或任何一个操作环节出现纰漏都有可能给线上供应链金融带来风险。

六、电商平台主导的线上供应链金融运作风险分析

在线上供应链金融中，以电商平台上融资企业过往的交易数据为基础

可以有效规避信用风险,环境风险属于外部风险,如市场经济出现大的波动导致质押物价格出现大幅上涨或下跌现象、互联网金融法律纠纷逐步增多,但是有关如何处理纠纷的法律还不完善,极易导致法律风险。依据线上供应链金融的操作流程,各参与主体分析可能面临的风险如下。

1. 核心企业及中小融资企业风险因素分析

首先核心企业和中小企业需在电商平台上进行注册并完成一定比例的交易,此信息成为中小企业在申请融资过程中银行或电商平台审核其资质和经营能力的重要依据。此环节可能出现在注册过程中恶意夸大自身资产和经营规模的风险,交易过程中也可能存在刷单的风险,也就是只有线上的虚假交易信息,而无线下的实体货物流转。

2. 电商平台风险因素分析

电商平台面临信息处理风险,电商平台承担着线上供应链金融中的信息收集、信息处理和信息传递等职能,电商平台的后台硬件系统和软件信息系统是否稳定、先进和安全直接影响着线上供应链金融业务的开展。

3. 银行风险因素分析

银行等金融机构负责对电商平台传递过来的核心担保企业和中小融资企业的注册资质信息、历史交易信息、收发货信息等进行审核,同时在线上进行贷款发放、回收与注销。银行要建立有效的信息甄别和审核机制,同时配合线下的调研机制,确保信息的真实性和准确性。

4. 物流企业风险因素分析

物流企业除了给中小融资企业提供传统物流服务,同时还替银行提供针对质押物的监管服务。物流企业是否具备了良好的作业条件、先进的设施设备和信息技术,是否能保证质押物在仓储期间的完好,是否能控制质押监管期间质押物出入库的数量,也将影响互联网供应链金融的操作风险。

【案例8-3】线上供应链金融操作风险评价案例

实例描述:易钢网是一家供钢材生产企业和零售商在线交易的电商平台,其与中国工商银行等金融机构推出了针对线上中小企业的质押融资贷款服务,解决中小企业采购过程中资金不足的问题。DH钢贸有限公司是DH集团下属从事钢材贸易主业的大型非公有制企业,是国内十多家大中型钢铁企业的战略合作伙伴和重点经销商,综合实力位居中国钢贸企业百强第2位,是全国钢贸行业领军企业,采用以"贸易+钢材深加工+钢铁物流园建设运营"为主体的全新商业模式,致力于为中国钢铁物流资源优化提供最佳解决方案。使用模糊综合评价法对DH钢贸有限公司及其下游分销商通过易钢网电商平台向中国工商银行申请动态质押融资进行风险评价,其基本的操作流程如图8-7,现针对其线上供应链金融服务的操作风险进行评价。

1. 构建风险评价指标

分析构建线上供应链金融操作风险评价指标,如表8-1所示。

表 8-1 线上供应链金融操作风险评价指标体系

第一层指标	第二层指标	描述
流程设计操作风险 W_1	操作流程设计标准化程度 W_{11}	银行、电子商务平台及物流企业是否共同制定了线上供应链金融的操作标准流程文件或制度
	操作流程设计的合理性 W_{12}	线上、线下操作结合是否紧密,逻辑先后关系是否合理
技术操作风险 W_2	平台系统的稳定性 W_{21}	软硬件系统发生崩溃或瘫痪的频率
	平台系统安全性 W_{22}	软硬件系统是否会受到外部网络或黑客的袭击,导致信息被篡改或窃取
	平台系统先进性 W_{23}	软硬件系统是否会定期更新升级,是否会自动匹配相关数据以进行验证
人员操作风险 W_3	人员的操作熟练程度 W_{31}	录入资金或货物等信息的时候出错的频率
	欺诈风险 W_{32}	注册信息是否虚假,融资企业是否有恶意刷单等
监管操作风险 W_4	提货风险 W_{41}	物流企业放货与录入信息是否匹配
	仓储作业风险 W_{42}	货物监管期间是否发生丢失或损坏
协同操作风险 W_5	线上、线下协同操作风险 W_{51}	针对线上各方的填报的信息源,是否有线下的调查机制
	各参与方协同操作风险 W_{52}	每个业务环节完成后,各参与方的响应速度
	收益合理分配及惩罚机制风险 W_{53}	是否建立了有效的收益分配和惩罚机制,从而提高各方主动规避风险的意识

(第一层指标上级:互联网供应链金融操作风险评价指标体系)

2. 确定评价指标权重

首先结合已经构建的线上供应链金融操作风险评价指标体系,采用层次分析法确定各指标的权重,运用标度法进行比较构造判断矩阵。邀请 10 位企业和学院的专家学者对各指标重要性进行判断分析,得出综合判断评价表,如表 8-2 所示。

表 8-2 各指标综合判断评价表

指标	流程设计操作风险 W_1	技术操作风险 W_2	人员操作风险 W_3	监管操作风险 W_4	协同操作风险 W_5
流程设计操作风险 W_1	1	3.263	4.985	2.921	2.985
技术操作风险 W_2	0.306	1	4.365	2.853	2.152
人员操作风险 W_3	0.201	0.229	1	0.836	0.425
监管操作风险 W_4	0.342	0.351	1.196	1	0.896
协同操作风险 W_5	0.335	0.464	2.353	1.116	1

将矩阵 A 每一列正规化得：

$$\overline{A_{ij}} = \begin{vmatrix} 0.458 & 0.615 & 0.359 & 0.335 & 0.400 \\ 0.140 & 0.188 & 0.314 & 0.327 & 0.289 \\ 0.092 & 0.043 & 0.072 & 0.096 & 0.057 \\ 0.157 & 0.066 & 0.086 & 0.115 & 0.120 \\ 0.153 & 0.087 & 0.169 & 0.128 & 0.134 \end{vmatrix}$$

，将每一列加总并进一步正规化得：

$$W_i = \begin{vmatrix} 0.433 \\ 0.252 \\ 0.072 \\ 0.109 \\ 0.134 \end{vmatrix}$$

，进行一致性检验得 $CR_k = 0.035 \leqslant 0.1$，因此得出比较矩阵具有满意的一致性。各项二级指标权重系数计算方法类似，具体如表 8-3 所示。

表 8-3 各评价指标权重

	第一层指标	权重	第二层指标	权重
易钢网供应链金融业务操作风险评价指标权重	流程设计操作风险	$W_1 = 0.433$	操作流程设计标准化程度	$W_{11} = 0.685$
			操作流程设计的合理性	$W_{12} = 0.315$
	技术操作风险	$W_2 = 0.252$	平台系统的稳定性	$W_{21} = 0.353$
			平台系统安全性	$W_{22} = 0.469$
			平台系统先进性	$W_{23} = 0.178$
	人员操作风险	$W_3 = 0.072$	人员的操作熟练程度	$W_{31} = 0.532$
			欺诈风险	$W_{32} = 0.468$
	监管操作风险	$W_4 = 0.109$	提货风险	$W_{41} = 0.667$
			仓储作业风险	$W_{42} = 0.333$
	协同操作风险	$W_5 = 0.134$	线上、线下协同操作风险	$W_{51} = 0.452$
			各参与方协同操作风险	$W_{52} = 0.235$
			收益合理分配及惩罚机制风险	$W_{53} = 0.313$

3. 线上供应链金融操作风险评价

所构建的线上供应链金融操作风险评价指标中定性指标较多，包含很大的不确定性和模糊性，这既有客观原因（评价指标的模糊性和难以量化性等），又有决策者自身的主观原因（性格、偏好、价值观念和认知程度等），所以引入模糊综合评判法，构建线上供应链金融操作风险评价模型来评价其操作风险程度。

(1) 确定风险的评判等级　将风险等价分为五级，分别为：R1，风险很低；R2，风险相对较小；R3，风险适中；R4，风险较大；R5，风险极大。对应的分值集合为 $R = \{50, 40, 30, 20, 10\}$。

(2) 构造模糊评判矩阵　通过调研，并邀请学院和企业相关专家根据评价标准用表 8-1 的评价指标对其进行评价并得出模糊评价关系矩阵 V。

（3）计算综合评价向量及综合评价值 根据综合评价向量公式 $S=W\cdot V$ 进行模糊变换并进行归一化处理得到：$S'=(0.356,0.292,0.160,0.120,0.092)$，按照加权平均原则进行综合评判，将 S' 与模糊评判向量 R 相乘即得出此线上供应链金融服务项目的操作风险评价结果分值：

$$u = S' \times R^T$$
$$= (0.356,0.292,0.160,0.120,0.092) \times (50,40,30,20,10)^T = 37.6$$

评价等级 $u=37.6$，操作风险属于相对较小的级别。

线上供应链金融通过线上化的作业模式提升了服务效率和中小企业的融资能力，但同时因参与主体多、操作步骤和环节多导致新环节中产生的操作风险与传统流程产生的操作风险相互叠加。各参与方企业应有风险意识，通过有效的手段评价并监控线上供应链金融的操作风险，做到从源头上降低风险，保障各参与方的安全。

七、线上供应链金融运作风险防范

1. 设立独立的资产管理部门

授信支持资产的严格审核与管理是互联网供应链金融在资产的审计和信贷管理中区别于一般贷款审批的重要特点，要减少该环节的操作风险，金融机构和物流监管企业都必须成立一个独立的资产管理部门，加强对互联网供应链金融特点的分析，且在发放贷款前，资产管理部门人员要在原有的银行产品销售人员对客户验证的基础上进行第二次验证，在对业务流程审核的基础上进行第二次审核，用双保险降低人员因素导致的操作风险。对于如存货和应收账款池等循环信贷产品，要加强监管，定期摸底，严格依据互联网供应链金融协议确定质押资产的数量和质量是否达到最低限度要求，一旦与合同情况不符，及时采取整改措施，将风险消除在萌芽状态。

2. 加强对监管人员的培养

监管人员的职业道德、专业素养和风险意识是影响互联网供应链金融操作风险的重要因素。因此，互联网供应链金融的参与机构第三方物流监管企业要建立良好的人才培养体系，有组织有计划培养监管工作人员。同时要建立奖勤罚懒、奖优罚劣的激励机制，发挥员工的主观能动性，使其主动学习提升专业素养，主动遵守职业道德，主动防控操作风险，从而减少损失。同时要建立工作标准，如线上供应链金融质押物监管标准、质押物放行标准、风险控制标准等，要求监管人员按照标准来规范行为，降低监管人员专业水平对工作效果的负面影响。

3. 优化项目监管评价标准

当银行委托物流监管企业进行供应链金融监管的某一项目结束后，银行一般会针对项目进行一个整体评价，对物流监管企业执行监管合同的情况也会进行评价,并以此为依据来确定对监管方的奖惩。如果仅以贷款金额和利息是否及时收回作为监管项目的单一评价标准,将会使得物流监管企业没有积极性,势必加大下一次合作的风险。因此,在合同中对监管项目的评价应该采取相对系统的、多指标的、全过程的考核评价方式。不仅要考虑贷款回收、利息收入,还要考虑回收的时间点,质押物价值是否一直满足此次放贷和回款过程中的最低要求,中间是否出现了低于最低质押率要求的情况,出现了几次。只有将过程和结果一并进行评价,才能有效规避监管方的侥幸心理,减少监管方不严格监管行为的发生。

4. 完善线上供应链金融平台

无论是以银行为主导的线上供应链金融,以电商企业为主导的线上供应链金融,还是银行与电商企业融合开展的线上供应链金融,都要加强平台的建设。平台的建设既包括硬件建设,也包括软件开发。国家要规划有关线上供应链金融的大数据中心建设、云平台建设、物联网设施建设;参与主体要紧跟国家规划,对接国家数据中心节点,搞好自身信息平台建设。而系统软件平台,特别是客户端既要对客户友好,方便贷款企业或个人客户进行贷款申请,方便投资者了解项目信息,还要具备强大的数据分析功能、严谨的审批流程、持续的稳定性和高超的黑客防御能力。通过优化平台、数据挖掘、信息共享,简化监控流程,强化监控效果,抵御操作风险。

5. 强化线上和线下业务的对接

相比传统供应链金融,线上供应链金融对核心企业的依赖度大大下降,主要依据网络交易平台提供的电子数据来进行征信,为了印证数据的准确性,互联网供应链金融必须与物联网很好地对接,且要定期或不定期深入运作实体中,实时监控真实的线下交易情况,以免线上线下两重天。只有线下真实的物流与线上交易信息流高度吻合,才能避免以虚假交易骗取贷款的风险。线上与线下的对接既依赖于前述监控体系建设、平台的完善,也依赖于线上供应链金融操作人员的职业水准和专业能力,因此,我国需要培养一批既懂互联网,又精通金融、物流,且具有良好职业素养的复合型金融人才。

学习单元四 大数据及区块链技术在供应链金融中的应用

随着互联网技术的不断发展,谁挖掘、掌握了有价值的数据,谁就拥有更强的竞争力。数据挖掘前端化,或者说直接为中小企业感知和直接提供中小企业所需要的服务,终将催生各种各样个性化的金融服务。业内经营决策者通过对行业数据进行整合、分析,可以更准确地了解行业动态及发展趋势,制定更适合中小微企业需求的金融产品、服务以及营销方案,才能产生新的利润增长模式。

一、大数据对供应链金融的影响

1. 大数据减少金融机构与供应链信息不对称的情况

传统金融机构为了控制风险,对于中小企业的贷款实行信贷配给,对于产业和贸易,金融机构信贷人员往往基于财务报表等信息的明规则来判断和监管企业,但是对一些行规和潜在的贸易规则并不是很清楚。由于二者之间存在严重的信息不对称,金融机构为了获得有效的信息和实施贷后的监督,需要付出较高的信息收集成本和监督代理成本。

大数据的出现恰好缓解了金融机构与中小企业之间信息不对称的情况。作为金融行业的主要组成部分,银行业利用数据来提升竞争能力具有得天独厚的条件。第一,银行业天然拥有大量的客户数据和交易数据,这是一笔巨大的财富。第二,银行业面临的客户群体足够大,能够得出具有指导意义的统计结论。第三,在小数据时代,银行业已经在以信用评级模型和市场营销模型为代表的数据分析上积累了大量的实战经验,具备向大数据分析跨越的基础。随着大数据时代的来临,银行运用科学分析手段对海量数据进行分析和挖掘,可以更好地了解客户的消费习惯和行为特征,分析优化运营流程,提高风险模型的精确度,研究和预测市场营销和公关活动的效果,从每一个经营环节中挖掘数据的价值,从而进入全新的科学分析和决策时代。在这种情况之下,利用大数据的能力将成为决定银行竞争力的关键因素。

2. 大数据促进物流企业精准管理存货

在供应链金融中,物流企业掌握着中小企业存货仓储、发货运输、存货周期等运营信息,并通过对存货进行管理和控制与传统银行合作,成为其中的关键环节。在供应链金融中,金融机构不但要求物流企业对存货进行管理,更想分享物流企业掌握的信息。从目前的情况来看,物流企业所掌握的信息还远远不能满足实际需要,信息不对称的问题依然非常严重,一个很大的原因就是物流企业所能掌握的信息始终有限。然而,在大数据时代,信息极大丰富,物流企业通过更新设备,整合各种资源,从而更大范围地获取企业信息,更好地服务于金融业务。大数据时代,物流企业的信息获取、信息整合和信息利用主要体现在以下两个方面:

一是大数据技术可以极大地拓展数据来源,利用大数据平台,物流企业能从物联网、移动平台等多种非传统渠道中及时获取以前无法获得和无法使用的客户和市场数据(产品市场生命周期、盯市价格变化等),这使得许多依靠传统方式无法完成的工作成为可能,从而使供应链金融业务事前风险预判结果更准确,更具指导意义。

二是通过大数据技术可以将许多非结构化数据与传统数据快速整合、关联补充,完成企业行为模式分析和发现。这有助于物流企业确定被监管企业运营状态变化规律,建立运营状态变化路径,按变化路径设置风险控制点,逐点评估业务风险,从而形成全新的事中风险动态计算体系及管模式。

3. 大数据可用于资信评估和风险分析

大数据可用于目标客户的资信评估。在客户许可的情况下，金融机构利用大数据，可以对客户财务数据、生产数据、水电消耗、工资水平、订单数量、现金流量、资产负债、投资偏好、成败比例、技术水平、研发投入、产品周期等这一系列数据进行研判。研判完后如果有公式、有标准，这些数据马上就会变成评判的指标。只看财报和交易数据是有风险的，因为这些数据有可能造假，但用大数据来掌握财务情况一般不会有假。

大数据可用于风险分析、警示和控制。大数据的优势是行情分析和价格波动分析，尽早提出预警。行业风险是最大的风险，在行业衰落、行业内大多数企业都不景气时，若能多控制一个环节、早预见一天，就能有效减少风险。

二、大数据技术在供应链金融中的应用

大数据突破了金融市场以抵质押和担保贷款为主的传统方式，解决了金融机构对财报信息不充分，信用积累和抵押、担保资源不充足的中小微企业难以进行有效的信用风险评价的关键问题，能够创建高效能、全风控、低成本的信用评价模式、风险控制模式和信贷管理模式，如表8-4所示。对供应链金融风险进行防控时可以利用以下大数据。

表8-4　传统金融风控技术与大数据风控技术对比

对比项目	传统金融风控技术	大数据风控技术
风险预警	传统的金融业务中都有违约率、违约概率、风险损失率等统计概念，而这些所反映的都是事后风险的结果	大数据技术依据供应链产生的实时交易数据，进行实时跟踪，实时的风险计算，实时的风险预警、预测，可提前3～6个月预警风险。一旦触发预警，便提示金融机构进行资产保全，从而实现全过程风险控制，因此大数据技术的统计中只有风险抑制率的概念
客观/效率	传统信用评价的数据采集、风险分析、等级评定主要依靠人来进行，主观性强，人为风险高	大数据技术通过安装在供应链IT终端的数据挖掘机器人实时采集企业交易数据，用云计算技术量化信用风险，数据采集、清洗、分析、评价全部通过计算机全自动化完成，能同时对上万甚至数十万家企业进行评价

1. 企业交易明细数据

大数据信用评价技术不依赖会计信息产生的财务报表，而是采用企业留存在供应链、IT系统中的电子交易明细数据，通过对既有的库存、下线、结算、付款等海量明细记录的交互验证，识别数据的真伪，进行信用评价。信息的可靠性体现在：数据量巨大，几乎难以人为作假；能够反映企业最真实的经营状况；所有明细数据都是可以互推和计算的。

2. 个人数据

数据征信核心是从数据广度上将权重加在借款人日常生活的交易数据

及社交数据上,比如借款人一般都在哪里消费、月均消费金额是多少、消费支出中的分布情况如何、微博微信之类的社交圈活跃度如何等。这类数据具有很好的连贯性,可以从中分析很多用户的特性、习惯,并反向推断借款人的实际财务状况,进行风险筛选;也能大幅增加借款人的违约成本,从而警示借款人遵守规则、按期还款。最重要的是,这些数据造假可能性非常低,因为这都是对大数据环境下各类碎片信息的收集和分析,真实性几乎可以做到百分之百。

三、"区块链+供应链"金融的应用演化路径

金融科技应用于供应链金融,以解决中小企业融资难与融资贵问题为导向,逐步缩小中小企业与大型企业之间在融资方面的鸿沟,在金融业越来越开放的背景下,中小企业从融资难中解脱具有重要的社会经济意义。技术的进步促进商业模式创新,供应链金融1.0以传统的手工、线下操作模式为主,进而发展到线上化的供应链金融2.0,极大地促进了业务效率和融资便利性的提高;供应链3.0则以平台经济模式扩大市场体量,结合互联网、大数据应用和物联网,供应链金融服务成为各类平台的竞争利器和核心业务。

区块链从最基础的数据和信息加密开始,形成区块链数据,进而供应链金融的业务操作也将逐步迁移到区块链数据结构之上,再进行流程和商业模式创造。

【知识链接】区块链

国内首个区块链服务网络团体标准 T/CESA 1221—2022《区块链专用服务网络基础设施总体要求》中对区块链(blockchain)定义是:使用密码技术链接将共识确认过的区块按顺序追加形成的分布式账本。

每一个区块中保存了一定的信息,它们按照各自产生的时间顺序连接成链条。这个链条被保存在所有的服务器中,只要整个系统中有一台服务器可以工作,整条区块链就是安全的。这些服务器在区块链系统中被称为节点,它们为整个区块链系统提供存储空间和算力支持。如果要修改区块链中的信息,必须征得半数以上节点的同意并修改所有节点中的信息,而这些节点通常掌握在不同的主体手中,因此篡改区块链中的信息是一件极其困难的事。相比传统的网络,区块链具有两大核心特点:一是数据难以篡改,二是去中心化。基于这两个特点,区块链所记录的信息更加真实可靠,可以帮助解决人们互不信任的问题。

区块链应用的开始以融资业务的单证处理为切入点,解决业务效率与业务成本最基础的问题,在此基础上结合供应链结构和金融服务平台的特点,进行高层次的创新。目前,国内的区块链结合供应链已经出现了不少的产品和应用,也出现了数量众多的区块链应用方案,一些平台从区块链解决方案开始走向应用,如"区块链+ERP"对接供应链金融,"区块链+跨境电商平台"对接跨境支付等。未来在资本的作用下,区块链在供应链

的应用将百花齐放，因为区块链是供应链运作的基础设施之一。

1. 以"区块链＋单证"构建应用基础

供应链金融业务操作的痛点在于单证处理的周期长、费用高。参与者很难鉴定供应链上各种相关凭证的真伪，造成人工审核的时间长、成本高、费用高。

以区块链技术将企业对外的单证转换成区块链记录，具有重要的信用价值，是"区块链＋供应链"金融的应用基础。供应链金融作为场外金融，金融机构大量的成本花费在单证审查、重复核对上，而区块链对单证真实性的保证，使得金融机构从繁重的单证工作中解放出来。

2. 以"区块链＋交易"构建应用起点

在复杂的交易结构中获取具有逻辑结构的数据和证据，以区块链技术全面而详细地记录交易记录，以信用自证的方式向金融机构展示交易的真实性，是"区块链＋供应链"金融的起跑点。区块链的可追溯性使得交易从开始、执行、支付到清算，都可以留存在区块链上，使得数据的质量获得前所未有的强信任背书。交易的真实性对融资业务流程的创新、综合授信等具有重要意义。

3. 以"区块链＋生态"促进商业模式创新

去中心化（自组织）为供应链协作与融资模式创造巨大的空间。区块链在链内强信任模式下构建更为先进的商业模式，促进供应链节点之间的价值传递，提高运营效率。增强供应链信用意识、提升供应链管理能力，有利于构建关系更为紧密的利益链和价值网络。

4. 以"区块链＋票据"构建供应链金融大市场

区块链能够进一步规范交易模式与数据的精细化，形成供应链融资的标准化票据体系，再构建适合供应链金融特色的票据交易市场，可以突破目前以平台为边界的孤岛模式、项目模式（规模有限，资产非标准化），建立起统一的供应链票据资产流通机制，基于区块链的价值转移网络，逐步推动形成国内甚至全球化的供应链票据交易场景。票据市场涉及票据转让、票据贴现交易等业务。

传统票据市场在风险管理方面具有明显的痛点，包括以下几点。

（1）操作性风险　票据交易系统为经典的中心化模式，若中心服务器出现问题，整个市场就会瘫痪，节点交易完全依赖于中心平台。

（2）信用风险　我国票据市场存在多重的信用风险，例如，2016年涉及金额亿元以上的风险事件多达7件。

（3）道德风险　市场上普遍存在"一票多卖"、商业汇票作假、克隆票据、签章票据作假等事件。

区块链构架下的票据交易模式，具有弱中介化、系统稳定性、共识机制、不可篡改的特点，形成统一的标准化票据市场，提高交易效率。在票据市场中，通过链上记录的相关凭证保证商业票据的真实性，减少信息不对称、信用和道德风险。从票据业务来看，商业、银行承兑票据的出票、承兑、贴现都记录在区块链系统上；当商业、银行承兑票据在交易时，只需在链上查询票据信息，保证票据的真实性、买卖一次性，降低市场风险和道德风险，并提高了交易效率。

5. "区块链＋证券化"对接资本市场

实现直接融资"区块链＋证券化"对接资本市场，实现直接融资而达到降低融资成本的终极目标。资产证券化的业务痛点在于无法保证底层资产真假，出现参与主体多、操作环节多、交易透明度低、信息不对称等问题，使得风险难以把控，各参与方之间流转效率不高，无法监控资产的真实情况。

未来，区块链结合人工智能、大数据和物联网，将进一步打通真实世界与虚拟世界的藩篱，以物证信、信用自证、智能资产等，产生更高层次的价值，最终大幅降低融资交易成本。资产证券化，从底层资产形成、交易、存续期管理、现金流归集等全流程实现资产真实、信息实时、各方同时监督的效果，防范各级金融风险。

四、"区块链＋单证" 应用实践

1. 供应链交易中涉及的单证

单证是证明供应链企业之间交易（贸易）行为的单据、文件与证书，凭借单证处理交易的支付、运输、保险、结算等，包括：

（1）资金单据（如汇票、本票和支票）。
（2）商业单据（发票、收据）。
（3）货运单据（发货单、仓单、提单、运单等）。
（4）保险单据。
（5）其他单证（如质检单、原产地证书、寄样证明、装运通知等）。

单证处理是使用最频繁、问题最多、参与人最多的环节。在单证处理环节中，技术应用首先要帮助用户降低操作成本，这也是系统成功推广的关键。票据市场规模大、参与方众多，而且业务链条长，是区块链技术极佳的应用场景。单证应用同样是检验区块链技术先进性的试金石。

2. 供应链金融业务痛点——单证处理

融资业务的单证处理属于最基础、工作量最多的环节，也是出现问题最多的环节，业务痛点主要是人工处理单证问题存在技术难度，具体如下。

（1）无效单证类型繁多，包括：假票据、克隆票据、伪造签章；无真实贸易背景或贸易背景不清的商业汇票承兑、贴现，如伪造发票、无发票、严重缺发票、发票先开后废、废票重用、陈票新用、重复使用发票等。

（2）支持性单证的真实性难以保证，包括：基础合同、相关运输单据、交易出入库单据、检验验收单据等资料的真实性。

（3）串通上下游企业虚构交易、开立票据。

（4）跨流程、跨系统、跨部门、跨机构的单证审查，多借助电话、电子邮件等工具来操作，效率低下，极大地影响了融资便利性和放款速度。

银行很难深入调查企业贸易的背景，在多数情况下只能做形式要件的审核，因而对于风控因素的判断存在不足；前几年票据大案频发，暴露了银行票据处理业务的诸多不足，也使得银行收缩了对中小企业票据融资的支持力度。

3. "区块链＋单证"在采购交易融资中的应用实例

交易真实性证明依据供应链中的交易链结构，获取关键环节数据，经参与人确认，结合区块链的时间戳机制与数据不可篡改性，从根本上解决传统方式难以实现的对贸易背景真实性的审查。从供应商、核心企业、分销商到承运人、仓储监管公司、供应链平台、金融机构等其他参与者，基于区块链架构共享各自交易结构的信息，信息通过全网认定，使得各节点获得高信用，无须反复审核验证，业务开展和责任的界定趋于简单化，这对贷后管理也提供了有力的支持。确保贸易的真实性是风险控制的出发点。供应链金融的业务处理是将人工操作、纸质单证及流程转换为数字化、网络化作业的过程，将现实世界与债务有关的操作，在虚拟世界与真实世界中交替进行。

以采购交易为例，假设采购交易从签订合同开始，合同文本需要双方或多方签署，预付、订货单、发票、发货单、验货单、入库单等，构成一个完整的记录序列。

采购交易的区块链记录原理有四个步骤（合同签订、发订货单、预付货款、入库单），如图8-8所示。

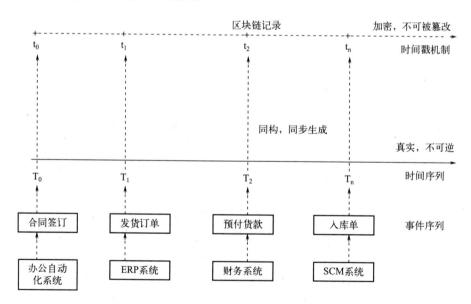

图8-8 采购交易的区块链记录原理

在图8-8中，现实中的真实交易将产生一系列按时序发生的事件，并产生资产关系的变化。

（1）T_0时刻"合同签订"，表明双方债权利关系的确立，法律关系成立，合同签订事件从办公自动化系统中抽取出来，形成区块链的t_0记录，不可被篡改,并且是下一个事件"发订货单"的链接。

(2) T_1 时刻采购方"发订货单",要求供应商按订货单发货,债务关系成立,不可逆(假设订货不可撤销);"发订货单"事件从 ERP 系统中抽取出来,形成区块链的 t_1 记录,不可被篡改,并且是下一个事件"预付货款"的链接。

(3) T_2 时刻采购方进行"预付货款",要求银行按约定时放款,融资成立,不可逆(假设付款不可撤销);"预付货款"事件从财务系统中抽取出来,形成区块链的 t_2 记录,不可被篡改,并且是下一个事件"入库单"的链接。

(4) T_3 时刻采购方对供应商送货进行验收,合格后入库并立即生成"入库单",交易完成(假设合同为 1 次送货、入库);"入库单"事件从供应链管理系统抽取出来,形成区块链的 t_3 记录,并且不可被篡改,形成一个完整的区块链记录。

以上四个主要步骤从不同的系统中生成,并且与不同的参与人(公司)确认、签署,区块链及时记录事件与单证,以加密和时间戳的方式记录,前后串联,形成理论上不可被篡改的记录。区块链记录将现实世界的时间秩序和真实性,以同步、同构的方式构建于虚拟世界,形成虚拟世界不可被篡改的基本秩序。

上述例子中,合同信息储存在办公自动化系统中,订货信息系统存在 ERP 系统(和相关 BOM 等关联信息)中,预付信息存储在财务系统中,入库信息存储在第三方物流公司的系统中,资金信息则存储在金融机构系统中,供应链参与主体都难以了解交易事项的进展情况、异常情况等,信息孤岛导致信用孤岛,从而影响协作效应,最终也导致核心企业的信用难以贯穿整条供应链,大量节点企业的融资需求难以得到满足。

区块链技术跨系统抽取关键信息而形成具有计算信用的虚拟世界,取代了第三方信用的角色。这种与现实世界秩序同构的方式,符合人们在现实世界的观察与记录方式,以此作为虚拟世界的基础进一步进行更高层次的事件操作。

实训项目

1. 训练目标

通过策划快递企业融仓配一体化服务方案,进一步了解快递企业融仓配一体化服务的模式和服务策略。

2. 训练内容

为某一快递企业转型升级为融仓配一体化服务商做一份策划方案,包括快递企业开展融仓配一体化服务的服务模式分析,仓储设施网络的搭建方式、仓储运作的设计等策略的分析。

3. 实施步骤

(1) 借助实地调研、网络等手段了解快递企业现有的服务及市场需求状况,搜集有关融仓配一体化服务的背景资料。

(2) 以 4~6 人小组为单位进行操作，并确定组长为主要负责人。

(3) 搜集资料，将各个环节操作流程、内容和工作要点填入下表，完成工作计划表。

序号	工作名称	工作内容	工作要点	责任人	完成日期

(4) 组织展开讨论，确定企业推出融仓配一体化服务产品的可行性、服务模式及相关策略。

(5) 整理资料，撰写总结报告并制作 PPT 进行汇报。

4. 检查评估

能力		自评（10%）	小组互评（30%）	教师评价（60%）	合计
专业能力（60分）	1. 搜集资料的全面性(10分)				
	2. 可行性分析的合理性(10分)				
	3. 服务模式分析的准确性(10分)				
	4. 融仓配一体化策略设计的合理性(10分)				
	5. 总结报告的撰写或PPT制作(20分)				
方法能力（40分）	1. 信息处理能力(10分)				
	2. 表达能力(10分)				
	3. 创新能力(10分)				
	4. 团体协作能力(10分)				
综合评分					

思考与练习

1. 简述快递企业融仓配一体化服务的基本含义。
2. 农产品物流金融服务有哪些运作模式。
3. 谈谈如何推进现代农产品物流金融组织形式创新。
4. 谈谈线上供应链金融是如何运作的。

参 考 文 献

[1] 夏露，李严锋．物流金融［M］．北京：科学出版社，2008．
[2] 何娟，冯耕中．物流金融理论与实务［M］．北京：清华大学出版社，2014．
[3] 齐恩平，王立争．物流法律制度研究［M］．天津：南开大学出版社，2009．
[4] 王宇熹．物流金融［M］．上海：上海交通大学出版社，2013．
[5] 刘意文．物流金融实务［M］．长沙：湖南大学出版社，2014．
[6] 王子良．商业银行创新物流金融服务的发展策略研究［D］．长春：东北师范大学，2010．
[7] 熊小芬．物流金融业务模式及风险管理研究［D］．武汉：武汉理工大学，2007．
[8] 宋华．供应链金融［M］．北京：中国人民大学出版社，2016．
[9] 宝象金融研究院，零壹研究院．互联网＋供应链金融创新［M］．北京：电子工业出版社，2016．
[10] 李碧珍．农产品物流模式创新研究［D］．福州：福建师范大学，2009．
[11] 汤曙光，任建标．银行供应链金融［M］．北京：中国财政经济出版社，2014．
[12] 冯耕中，何娟，李毅学，等．物流金融创新：运作与管理［M］．北京：科学出版社，2014．
[13] 王阳军．快递业务操作与管理［M］．北京：化学工业出版社，2014．
[14] 段伟常．区块链供应链金融［M］．北京：电子工业出版社，2018．
[15] 段伟常．供应链金融5.0：自金融＋区块链票据［M］．北京：电子工业出版社，2019．
[16] 刘颖．大数据背景下基于供应链金融的信用风险评价方法研究［M］．北京：科学出版社，2020．
[17] 于海静．互联网＋商业银行供应链金融创新［M］．北京：中国金融出版社，2021．
[18] 何平平．消费金融与供应链金融［M］．北京：清华大学出版社，2022．
[19] 宋华．智慧供应链金融［M］．北京：中国人民大学出版社，2022．
[20] 中国物流与采购联合会官方网站．